新媒体时代下混合式教学模式在思政课中的实施策略

王　燕　毕　欣　卢喜朋◎著

中国出版集团 | 全国百佳图书

中国民主法制出版社 | 出版单位

图书在版编目（CIP）数据

新媒体时代下混合式教学模式在思政课中的实施策略 / 王燕，毕欣，卢喜朋著. — 北京：中国民主法制出版社，2024.1

ISBN 978-7-5162-3503-4

Ⅰ.①新… Ⅱ.①王… ②毕… ③卢… Ⅲ.①高等学校－思想政治教育－教学研究－中国 Ⅳ.① G641

中国国家版本馆 CIP 数据核字（2024）第 033440 号

图书出品人：刘海涛
出 版 统 筹：石　松
责 任 编 辑：刘险涛　吴若楠

书　　　名 ∕ 新媒体时代下混合式教学模式在思政课中的实施策略
作　　　者 ∕ 王　燕　毕　欣　卢喜朋　著

出版·发行 ∕ 中国民主法制出版社
地　址 ∕ 北京市丰台区右安门外玉林里 7 号（100069）
电　话 ∕（010）63055259（总编室）　63058068　63057714（营销中心）
传　真 ∕（010）63055259
http: ∕∕ www.npcpub.com
E-mail: mzfz@npcpub.com
经　销 ∕ 新华书店
开　本 ∕ 16 开　787 毫米 ×1092 毫米
印　张 ∕ 13☒　**字　数** ∕ 212 千字
版　本 ∕ 2024 年 4 月第 1 版　　2024 年 4 月第 1 次印刷
印　刷 ∕ 廊坊市源鹏印务有限公司

书　号 ∕ ISBN 978-7-5162-3503-4☒
定　价 ∕ 78.00 元
出版声明 ∕ 版权所有，侵权必究。

前　言

在新媒体环境下，随着网络信息传播技术、数字化技术、移动互联网技术的快速发展，新技术、新产品、新业态、新模式层出不穷，社会思想领域的变化也日趋多元、多变、多样。由于新媒体技术在信息收集、信息内容与形式、信息传播途径等方面的突出特性，促使社会大众在获取信息、互相交流时的个性特征、语言特点、行为方式、思想意识等方面产生很大改变。目前，高校学生是新媒体技术使用最为广泛、最为活跃的一个群体，他们所处的校园舆论环境与社会舆论环境都发生了翻天覆地的变化，他们的思想和价值观念呈现多元、多样、多变的特点。因此，分析新媒体对高校学生，对高校思想政治教育本身的影响，并探索新媒体环境下高校思想政治教育的新内容、新载体、新途径、新方法，创新高校学生思想政治教育对策，显得十分重要。

本书是思政教学方向的著作，主要研究新媒体时代下混合式教学模式在思政课中的实施策略，本书从思政课教学概述入手，针对新媒体环境下高校思想政治教育的内容、高校思想政治理论课教学方法改革进行了分析研究；另外对混合式教学模式理论、高校思想政治理论课混合式教学模式做了一定的介绍；还对基于慕课的混合式教学、新媒体环境下高校思想政治教学直播互动与智慧课堂教学模式、新媒体环境下高校思想政治理论课一体化教学提出了一些建议；旨在摸索出一条适合高校思政教学工作的科学道路，帮助其相关工作者在应用中少走弯路，运用科学方法，提高效率。

在本书撰写过程中，参阅了部分同行专家，学者的相关著作、论文，吸取了诸多有益的成果、见解，谨致以诚挚的谢意。由于作者水平有限，书中难免有不妥之处，敬请同行专家、学者和广大读者批评指正。

目 录

第一章 高校思政课教学概述

第一节 高校思政课的地位

一、科教兴国、人才强国的战略需要

大学生是十分宝贵的人才资源，是民族的希望，是祖国的未来。因此，加强和改进高校思想政治教育，提高他们的思想政治素质，把他们培养成中国特色社会主义事业的建设者和接班人，对于全面实施科教兴国和人才强国战略，确保我国在激烈的国际竞争中始终立于不败之地，确保实现全面建设小康社会、加快推进社会主义现代化的宏伟目标，确保中国特色社会主义事业兴旺发达、后继有人，具有十分重大而深远的战略意义。

所谓科教兴国，就是在科学技术是第一生产力的理论基础上，坚持教育为本，把科技和教育摆在经济、社会发展的重要位置，增强国家的科技实力及向现实生产力转化的能力，提高全民族的科技文化素质，把经济建设转移到依靠科技进步和提高劳动者素质的轨道上来，加速实现国家的繁荣昌盛。所谓人才强国，其核心是人才兴国，依靠人才兴邦，大力提升国家核心竞争力和综合国力。

科教兴国和人才强国战略的制定和实施，是从当代世界和中国深刻变化的实际出发，根据党和国家事业发展的迫切要求而作出的重大决策。自从实行改革开放政策以来，"中国速度"成为世界经济发展的一大奇迹，中国经济的持续发展令世界瞩目。而随着经济的发展和改革的深入，经济社会发展对人才的需求也急剧增长，人才问题成为国家发展的重大问题。中国共产党科学分析和总结世界近代以来，特别是当代经济、社会、科技发展的趋势和经验，并充分估计未来科学技术特别是高技术发展对综合国力、社会经济

结构、人民生活和现代化进程的巨大影响，在分析我国国情的基础上意识到，要实现国民经济的持续、健康、快速发展，尤其是加快经济增长方式的转变，必须依靠科技进步和人才的培养。

科教兴国和人才强国战略的实施，是关系到民族未来和国家发展的基础性工程，对加快社会主义现代化建设，不断把中国特色社会主义事业推向前进，具有极其重要的意义。而无论是科教兴国的战略还是人才强国的战略，都强调人才的作用，都要求尊重知识、尊重人才。人才不仅影响经济发展大局，也影响政治发展大局。而从创新角度看人才，将创新看作一个民族进步的灵魂，是国家兴旺发达的不竭动力。因此，人才是科技进步、国家繁荣、经济社会发展的第一资源，人才问题关系到党和国家的兴旺发达和长治久安，对待人才问题不仅要有具体的培养使用政策，更要有政治远见。培养同现代化要求相适应的数以亿计的高素质劳动者和数以千万计的专门人才，发挥我国巨大人力资源的优势，关系到 21 世纪我国社会主义事业的全局。

全面实施科教兴国和人才强国战略，都强调教育的基础地位，都要求将教育摆在首位。科技的进步靠人才，人才的培养则靠教育。无论是培养高素质的人才，还是提高整个民族和国家的创新能力，教育都发挥着不可替代的作用，教育也是中国作为发展中国家，追赶发达国家，实现经济社会跨越式发展的基础性事业。百年大计，教育为本。教育是社会主义物质文明和精神文明建设极为重要的基础工程。它对提高全体人民的思想道德素质和科学文化素质，对培养一代又一代社会主义事业接班人，具有重大的战略意义。

实施科教兴国和人才强国战略，无论是重视人才，还是强调教育，加强思想政治教育都成为题中应有之义。科技的发展需要高素质的人才，其中最为根本的一条是思想政治素质；我们培养的人才是德智体美全面发展的人才，思想道德素质是重要的方面。同样，教育事业，既包括知识和技能的培养，也包括思想政治素养的提高；教育作为一项系统工程，既包括科学文化知识教育，也包括思想政治教育。从这个意义上说，加强思想政治教育就是实施科教兴国和人才强国战略的重要内容。

大学生作为国家宝贵的人才资源，是建设创新型国家的强大依托，是实施科教兴国的生力军，是祖国的未来和民族的希望，是中国特色社会主义事业的建设者和接班人，同样也是各种外来力量和意识形态竞相争取的对象。正因为如此，加强大学生的思想政治教育在整个科教兴国和人才强国战略中就显得尤为重要。

尤其当今世界正处在大发展、大变革、大调整时期，以信息科学、信息技术为主要标志的世界范围内的技术革命正在形成新的高潮，科技进步日新月异，当今国际的经济、科技竞争，越来越围绕着人才和知识的竞争展开。现在看得越来越清楚，当今和未来世界的竞争，从根本上说是人才的竞争，大学生是未来社会主义现代化建设的中坚力量，能否培养好、使用好、凝聚好他们，就成为影响国际竞争的重要因素。

二、大学生自身健康成长的内在需要

思想政治教育工作存在的理由从根本上讲来自人和社会发展的需要，是个人健康成长和社会顺利发展必不可少的工具。

人作为类的本质属性一般由生物性、社会性、精神性三个基本维度来界定。人首先是生物性的存在，在这方面，和其他生物有很多的相似性，这种生物性的存在需要物质能量的供应，这主要涉及人与自然的关系，为此人类要从事物质生产活动，需要不断发展科学技术，提高自身的工作效率，尽量从自然中获取更多的物质能量来支撑人类自身的生存和发展；同时生物性的人也具有一般动物的不少特性，往往追求自身生理本能需要的最大化。另外，人和一般动物根本不同之处还在于人类的精神性存在，具有高智商的人不会满足于填饱肚子，还一直寻求生活的意义。每个人都需要有理想和信仰，追求自尊和自由，渴望独立。然而，理想和信仰的建立和实现，自尊、独立与自由的获得，取决于众多的条件。其本身也是一个理论创新的过程，符合人类社会发展规律的理论体系是通过艰辛的理论创新过程形成的，同时也必须通过社会化的过程，内化为社会每个成员的自觉追求，这自然离不开思想政治教育工作。

处于青春期的大学生，自尊心强，好胜心强，也具有摆脱权威、追求独立的一面，这些都是青年人的优点，是青年大学生追求上进、敢于创新的基础。但青年大学生也有许多自身的局限，长期在封闭的校园中成长，对社会了解较少，没有生活挫折的历练，对人生应该具备的相关知识了解不多，体悟不深，需要更为系统深入的世界观、人生观教育，将人之所以为人的本质要求化为自己内在的要求。所以，针对青年大学生的实际状况，加强高校思想政治教育工作，是大学生顺利成才的重要一环，不可缺少。未来的社会需要越来越多全面发展的高素质的人才，公平竞争意识、团队合作精神、民主法治精神、百折不挠的意志等，成为21世纪青年大学生走向成功的必备素质。高校一定要改变过分重视专业学习，而忽视理想教育、政治教育、道德教育、心理教育的不良现象，为学生成为合格的社会主义建设者奠定坚实的基础。

（一）塑造个体人格

人格乃是具有不同素质基础的人，在不尽相同的社会环境中所形成的意识倾向性和比较稳定的个性心理特征的总和。简言之，就是做人的规格。人的规格有高有低。所谓塑造理想人格，就是有意识地创造人们共同景仰的人格范型，引导人们攀登崇高的道德目标。人格包括人的认知能力特征、行为动机特征、情绪反应特征、人际关系协调程度、态度信仰体系、道德价值特征等。人格不仅控制着人的行为方式，而且决定了人的发展方向。思想政治教育者通过一系列传导理论和实践活动，促使受教育者形成社会所要求的品格、思想境界、道德情操等。这样，思想政治教育者把外在的社会要求转化为受教育者的内在知识，再由这些受教育者的内在意识、动机转化为其外在的行为和行为习惯。为了促成这两个转化，思想政治教育者必须不断研究社会要求与人格完善需要之间的关系，研究内化的具体条件，为进一步促进个体人格的完善提供良好的基础条件。

（二）提高整体素质

提高大学生素质，培养合格人才，是办人民满意的大学的重要目标。提高大学生素质的核心是政治思想素质，保证合格接班人的关键。思想政治教育工作是社会主义政治文明建设的重要保证。这种保证作用主要体现在：一是思想政治教育通过长期的、经常性的爱国主义、集体主义、社会主义教育，可以提升人们的思想政治素质，为巩固社会政治制度、维护社会政治稳定服务。二是思想政治教育通过提高人民群众的政治觉悟，培育人民群众的民主意识，增强人民群众的法制观念，增强人民群众的政治责任感，引导人民群众提升政治认知，参与政治生活，建设社会主义民主政治。三是思想政治教育通过建立制度防范机制，创新民主管理机制，健全完善民主集中制，提高民主管理水平，完善监督制约机制，推进社会主义民主政治的发展。

（三）解决深层次思想问题

社会的发展，时代的变迁，教育的变革，使得一些与我国国情、高校育人目标不相容的东西进入校园，给校园带来了不良的影响。一些大学生淡忘了国家意识，消解了民族身份，逐渐失去了对传统的认同感。一些大学生对重要的政治理论问题一知半解，对马克思主义理论认识模糊甚至不知。一些大学生世界观、人生观、价值观存在误区与偏差，对当前社会问题缺乏全面系统深入客观的理解和认识，对中国特色社会主义道路、共产主义信念缺乏信心，对党和政府缺乏信任，思想颓废，态度消极，对前程感到迷茫。因此，加强高校思想政治教育已成为解决大学生深层次思想问题的必然要求。

第二节　高校思政课的功能

一、导向功能

导向功能是思想政治课的根本功能，这种功能是任何其他教育都无法代替的，可以体现出思想政治教育的目的性和超越性。思想政治教育的导向功能主要表现在三个层面，即理想信念、奋斗目标和行为方式，这同时也代表了三个不同层次的教育，即理想信念教育，主要内容是马克思主义理论体系；政治教育，主要内容是党的方针政策；道德和法纪教育，主要内容是社会主义道德和法纪。这三个不同层次的导向之间是一种既相互联系又相互依存的关系，三者共同构成了思想政治教育的导向功能。

当前的新媒体时代具有开放性、渗透性和趋同性的特点，因此在大学生思想政治教育的过程中，必须充分运用这些特点，保证思想政治教育导向功能的充分发挥。传统的思想政治教育通常采用的是内塑型的教育模式，在教育过程中是将与教育目的相关的知识信息通过"灌输"的方式教授给学生，以语言或是文字的形式直接告诉学生应该做什么，不应该做什么，或是具体的做法。而新媒体时代思想政治教育则不同，其是以潜移默化的方式来对大学生的思想观念进行规范和约束。对于网络信息来说，其向人们展示的通常是一种科学、公正、客观、时尚的形象，因此它为学生所传播的价值观逐渐渗透到学生的思想中，然后对学生的行为进行规范。

信息社会，新媒体在一定程度上已经开始引导人们的生活。日常生活中，人们会对网络上的信息极为关注，然后根据对这些信息的关注程度来决定自身关注问题的次序。针对这种情况，很多媒体就开始有意识地对信息进行议程设置，以此来引导群众对社会和政治信息进行思考和关注。新媒体本身具有开放性的特征，这种特征会导致受众产生趋异性，但是新媒体又具有交互性和渗透性，并且在人为进行议程设置的情况下，这种趋异性在很大程度上被淡化，并逐渐转为趋同性。在新媒体时代思想政治教育的过程中，要充分利用这种趋同性，确保其导向功能的正常发挥。

为此，思想政治教育者必须强化在网络空间争当主流文化主导者的意识，以平等对话、研讨、交流等互动形式，努力用事实和真理说话，引导舆论，批判错误，引导受教育者接受和形成正确的思想观点和价值观。

二、沟通功能

新媒体时代思想政治教育的沟通功能通过网络交流和互动而实现，沟通的形式包括交互式视频、电子邮箱、电子查询、网络社区讨论、BBS、自学辅导等。新媒体时代思想政治教育通过这些沟通方式，将思想政治教育的知识、观念等信息传播给教育对象并得到及时反馈。这既是一种教育信息的交流传递过程，也是一种情感的传输过程。通过这种教育主客体之间思想情感的交流融合，有助于达到二者对于思想政治教育文化的一致认同的目的。

三、大众传播功能

新媒体以其快速、便捷、受限少等优势，迅速成为高校思想政治教育的重要载体。当然，传统媒介（如，报刊、广播、电视等）自身的局限也可以尽量改进，但要想做到像新媒体那样活泼互动，就显得有些力不从心了。特别是在进行高校思想政治教育时可能会由于其自身的理论性显得相对枯燥，使学生产生"被说教"的感觉而难以被接受。广大高校学生需要一个易于接受的传播途径，需要一个能更好、更便捷的接受信息的途径。互联网媒介通过丰富的图片、视频、声像等传递信息，对于受众来说，这样的传播媒介吸引力更大，趣味性更强。此外，在互联网中每个人都可以充分自由地表达自己的意见，有助于提升高校思想政治教育传播的广度和深度，对推动高校思想政治教育的传播有积极作用。

在高校思想政治教育的传播方面，新媒体是一种新兴的工具和载体，它以自身的传播速度快、互动性强和覆盖面广等特点，很好地实现了大众传播功能。当前我们要在传统的思政课教育途径和方法上寻找新的突破，可以利用好新媒体这一新型载体，让其成为开展高校思想政治教育又一强有力的工具，为倡导和践行高校思想政治教育而服务。

四、开发功能

开发功能指的是通过对大学生进行思想政治教育，在最大限度内调动起人的内在潜能和主观能动性的发挥。人具有主观能动性，可以去认识世界和改造世界，这是思想政治教育能够具有开发功能的根本原因。

但需要注意的是，人所具有的这种主观能动性具有一定的层次和深度，不能任由人们进行使用和发挥，需要通过一定的手段对其进行开发和挖掘。一般常用的手段主要有以下几点。

第一，要尊重个人的兴趣爱好，充分发挥人的感官优势，这是开发个人潜能的基本要求。信息内容丰富和功能独特是新媒体的突出特点，将其作为教育阵地满足了大学生的要求，同时也是大学生乐于接受的。因此，高校在进行思想政治教育的过程中，就可以充分利用这个阵地，开发一些形象生动的教学软件，以此引起学生的学习兴趣，确保学生可以在一种积极的氛围下接受教育，挖掘自身的潜能。

第二，要利用多种形式和手段充分调动起人们的积极主动性，促进人们智力和能力的同时发展，这是开发人的潜能的重点。在大学生健康成长的过程中，新媒体可以充当一种"助推器"，通过自身所拥有的丰富、形象和直观的思想政治教育资源，来满足大学生对知识和信息的需求，在这种情况下，思想政治教育者可以采用参与式或是启发式教学，来推动大学生积极、主动地进行学习。

第三，开发人的潜能的最高层次就是培养人的创造精神。新媒体的出现为思想政治教育提供了一个培养大学生创造精神的新空间。新媒体具有交互性的特征，拓宽了大学生的思维空间，促使大学生的思维方式更加灵活多变。大学生通过对新媒体的利用，可以学到更多的知识，了解到更多的信息，拓宽自己的视野。通过实施新媒体时代思想政治教育，可以让大学生知道有不同思维的存在，培养大学生的信息素质和鉴别能力，使其亲身感受到不同文化和思想发生的碰撞，以此提高大学生判断问题、分析问题和解决问题的能力，促进大学生创新思维的开发。

五、保证功能

高校思想政治教育具有保证的功能，表现为其可以服从和服务于社会规律；具体来说，思想政治教育的保证功能主要体现在人的思想和行为层面，并通过人们在政治、思想和行为最终达到一致性来实现。该保证功能可以从三个方面体现出来：第一，可以通过促进大学生在政治、思想和行为方面达成统一，以此来保证其稳定作用的发挥；第二，对经济和利益关系进行合理调节，对人们的思想认识进行平衡，保证社会实现健康的发展；第三，促进不同的人群实现思想和情感的交流与沟通，协调好人们的工作和行为，达到相互理解的程度，加强彼此之间的联系与合作。由于新媒体具有虚实两重性、平等交互性、快捷增殖性、广容兼容性等特征，其对人们的生活产生了重要影响，增加了新媒体时代思想政治教育的任务和负担，因此，在具体实施的过程中，必须确保其保证功能的正常发挥。

六、调节功能

高校思想政治课的调节功能主要体现在学习调节、生活调节、心理调节上。大学生学习的动力之一是他们对于探索未知、寻求真理有着浓厚兴趣，而新媒体既能极大地满足大学生对知识与信息的渴求，学习方式又可以是参与式、启发式的，这要比单纯的灌输更受大学生喜爱。象牙塔里的大学生生活比较简朴，涉世不深，社会经验较少，而网络社会比较丰富多彩，融入大学生日常生活的新媒体时代思想政治教育，可以陶冶其情操，调节其精神生活。同时，通过新媒体进行的心理咨询具有隐蔽性、保密性、便捷性等特征，能满足大学生倾诉、发泄等心理需求，对学生的情感、学习、生活和人际关系中的困惑，可以进行有效疏导，因而，对帮助学生树立正确的人生态度，培养健全人格，具有积极作用。

七、育人功能

与其他学科一样，思想政治课也承担着育人的功能，这同时也是思想政治课的基本功能，是其对思想品德形成发展规律的运用。思想政治课的育人功能主要表现在，通过教育活动提高大学生的思想政治素质，以此帮助大学生树立起正确的世界观、人生观和价值观，完善他们的人格。应当明确的是，思想政治课育人功能的发挥，其指导理论是马克思主义关于人的全面发展理论；也就是说，高校通过开展思想政治教育，不仅要增加大学生的知识积累，提高其思想政治素质，还要促使大学生实现全面发展，成为建设祖国的优秀人才。

新时期教育者通过新媒体向学生传播思想政治教育信息，对大学生的发展产生系统的影响，同时大学生也可以通过新媒体对这些信息进行反馈，这对思想政治教育信息的传播和制作具有重要的影响，有时甚至会产生决定性的作用。这是一种良性的互动，通过新媒体这个中介，传播者与受众、教育者与受教育者之间就可以实现主客体间的沟通与交流，以便及时对教育中的不足之处进行完善。

不断提高大学生的鉴别能力，这也是思想政治课育人功能的一个具体体现。网络信息复杂多样，不利于大学生对有用信息进行识别，在这种情况下，就必须对大学生进行思想政治教育，以此来提高大学生对信息的辨别和选择能力。也就是说，高校所进行的新媒体时代思想政治教育不仅要进行"防御"，同时还要能够"进攻"。所谓的"防御"指的是，通过实施新媒体时代思想政治教育，可以提高大学生对网络信息的辨别能力，能够明辨是非，积极抵御不良网络信息对大学生思想的侵袭。而"进攻"则指的是，大学生要对新媒体进行充分的利用，宣传正面的思想理论，为人们展示中国特色社会主义建设的成就，批判那些西方的资本主义腐朽思想和落后观念。

八、社会功能

社会功能就是社会群体对于社会运行以及其他群体的影响力和作用力，是社会各阶层的内在特性作用于社会的反应。新媒体一出现，就成为社会的重要组成部分，与人们的生活密切相关。新媒体的出现，给人们带来了越来越多的惊喜：新闻传播、网络娱乐、网上聊天等，新媒体逐渐覆盖到社会方方面面的建设，人们的生活也逐渐离不开新媒体。新媒体在人们的生活中扮演着越来越重要的作用，基于此，其在高校思想政治教育的传播中也起着至关重要的作用。要将高校思想政治教育与新媒体紧密结合，其社会功能不可小觑。一种经典性论断的传播的三个社会功能：守望、协调及教育功能，新媒体全部具备，并且由于自身具有开放性、交互性和匿名性等特点，使其成为一把"双刃剑"，在给高校思想政治教育带来机遇的同时也带来了挑战。

第三节 思政课教育教学的主要原则

一、主体性原则

主体性原则指的是，在新媒体时代思政课教育教学工作中，教育者和受教育者在网络时代所形成的新型主客体间的关系要切实体现出来。随着新媒体技术的迅速发展与普及，青少年的各种意识形态也得到快速发展，包括自我意识、民主意识和成长意识等，展现出了前所未有的崭新的精神面貌，更加善于对人际关系进行处理，注重双方的沟通与交流，善于运用新的态度和方式来处理主体间的人际关系。

新媒体时代思政课教育教学中的主客体关系，是由教育者和受教育者共同组成的复杂的带有交互性的关系。即是说，如果此教育情境是由教育者主动创建的，则教育者便是主动施教的主体，受教育者便是被动接受信息的客体；如果此教育情境是由受教育者主动创建的，那么受教育者不仅是主动学习的主体，还是自我教育的主体，教育者只起辅助、参与、服务的客体作用。由此可见，在思政课教育教学中，教育者和受教育者之间始终保持着这样一种互动关系，与传统教育方式中的抽象和静止的关系状态不同，新媒体时代思政课教育教学更多是体现出了一种具体的、运动的、主客体相互交替的教学过程。大学生主体意识形态的快速发展和成熟，是这种新型的主客体教育关系出现的主要原因。因此，在新媒体时代思政课教育教学工作中，必须始终坚持教学理念和教学原则的主体性，明确大学生主体性发展的特点，鼓励大学生主体意识行动的发挥，满足大学生的需求，促进大学生的全面发展。

在新媒体时代下，思政课教育教学工作开展过程中贯彻主体性原则时需要做到以下两点。

（一）不断加强调查研究

只有通过详细的调查研究才能对大学生和当前的思政课教育教学状况有充分和准确的了解，才能掌握大学生的各种需要以及他们的性格特征，从而做到有的放矢，根据具体情况改进和实施思政课教育教学。这一工作的重点在于抓住新媒体时代下思政课教育教学过程中大学生思想和行为方面的主要矛盾，尽可能地满足其成长成才的知识和情感需求，对他们形成有效指导。

例如，对于刚进入大学的大学生来说，他们对网络技术的需求是帮助提高自身的学习，提高综合素质，因此在对他们进行思想政治教育时，重点是要为大学生提供一个良好的校园网络文化氛围，帮助他们掌握网络学习的正确方法，培养良好的网络素养，加强自身对网络信息的选择，防止大学生沉溺于网络世界无法自拔，自觉抵御不良信息对大学生的伤害。而对于大三、大四的大学生来说，他们已经适应了校园网络文化环境，在进行网络活动的过程中已经能够对自身的行为进行控制，并且增强了参与网络公共事务的自觉性。因此，对大三、大四大学生进行思政课教育教学，必须注重他们的主体性，充分发挥他们的主体意识，对他们的网络事务的观念和行为进行规范，保证大学生的健康发展。在新媒体时代思政课教育教学中，要注意使用恰当的教学方法，充分发挥新媒体的教育阵地作用，疏通新媒体沟通机制，密切教育者与被教育者在网络和现实中的沟通与交流，建立网络和现实社会中的反馈机制，让大学生养成良好的民主实务参与观念，不断完善思想政治教育机制。

（二）挖掘大学生的主体能动性

将新媒体技术与思政课教育教学相结合时，除了要发挥教育工作者的主体作用，也要尽可能地使大学生发挥其自我教育的主体作用，全面推动新媒体时代下思政课教育教学工作的实效性。

二、疏导性原则

在新媒体时代思政课教育教学工作中，需要遵守的一条重要原则是——疏导性原则，这一原则体现了思政课教育教学"合目的性"和"合规律性"的统一。

在大学生思政课教育教学中，一个突出的特点就是带有明显的目的性，这种目的性是人主观意识的客观反映，既能体现出当前阶段社会发展的要求，又能体现出国家和人民的需求。新媒体时代下的思政课教育教学工作还体现出目标指向性和价值取向性，要使思想政治教育在多元的网络文化环境中始终占据主导地位，代表正确价值观的形象，通过正确的网络手段或是渠道对社会舆论进行引导，维护人民的利益，同时还要批判网络上那些庸俗、偏激的思想和观点。与传统的教育环境相比，新媒体是一个新开辟出的教育环境，因此将其作为思政课教育教学的新阵地，必定还要去面对和解决很多问题和难点。例如，如何引导和把握网络文化就是思政课教育教学当前面临的一个重要问题。新媒体技术的发展和网民人数的急剧增加共同推动了网络文化的产生，人们可以相对自由地以匿名状态发表自己的观点，具有虚拟性、参与性等特征，这种状态的发展催生了一套独属于网络空间的话语体系。在这一网络话语体系下，怎样构建思政课教育教学的话语体系，怎样让大学生尽快适应网络环境中的表达方式，怎样实现教育者和受教育者之间的有效沟通，都是新媒体时代思政课教育教学工作所要面对和解决的问题。又如，新媒体技术的发展在使得信息传播呈现开放性、去中心化等特点的同时，也使得人的认知和思维能力突破了边界，在虚拟时空得到了新发展。但网络利弊共存，如何使人们清楚地认识网络技术对思想行为的影响，如何趋利避害、以我为主、为我所用，如何有效辨别各类信息而不使得自身的思想行为遭到蚕食。再如，网络舆情的把握和舆论危机的应对问题。怎样才能够对网络舆论的发展规律有所了解并采取适当措施对网络舆论加以控制，怎样才能有效应对网络舆论危机。以上都是新媒体时代思政课教育教学过程中必须考虑和解决的问题，如果不未雨绸缪或是不及时解决各项问题，那么新媒体与思政课教育教学的融合便不能达到最优效果。因此，新媒体时代下的思政课教育教学工作既要对思政教育本身的强烈目的性加以肯定，又要对网络传播过程中的各种问题加以考虑和解决，把握其中的规律。只有将合目的性和合规律性统一起来，将主导和疏引相结合，才能踏踏实实、一步一个脚印地实现新媒体时代思政课教育教学的实效。

三、前瞻性原则

充分了解当前网络和思政课教育教学的发展特点，还要以发展性的眼光对网络和思政课教育教学的发展进行预判。前瞻性原则便与这一要求不谋而合，新媒体时代思政课教育教学的前瞻性要求教育者根据现实状况和发展的可能性对未来的发展做出大胆、合理的判断，放飞思想，立足于现实又要超越现实。在当前社会条件下，具有前瞻性的思想显得尤为重要。新媒体的发展为我们构造了一个开放性的空间，它不是为了满足某一种需求而设计的，而是一种总的基础结构，可以包容任何新的需求。正是这种开放性和无限性使得网络技术充满了诱惑，使得无数人投身新媒体技术的探索之中并乐此不疲，从而不断创造出新的网络技术。在运用网络技术时需要信息、信息媒介、客户群参与其中，从而组成一个微观信息系统，这个系统从思政课教育教学的角度来说实际上就是一个新的场域，为思政教育打开另一扇窗户。

前瞻性原则主要在新媒体时代思政课教育教学的工作策略和方法上得以体现。随着社会的发展，网络技术也呈现出不同的特征，运用新媒体进行大学生思政课教育教学，就必须准确掌握这些特点，然后具有针对性地对大学生的网络意识和行为进行正确的引导，为他们的健康成长保驾护航。

在网络技术发展的初期，各大校园网络建设驶上了快车道，多媒体、万维网等得到了广泛应用，丰富多彩的网络信息迅速得到了大学生的青睐，网上冲浪、信息漫游也迅速出现在他们的日常生活中并消耗他们的大量时间；但是开放性的信息环境在给大学生送来最新资讯，不断开拓他们的视野的同时也在意识形态上对他们造成巨大的冲击。西方资本主义观念和社会多元化思想的充斥无疑会给大学生的价值观带来一些影响。教育者必须以前瞻性的眼光对这些问题加以考虑，在利用新媒体进行思政课教育教学时要注重对新媒体文化软环境的构建，积极推广那些形式多样、内容丰富、具有教育意义的内容，以此来吸引大学生的关注，在潜移默化中提高大学生的思想道德素质水平。

当前我国将新媒体技术融入思政课教育教学的探索还不够成熟，不论是外在环境还是内在发展，都给新媒体时代下的思政课教育教学带来了诸多挑战和机遇。道路是曲折的，前途是光明的，在探索和实践的道路上无论遇到什么样的困难，都要敢于创新，以坚韧不拔、激流勇进的精神面貌迎接新的挑战和解决新的问题。还要顺应网络发展的潮流，瞄准机会，把握机遇。在新媒体时代思政课教育教学中，只有坚持前瞻性原则，才能高瞻远瞩、高屋建瓴、未雨绸缪，以冷静的头脑、主导性的姿态面对一切变化。

四、实践性原则

大学生思政课教育教学所具有的一项本质特征是具有实践性，这在新开辟的思想政治教育平台——新媒体上体现得尤为突出。当今社会，各种环境都处在动态变化之中，网络环境也不例外。要想切实提高思政课教育教学的效果就必须立足于当前网络发展的实践状况，以发展性的眼光进行思政课教育教学体系的反思和重建，更新思政课教育教学的内容和方式，以此创新思想政治教育，不断解决大学生成长中出现的新问题。

在新媒体时代思政课教育教学中坚持实践性原则，即要求教育者不断拓宽教学途径，将理论与实践相结合，不断加强学习，把握好新媒体时代开展思政课教育教学工作的方式方法。以下从三个方面对实践性原则论述。

第一，思政课教育教学工作者要与时俱进，既具备基础的网络技术，又真正融入网络生活。教育者不断学习网络知识和进行实践，既能避免与大学生产生代沟，又不至于落后时代潮流，同时还能创新教育方法、增强教育效果。教育者要想真正融入网络生活，具备网络意识是关键。在平时的教育和生活中，要主动地与大学生进行网上交流、用心地感受网络文化、真诚地体会大学生们思想行为的变化、深刻地反思与总结，真正做到与大学生在同一时空下交流、学习。

第二，思政课教育教学工作者要对网络文化有详细了解。没有调研就没有发言权，思政课教育教学工作者只有通过各种渠道对这一新兴事物有深入的了解，才能认同这一文化，从而保证在网络环境中与大学生畅通地交流。在当前的新媒体文化环境中，大学生的网络实践表现出了明显的亚文化色彩的网络语言，这对于传统大学生思政课教育教学过程中，实现教育者和被教育者之间的有效沟通是极为不利的。因此，在新媒体时代思政课教育教学中，教育者必须掌握这种新的网络话语系统，这样才能保证在网络上实现与被教育者间的顺利沟通，提高双方沟通的有效性；用大学生常用的语言表达方式对其进行教育，缩短心与心的距离，提高思政教育的实效性。

第三，思政课教育教学工作者要转变教育观念。新时期的教育与传统教育已大有不同。中国人自古以来倡导"尊师重教"，大学生对老师也大多敬而远之，然而随着时代的发展，人们更加注重平等和自由，倡导一种"亦师亦友"的关系。网络的发展给师生搭建了沟通和建立感情的桥梁，教育者要转变传统的权威型的知识灌输者的角色和说教型的方式，以平等的姿态与大学生进行交流，从朋友的角度对大学生的思想和行为进行引导，从而增强教育效果。

五、方向性原则

方向性原则是指思政课教育教学要坚持正确的思想导向和政治导向。主要表现为，思政课教育教学过程中要旗帜鲜明地坚持社会主义和共产主义方向，坚持党的基本路线，高举社会主义大旗，坚定不移地沿着社会主义的方向发展。只有坚持方向性原则，才能不偏离航向、不背离初衷，始终保持无产阶级思政教育的本色；只有坚持方向性原则，才能起到纲领性作用，对人们的思想和行为加以统一，充分发挥思政教育的作用。

方向性原则是进行思政课教育教学的根本要求，要毫不动摇地在思政课教育教学过程中坚持社会主义方向，首先，必须将马克思主义及相关理论成果作为指导。其次，提高贯彻思政课教育教学方向性原则的自觉性。要充分认识到自身育人的目的，即培养社会主义四有新人，所以，要自觉地把方向性作为重要指引，不能偏离教育目标，使培养方向和目的贯彻在每一项工作中，从细节抓起，从规范抓起。同时，大学生也应该看到坚持正确的方向性有利于个人的发展，思想观念和政治素养有时对一个人的影响也是巨大的，坚定社会主义的政治方向是开展好工作的前提。最后，贯彻方向性原则必须讲究科学性。做工作，方法很重要，要对大学生进行思想观念的教育，不能用强迫的方法，此种方法不会长期有效。所以，在进行思政课教育教学时，要将各种方法整合在一起，灵活运用，不能只靠强力，这样才能取得事半功倍的效果。

六、求实原则

求实原则体现了一种踏实工作的科学态度。百年大计，教育为本，作为意识形态领域的思政教育更是根本中的根本，广大思政课教育教学工作者必须踏踏实实、认认真真、全力以赴地投入教学事业，这样才能够取得良好的教学效果。针对性是思政课教育教学的一个十分重要的特点，要做好这一点，就必须坚持实事求是的原则。在具体的思政课教育教学过程中，教育者必须认真观察、总结、反思，从社会现实和受教育者的实际情况着手，运用马克思主义的理论知识认识问题和解决问题，并不断进行思考，把握问题的规律，帮助自己更好地开展育人工作。简言之，求实原则就是遵循"理论联系实际，从实际出发，实事求是"的思想路线。

（一）理论联系实际的含义

1.牢固掌握思政课教育教学的相关理论知识

理论知识是对前人经验的科学总结，只有深入学习、牢固掌握相关理论，才能够正确指导实践，促进实践的顺利进行。因此，在进行思政课教育教学时，对本学科的理论知识进行全面掌握是最基本的要求。

2. 以实践为落脚点

任何科学的理论知识都不是空穴来风，其来源于实践，又作用于实践，受到实践的检验，只有这样，才能富有活力和生命力，随着时代的发展不断创新进步。

理论联系实际就要坚持实事求是，要始终不渝地坚持和发扬理论和实际相结合的原则和作风。

（二）贯彻求实原则的要求

1. 积极主动地对马克思主义的相关理论进行学习

马克思主义基本原理及其中国化理论成果是人们认识世界和几十年来革命和建设的智慧结晶。马克思主义是被实践检验了的科学的理论，在当代仍然焕发着生机和活力，有着鲜明而有效的指导作用，能够帮助人们形成正确的价值观，进而大大降低犯错误的概率。因此，必须自觉进行马克思主义理论的学习。

2. 以实际作为一切工作的出发点

任何工作都不能脱离生活和现状，思政课教育教学工作更是如此。在开展思政课教育教学时，教育者和受教育者都要坚持主观与客观、主体与客体的统一；以实际为基准，制订科学的工作计划，选择恰当的工作方法，逐步深入推进思政课教育教学工作。

3. 循序渐进地解决问题

为了在思政课教育教学工作中坚持求实原则，就必须按照及时发现问题、切实弄清问题、正确解决问题的三个步骤来办事。

（1）及时发现问题

用敏锐的眼光发掘实际存在的问题与矛盾，正视矛盾，不回避矛盾。发现问题是解决问题的第一步。

（2）确定弄清问题

发现问题后要仔细分析问题，只有这样才能更好地解决问题，要善于研究，抓住问题的实质，不为假象所蒙蔽。

（3）正确解决问题

在解决问题的过程中要坚持科学理论的指导，脚踏实地，将问题彻底解决。

七、身教与言教相结合，身教重于言教原则

（一）身教与言教相结合，身教重于言教原则的依据

身教与言教相结合，身教重于言教，这是党的思想政治教育工作的优良传统，也是思政课教育教学工作的重要原则之一。

1.由思政课教育教学工作的特点决定

做思政课教育教学工作，一是靠说；二是靠做，也就是言教和身教。所谓言教，是指教育者通过说话、演讲、文章等宣传教育手段，做说服教育工作，对受教育者施加影响。所谓身教，就是教育者通过自身的行为、举止和实际行动，为受教育者做出表率，对受教育者发挥教育作用。对于受教育者来说，教育者的丰富学识、幽默语言、雄辩口才、机智言谈等言教固然重要；但是，如果这些言教与教育者的实际行为不相吻合，甚至相反，那么，教育者的言教就会成为夸夸其谈，被人讥笑。基于此，教育者要将言教和身教紧密结合，缺一不可，时刻规范自己的言行，从方方面面为受教育者起到表率作用，在一言一行中对受教育者产生有益影响。教育者在从事教学工作时务必做到言传身教，身教重于言教。

2.由党的思想政治教育工作的优良传统决定

身教与言教相结合，身教重于言教历来是党的思想政治教育工作的优良传统。无论是革命战争年代还是和平建设时期，无数共产党人冲锋在前、退却在后，吃苦在前、享受在后，对人民起到了巨大的教育作用。在学校，广大教师教书育人，为人师表，"照亮别人，燃烧自己"的政治态度、治学风格、思想品德、言行作风，对大学生起着潜移默化地教育影响作用。许多思想政治教育工作者都能够做到严格要求自己，教育别人做到的自己首先做到，教育别人不做的，自己首先不做，很好地起到了率先垂范，榜样示范作用。思想政治教育重视坚持身教与言教相结合，身教重于言教的原则，不仅是开展思政教育工作的重要条件，而且更是对几十年来思政教育工作优秀经验的继承和发扬。

3.思政课教育教学工作自身的要求

思政课教育教学不是一件普通的差事，而是群众性、民主性、实践性很强的工作。"打铁先得自身硬""喊破嗓子不如做出样子"，思想政治教

育工作的威信，主要根源于思政课教育教学工作者的以身作则，率先垂范，这样才能有力地影响和教育大学生，并促使他们进行自我教育、自我提高，相互教育、共同提高。无数事实证明，身教是无声的却是很有效的思想政治教育工作。身教与言教相结合，身教重于言教，既是思想政治教育工作具有战斗力、吸引力和说服力的保证，又是思政课教育教学工作者应当具备的基本品质。

（二）贯彻身教与言教相结合，身教重于言教原则的要求

贯彻身教与言教相结合，身教重于言教的原则，思政课教育教学工作者就要身体力行，做到学为人师、行为示范，时刻谨记自己的教师身份，端正自己的言行，以自己的模范行为为大学生做出榜样。因此，思政课教育教学工作者必须有扎实的知识功底、良好的品德修养、突出的工作能力。"自己有一桶水，才能给人一碗水"，自己懂马列、信马列才能宣传马列，使人信服地接受马列理论；自己是一个有理想、有道德、有文化、有纪律的人，才能将大学生塑造成为社会主义"四有"新人。无声的行动远比漂亮的口号更加有用。作为人类灵魂的工程师，思政课教育教学工作者更要以身作则，用自己的人格魅力征服大学生，使他们自觉主动地学习，提高思想觉悟，规范自己的言行，最终达到思政课教育教学的目的。

第四节 思政课教育教学的重要理念

教学理念是人们认识的集中体现，同时也是人们对教学活动的看法和持有的基本态度和观念，是人们从事教学活动的信念。教学理念有理论层面、操作层面和学科层面之分。明确表达的教学理念对教学活动有着极其重要的指导意义。因此，树立正确的、与时俱进的思政课教育教学理念对思政课教育教学的成效有着巨大的推动作用。在当前的新媒体时代，思政课教育教学要与时俱进，树立现代化教学理念。

一、开放创新理念

大学阶段是大学生步入社会的重要准备阶段和过渡阶段，在现代社会历史条件背景下，大学不再像以往一样是一个比较封闭的个体，而是到处都体现着时代发展气息的向往自由的象牙塔，迈进大学校园，到处充满朝气、

充满活力，大学成为面向社会、面向人生、面向世界、面向未来的新型园地。有容乃大，大学之"大"，正在于此，它容纳了各种学术文化思想，思想的火花在这里碰撞，智慧的光芒在这里散发；正因为如此，大学给予人们一种开阔的视野、开放的思维和充分、自由、全面、和谐发展的空间。因而，思政课教育教学也应该强调开放性、发散性、立体性、自由性和创造性，注重以开放的视野、发散的视角、立体的维度、自由的模式和创造性的气魄来培养人、造就人，树立开放创新的理念，坚持与人的开放式的思想活动同步、坚持同社会的开放性发展合拍，从而使大学生思政课教育教学更好地贴近实际、贴近生活，面向世界、面向未来，更好地为社会主义建设事业贡献自己的力量。

（一）开放创新的内涵

在计划经济时代，我国形成了一套固有的思想政治教育模式，但是随着我国对外开放程度的不断加深，社会主义市场经济的发展已经取得了一定的成果，原有的思政课教育教学模式已经不能再适应社会的需求，因此，必须对大学生思政课教育教学模式进行创新。从当前大学生思政课教育教学情况来看，在实际操作中，存在着较为严重的短期行为、孤立行为、务虚行为和信念模糊等情况，这对新媒体时代下提高大学生的思想道德素质是极为不利的。想要全面提高大学生的思想政治素质，就必须改变以往的教育模式，创新教学理念，在全球意识、服务意识、现代意识的指导下，切实提高大学生思想政治教育工作的质量。

（二）开放创新理念的落实方法

根据现代思想政治教育的基本原理和基本规律，不断创新思政课教育教学应遵循理论性与实践性相统一的原则，时代性与实效性相统一的原则，继承性与创新性相统一的原则，真理性与价值性相统一的原则，系统性与开放性相统一的原则。

创新思政课教育教学，包括创新内容、方法、教师队伍建设、保障机制等。

在创新思政课教育教学的内容上，要坚持以理想信念教育为核心，加强思政课改革和建设；要坚持科学精神和人文精神并重；要重视和加强大学生网络道德和法制教育。

在创新思政课教育教学方式和方法上，要坚持外部灌输与引导学生自我实践体验相结合；要注重情感互动，情理结合；要把思政课教育与解决实际问题相结合；要以互联网、手机、微博等新媒体为载体，拓展思政课教育教学的新阵地；要充分利用时尚、情感、文化元素，增强教学的针对性与实效性。

在创新教师队伍建设上，要建设一支精干的专兼结合的思想政治教育队伍；要大力加强师德建设，培养和提高教师个人的人格魅力。

除此之外，保障机制上要做到创新，具体表现为：

第一，创建科学的思政课教育教学效果的评价机制，定期进行督促、检查与评价，全面掌握思政课教育教学进度和具体实效。

第二，实现思政课教育教学与社会实践的接轨。要密切结合学生实际，因人施教、因材施教。要积极引领学生深入社会，在实践中受教育、长才干。

第三，注重培养学生的主体意识和自我教育能力。要注重教育方法的改进，加强教育过程中师生的双向交流，引导学生进行自我认识、自我评价、自我约束、自我激励以及自我完善。

第四，创新思政课教育教学的保障机制。保证并加大必要的大学生思政课教育教学的经费投入；积极为大学生思政课实践活动的开展提供必要的设施、设备和活动场所；善于运用现代技术提升大学生思政课教育教学的效果；不断建立健全各项规章制度。

二、全面发展理念

人的全面发展问题，是一切工作的中心问题，如果这个问题解决得好，那么将对社会经济的发展起到很大的积极作用；如果这个问题解决得不好，那么这对我国社会经济的发展也会产生很大的阻碍作用。大学生思政课教育教学承载着培养社会主义合格的建设者和可靠接班人的历史重任，是造福千家万户的民心工程，必须以人的全面发展作为其基本理念。

（一）全面发展的内涵

所谓的实现大学生的全面发展，实际上就是要提高大学生的综合素质。具体来说，主要包括思想道德素质、科学文化素质和身心健康素质等，这三个方面互相协调，共同推动了大学生的全面发展。其中，在大学生教育培养过程中，思想道德素质是大学生素质教育的灵魂，在素质教育中处于最基础的地位；科学文化素质是大学生成才的基石，在素质教育中处于关键性的位置；身心健康素质是成就人才的根基，大学生的思想道德素质和科学文化素质都是在此基础上培养起来的。由此我们可以说，实现大学生的全面发展，就是要实现大学生在思想道德素质、科学文化素质和身心健康素质三方面的协调、可持续发展。

（二）"全面发展"的思政课教育教学思路

用全面发展的观点指导思政课教育教学工作，其主要目的是让大学生树立起全面发展的教育观，实现大学生在思想道德素质、科学文化素质、健康素质三方面的协调发展。

1.思想道德素质教育

思想道德素质是指个体通过接受一定的教育和参加社会实践活动，经过独立自主、积极理性的思考后形成的一定社会或阶级所要求的思想观念和道德准则，并自主、自觉与自愿地做出相应行为的素质与能力。一般来讲，大学生思想道德素质包括思想素质、政治素质和道德素质三个方面。思想道德素质教育是大学生素质教育的灵魂，大学生是我们实现中华民族伟大复兴的希望，他们的思想道德素质状况直接关系到全面建设小康社会的目标能否顺利实现。在新的历史条件下，加强大学生的思想道德素质教育，努力提高他们的思想道德水平，对于弘扬中华民族伟大民族精神和时代精神，在社会上形成良好的道德风尚，全面建设小康社会，加快推进社会主义现代化建设具有十分重要的意义。

（1）思想素质教育的内容

对大学生进行思想素质教育，其主要目的是提高大学生的马克思主义理论素质，让他们掌握科学的世界观和方法论，在分析问题的过程中，善于运用马克思主义的观点，培养学生的创新意识，满足社会的发展需求。具体来说，思想素质教育的内容主要有以下两点。

第一，马克思主义基本理论教育。促使大学生努力学习和全面掌握马克思列宁主义基本原理、毛泽东思想、邓小平理论、"三个代表"重要思想、科学发展观和习近平新时代中国特色社会主义思想，使大学生具有扎实的马克思主义基本理论功底。

第二，马克思主义世界观和方法论教育。要深入开展马克思主义哲学教育、实事求是的思想路线教育、马克思主义认识路线教育和科学方法论教育，引导大学生树立科学的马克思主义世界观和方法论，培养他们自觉运用马克思主义唯物辩证法的观点和方法认识世界、改造世界、解决实际问题的能力。

（2）政治素质教育的内容

对大学生进行政治素质教育的目的是，帮助大学生树立起正确的政治观点，提高他们的政治敏感度和判断力，在未来发展中始终坚持维护正确的思想指导，坚持社会主义发展方向，坚决拥护党的领导，坚持民主执政，为中国特色社会主义事业的发展做出自己的贡献。根据这一目标，政治素质的教育内容有以下三点。

第一，理想信念教育。引导大学生树立建设中国特色社会主义的共同理想和共产主义远大理想，激励他们为实现这一伟大理想而奋发向上、开拓进取。

第二，爱国主义教育。让大学生了解中华民族优秀历史文化传统，弘扬和培育中华民族伟大民族精神，增强民族自尊心、自信心和自豪感，激励他们把满腔爱国热忱投入到建设中国特色社会主义事业中去。

第三，民主法制教育。帮助大学生树立社会主义民主法制观念，明确作为一个国家公民，所享受的权利和应尽的义务。教导他们自觉遵守国家法制法规，并勇于同一切违法乱纪的行为作斗争。

（3）道德素质教育的内容

对大学生进行道德素质教育的主要目的是，提高大学生的思想道德水平，遵循道德规范，培养他们对于道德的良好认知能力，树立起为人民服务的价值观念，能够正确处理个人与集体利益之间的关系，始终将集体的利益放在首位。

根据这一教育目标，道德素质的教育内容有以下三点。

第一，公民基本道德规范教育。对大学生进行以"爱国守法、明礼诚信、团结友善、勤俭自强、敬业奉献"为主要内容的基本道德规范教育，使他们明确作为一个公民所应遵守的最起码的道德。

第二，社会公德、职业道德和家庭美德教育。培养大学生以"文明礼貌、助人为乐、爱护公物、保护环境、遵纪守法"为主要内容的社会公德，以"爱岗敬业、诚实守信、办事公道、服务群众、奉献社会"为主要内容的职业道德以及以"尊老爱幼、男女平等、夫妻和睦、勤俭持家、邻里团结"为主要内容的家庭美德。

第三，社会主义和共产主义道德教育。在培养大学生公民道德的基础上，还要对他们进行社会主义人道主义教育和以为人民服务为核心、以集体主义为原则、以"五爱"为基本要求的社会主义道德教育，并在大学生先进分子当中提倡大公无私、先人后已的共产主义道德规范。

2.科学文化素质教育

科学文化素质教育包括科学素质教育和人文素质教育两个方面，这两个方面又是紧密联系、相互渗透、不可分割的。科学文化素质教育的具体内容包括很多方面，从德育的角度来讲，大学生科学文化素质教育的重点在于培养两种精神——科学精神和人文精神。这两种精神是科学文化素质教育的核心。

科学精神是人们从科学活动过程中和科学认识成果中提炼出来的价值准则和行为规范，是人们的认识精神在科学认识上的投影，是人类在漫长而艰巨的科学研究探索过程中逐渐形成并不断发展起来的一种主观的精神状态。科学精神激励着人们驱除愚昧、求实创新，不断推动社会的进步。无论是西方近代的文艺复兴，还是我国现代的五四运动，无不显示出科学精神的巨大作用和深刻影响。科学精神是在科学活动的过程中形成并发展起来的，因此，科学精神的内涵也随着科学活动的不断推进而不断得到充实和发展。在当代，科学精神有着新的时代内涵。科学精神的内涵很丰富，最基本的要求是求真务实、开拓创新。因此，对大学生科学精神的培养，重在培养以下几种精神。

第一，坚定不移的求真精神。科学研究是一种艰苦的工作，通向未知世界的道路绝对不是平坦大道，这条路上布满了荆棘，只有付出辛勤的汗水，矢志不渝，才会获得成功。

第二，尊重事实的务实精神。科学是老老实实的学问，来不得半点虚假和浮夸。只有尊重事实，从实际出发，以实践作为检验真理的唯一标准，才能正确认识客观世界，揭示事物的客观规律。

第三，勇于批判的怀疑精神。怀疑是一切科学创造活动的真正出发点。哥白尼从怀疑地心说而最终提出日心说，达尔文从怀疑上帝造人说而提出进化论，科学就是在不断怀疑批判前人学说的基础上获得进步和发展的。

第四，勇于开拓的创新精神。创新精神是科学得以创造和发展的精神动力和力量源泉。科学活动是从已知出发去探索未知从而发现和认识世界的，它在本质上是创造性的。提出新问题，解决新问题，得出新成果，是科学工作者的本职，也是衡量他们工作表现、价值大小的尺度。

人文精神是一个民族、一种文化的内在灵魂和生命，是贯穿在人们的思维和言行中的信仰、理想、价值取向、人格模式和审美情趣。它是特定环境里各类精神价值的综合，是时代文化精神的核心。以人为本，关注人的现实存在和终极价值是人文精神的主旨，也是人文精神得以产生的源泉。当代大学生人文精神培养的基本内容是根据社会发展需要和目前大学生人文素质的现状来确定的，它主要包括独立人格教育、道德理念教育、人生态度教育和终极关怀教育四个方面。

第一，独立人格教育。独立人格是大学生人文精神培育的基础和前提。一个人只有首先在人格上具有独立性和自主性，不盲目地听从别人，有自己的意见和主张，才谈得上具有人文精神。

第二，道德理念教育。一个人不仅要成为一个独立的人，而且还要成为一个有道德的人。要教育大学生爱人如己、推己及人，设身处地为他人着想；要"先天下之忧而忧，后天下之乐而乐"，具有仁民爱物的胸怀；要热爱自然，保护环境，维护生态平衡。

第三，人生态度教育。在对人生的态度上，要教育大学生具有积极乐观的人生态度，自强不息，开拓进取。人的一生不可能是一帆风顺的，逆境和顺境总是交替出现，伴随人的一生。要教育大学生身处顺境时，不得意忘形，要居安思危；身处逆境时，不怨天尤人，要坚韧不拔，百折不挠，勇往直前。

第四，终极关怀教育。人文精神是现实性和超越性的统一。它既是一种现实关怀，体现现世性的精神追求；又是一种终极关怀，体现了人对超越有限、追求无限的一种渴望。终极关怀源于人是一种有限而企盼无限的存在物，是人的精神世界对超越有限、追求无限的一种渴望，是对生命意义的一种终极关切。它具体表现为理想和信念。要引导大学生树立共产主义远大理想，在社会主义现代化建设事业中以自己有限的生命获得无限的人生意义。

在人类的精神家园中，科学精神和人文精神占据了重要的地位，二者之间是一种相互联系、互为补充的关系。本质上看，二者都是一样的，都是在人们对于至真、至善、至美生活向往的追求中所产生的。在对大学生思想政治教育的过程中，必须注重对其科学精神和人文精神的共同培养，这是因为，人文精神可以做支撑科学精神的培养，而科学精神又可以对人文精神的培养进行指导。如果失去了人文精神，那么科学精神也就失去了其存在的真正意义，失去了科学精神的人文精神，同样也是不完整的。因此，对大学生思想政治教育，必须注重科学精神和人文精神的相结合，克服只重视科学精神教育而忽视人文精神教育或者只重视人文精神教育忽视科学精神教育的错误倾向。

3.健康素质教育

健康是大学生成才的重要保障，已成为人们的共识。健康的含义，包括生理和心理两个方面的内容。健康是一种身体上、精神上、心理上和社会上的完满状态，而不是没有疾病或残弱的现象。因此，这里的健康素质教育主要包括两个方面，即身体健康素质教育和心理健康素质教育。

身体健康素质教育。身体素质是人的素质发展不可缺少的物质基础，是在遗传获得性基础上发展起来的人体形态与生理功能上的特征，包括生理解剖特征（身高、体重、骨骼系统、神经系统等）和生理机能特征（运动素质、反应速度、负荷限度、适应能力、抵抗能力等）。身体健康素质教育也就是我们通常所讲的体育，从德育方面来讲，身体健康素质教育就是要教育大学生树立"身体是革命的本钱"的观念，促使大学生积极参加体育锻炼，增强体质，做到劳逸结合，只有拥有健康强健的身体，才能开展其他一切活动，才能全力提高其他方面的素质。

心理健康素质教育。心理素质是指在认知、情感、意志过程中所表现出来的求知欲、审美力、乐群性、独立性和坚持力等。它是个人整体素质的一个极为重要的方面，良好的心理素质是大学生学会适应社会、具有良好人际关系、形成健全人格的重要保障。近年来，许多有关大学生心理健康状况的调查资料显示，当代大学生心理矛盾日渐增多，由此引发的心理问题也日渐突出。大学生心理健康问题越来越受到社会的广泛关注，加强大学生心理健康素质教育成为大学生思想政治教育的一项紧迫任务。根据大学生心理健康的基本标准和目前大学生当中普遍出现的心理问题和心理疾病，我们把大学生心理健康素质教育内容制定如下。

（1）积极适应性教育

进入大学，面对一个与以前截然不同的新环境，许多大学生都会产生强烈的心理冲突，出现程度不等的适应不良症状，这就需要对他们进行积极的适应性教育。要培养大学生适应环境的能力，引导他们掌握排解学习、生活中的心理困扰的方法和技巧，促使他们尽快适应新生活，保持心理健康。

（2）健康情绪教育

大学时期是大学生面临的一个特殊发展时期。面对环境的变化和来自社会、家庭的压力，大学生当中很容易出现迷惘、焦虑、孤独、自卑、苦闷、空虚等心理障碍。这些障碍若不及时清除，会严重影响他们的健康成长和成才。因此，要让大学生了解人的情绪健康的标准及自身情绪变化的特点，学会体察和表达自己和他人的情绪情感，掌握调节情绪的方法，运用有效的调控手段，使自己经常保持良好的心境和乐观的情绪。

（3）加强意志教育

现在的大学生大多成长环境较为优越，没有经过艰苦生活的磨炼，对生活的期望值过高，缺乏迎接困难的心理准备，其中，不少人意志力薄弱，耐挫力差。对此，应引导大学生充分认识意志在成才上的作用以及自身意志品质的弱点，激发大学生以坚强毅力和顽强精神去克服困难的勇气，增强大学生的心理承受力，鼓励他们持之以恒、百折不挠地向着既定目标前进。

（4）健全人格教育

人格障碍是大学生心理健康中比较突出的一个问题，对大学生的健康成长构成了很大的威胁，因此，人格教育是当代大学生心理素质教育的核心和关键。要引导大学生气质、能力、性格和理想、信念、动机、兴趣、人生观等各方面平衡协调发展，培养他们适中合理的思考问题的方式、恰当灵活的待人接物态度，使他们能与社会的步调合拍，也能与集体融为一体。

（5）人际交往教育

人是社会的人，任何人都不可能离开他人和社会孤立地生存与发展。和谐良好的人际关系是维持和促进大学生心理健康的前提。要帮助大学生掌握人际交往的特点和规律以及人际交往艺术，使他们在群体中能与人和睦相处，学会沟通、互助和分享；善于在群体中发挥自己的才干，达到高水平的自我实现；在与人交往的过程中养成宽宏大度、尊重他人、乐于助人的良好品质。

三、以学生为中心理念

思政课教育教学是教育学生、说服学生、塑造学生的工作。关注学生的自身发展、解读人存在的意义、帮助其建构精神家园，进而促进学生全面自由的发展是思政课教育教学的重要任务，为此，思政课教育教学的价值和归宿就是以学生为中心。思政课教育教学也只有坚持"以学生为中心"的核心教学理念，才能产生影响力和亲和力，也才能提升教学效果。

（一）以学生为中心理念的诠释

罗杰斯(Carl Ransom Rogers)是人本主义心理学派的重要代表人物之一。他在长期的心理治疗和研究的基础之上逐渐形成了"以来访者为中心"的治疗理论，并将这一理论扩展到教育领域，提出了"以学生为中心"的教学理念，即非指导性教学模式。

以学生为中心的教学理念，实质上就是尊重受教育者在学习中的主体地位。它包括以下三方面的内容：第一，教育者必须具备三种优良的品质，即真诚、接受和理解。第二，教育者必须做到"以人为本"，真正尊重受教育者。第三，必须把受教育者视为学习活动的主体，教学和教育都应以受教育者为中心，应尊重受教育者的个人经验，并创造一切条件和机会，促进受教育者学习和变化。

罗杰斯主张"以学生为中心"，主张非指导性教学模式，主张自由学习。但是，"非指导"并不是"不指导自由学习"也不是"放任自流"。在传统教育模式中，教育者往往是"权威者""决定者"，受教育者是"接受者""服从者"。非指导性教学模式主要是摒弃传统教育模式中教育者占主体地位的弊端，强调受教育者在学习中的主体地位，实现教育者和受教育者的角色转换，促使其平等对话、协同参与，共同完成教学任务。

"以学生为中心"实际上是要实现本科教育从"教"到"学"、从"传统"到"学习"这一新范式的转变。在"以学生为中心"的教育理念下，学习环境和学习活动是以学习者为中心，并由学习者自己掌控，大学的目标是为学生自主发现和构建学问创造环境，使学生成为能够发现和解决问题的学者。

教师是学习的组织者和指导者，要从整体的角度设计学习，学生是学习过程的主体，是知识的探索者和建构者，通过教师的引导，充分发挥和调动学生的学习积极性和主动性。

（二）以学生为中心教学理念的理论基础

1. 人本主义理论

人本主义理论是美国当代心理学主要流派之一，由美国心理学家马斯洛（Abraham H. Maslow）创立，现在的代表人物有罗杰斯。人本主义反对将人的心理低俗化、动物化的倾向，故被称为心理学中的第三思潮。人本主义强调爱、创造性、自我表现、自主性、责任心等心理品质和人格特征的培育，对现代教育产生了深刻影响。人本主义教学思想关注的不仅是教学中认知的发展，更关注教学中学生情感、兴趣、动机的发展规律，注重对学生内在心理世界的了解，以顺应学生的兴趣、需要、经验以及个性差异，达到开发学生的潜能、激发起其认知与情感的相互作用，重视创造能力、认知、动机、情感等心理方面对行为的制约作用的目的。教师在教学中的角色发生了变化。不再是主导者、决定者和评估者而是辅导者、合作者、促进者和帮助者。教师的职责不再是以前的授业解惑，而转变成创造良好轻松的学习氛围，提供学生学习需要的更多资源，鼓励诱导学生独立思考获得学习经验。学生的职责也不再是被动地接受知识，而具有选择权和主动认知权，对学习和考核评价负有责任。

2. 建构主义理论

建构主义理论的内容很丰富，但其核心只用一句话就可以概括：以学生为中心，强调学生对知识的主动探索、主动发现和对所学知识意义的主动建构。建构主义认为，知识不是通过教师传授得到，而是学习者在一定的情境即社会文化背景下，借助其他人（包括教师和学习伙伴）的帮助，利用必要的学习资料，通过意义建构的方式而获得。提倡在教师指导下的、以学习者为中心的学习，既强调学习者的认知主体作用，又不忽视教师的指导作用，教师是意义建构的帮助者、促进者，而不是知识的传授者与灌输者。学生是信息加工的主体，是意义的主动建构者，而不是外部刺激的被动接受者和被灌输的对象。以学生为中心的教育理念坚持以学生为本，教学过程中以学生为主体，正是建构主义理论的具体体现。

（三）以学生为中心理念形成的必要性

第一，坚持以学生为中心的教学理念是实现培养人才的教学目的的需要。思政课是对学生进行系统的思想政治教育的主战场，其最终目的就是培养适应时代发展的高素质大学生。因此，思政课教育教学必须面对新媒体时代的社会开放和价值多元的现实，通过课内课外、线上线下给予学生正确引导，使学生能够正确运用新的媒介载体，识别纷繁复杂、良莠不齐的网络信息资源，从中选择有利于自己身心发展、成长成才的信息。当今的大学生视野开阔，思想前卫，但是他们缺乏人生阅历以及经验，崇尚自我个性的张扬，与强烈的求知欲相比，判断力比较弱，新媒体时代下纷繁复杂的信息资源，很容易影响他们的世界观、人生观以及价值观。因此，思政课教育教学要以学生为出发点和归宿，突出学生的个性发展，满足学生成长成才的合理需求，并及时给予他们帮助和引导，引导他们正视道德冲突，去解决道德困惑，尽一切努力用服务的意识去实现教学的目的。

第二，坚持以学生为中心的教学理念是完成思政课教育教学任务的需要。学生是教育的出发点，也是教育的归宿。高校教育的根本任务是培养人才。思政课教育教学的根本目的就是立德树人，以促进人的全面发展。因此，必须改变长久以来思政课教育教学以"传道"和灌输为主要抓手，忽视学生能力和个性的培养的局面。思政课教育教学要贯彻和落实中央科学发展观、科教兴国和人才强国的战略，进一步强化大学生思想政治教育的任务性，以立德为基础促进树人。坚持以学生为中心，在培养他们自觉明辨是非、自主选择和自我修养的能力的同时，培养他们坚持正确的政治方向，自觉抵制各种黄、赌、毒、反动等有害信息的侵染，健康成长，全面发展。

（四）以学生为中心理念的实现途径

1.塑造新型的师生关系

教育不是以传输知识为主，是赋予学生对于生命的理解，是为了培养学生健全的人格。教学真正的意义在于让学习发生，教师应该为学生创造学习需求、学习动机。新媒体时代下思政课教育教学的重大意义在于能让学生的学和教师的教更有效，能够检验课堂上所建立的师生关系是否符合新时代下通过师生互动协作产生新型师生关系的要求。新媒体时代下思政课教育教学新型师生关系不是以独立的某个个体为中心，而是协同合作。要想塑造新型的师生关系必须做到以下三点。

（1）新媒体时代让学生感受到教师的爱无处不在

爱是教育的源泉，没有爱就没有教育。教师对学生的关爱形式表现在有意识地关心弱势群体，利用课余时间找学生谈心或者课后对部分学生进行家访，但这种关爱方式只能照顾到个别学生，不能面向全体学生等方面。随着新媒体时代的发展，教师对学生的关爱方式更灵活，覆盖面更广。教师可以利用各种网络平台和学生成为朋友，如，建立 QQ 群或微信朋友圈和学生、家长进行交流等。以往，教师要想在假期全面了解学生的学习生活情况，只能在开学后对学生进行简单的了解，而深入了解至少要在开学一两个月甚至半个学期以后才能得以实现。随着各种网络平台的出现，教师可以随时随地了解学生的情况，给予学生关心、解答学生的疑难问题，对于师生之间的交流与沟通具有重大的作用。

（2）思政课教师要让学生乐意参与教学活动

每个学生都是独立的个体，教师在教学中要因材施教。在教学过程中，教师应该为学生创造学习的机会和展示自己的平台，激发他们的学习兴趣，营造良好的学习环境，让学习发生。教师要利用新媒体时代的一切信息化手段让学生乐意参与教学活动。比如，PPT 展示、微视频制作。

（3）重新进行思政课教师的角色定位

在传统思政课教育教学中，教师一言堂、满堂灌，结果使学生个性得不到发展，心理受到压抑，找不到成功的动力。因此，必须对传统的思政课教师进行重新定位。

其一，教师与学生在人格上是平等的。由此就决定了教师的角色不是领导，不是严父，不是法官，不是"上帝"，而应当是导师、朋友和助手。

其二，导师。教师应以学生为中心，以学生发展为根本，既关心学生吸取知识，更注重丰富学生情感，健全学生的身心，完善学生的人格，教学生学会做人。教师应是学生自我发展的促进者，理想探求的指路者，心理困扰的排除者。应把学生当作学习的主体，改变单纯灌输的落后方法，让学生变被动接受和管理为主动参与，领着学生走向知识，而不是领着知识走向学生。激发学生创造的潜能，而不是单纯品尝前人创造的成果。

其三，朋友。与学生交朋友，是思政课教师教学的一个重要手段。在关心热爱每个学生的同时，以爱心去理解、去尊重、去温暖、去感化，这样教师不仅能教书，而且是师德高尚、热爱生活、兴趣广泛、才华横溢、乐于并善于与学生打交道的朋友，是学生依靠的良师益友。

其四，助手。教师应放下架子，淡化权威的角色，与学生共同探究、教学相长。帮助他们克服在人生道路上的障碍，帮助他们战胜学习知识中的种种困难，相信他们、鼓励他们做自己能做的事，支持他们在实践中增长才干。

2. 创新教学方式

（1）在线教学

在线教学包括课堂教学活动的前期自学准备阶段和后期巩固、拓展阶段。前期自学准备阶段的在线学习是在翻转课堂之前，学生通过各种网络平台自主完成基础知识的自学活动，主要包括目标导学、微课助学、在线测学、问题反馈四个环节，依托当前已建成的面向高等教育领域的信息化平台，如，在线精品视频公开课、MOOC、微课资源库等；打造适合学校与学生实际的多层次、多维度、覆盖广的网络教学平台，如，建立在线开放精品课程、手机微信课堂、博客、微博、QQ群等。后期巩固、拓展阶段的在线学习是在翻转课堂结束后，学生的在线网络学习是对教学内容的巩固、应用与延伸。整合校内外各级网络资源，如，教育部和各级院校的优秀思政类网站、全国爱国主义教育基地网站、学术与教学资源、数字图书馆、网络论坛、知名高校微信及微博等，利用已建成的具有本校特色的思政课专题网站、在线课程及个人创设的各种网络教学平台，让学生进行课后的延伸阅读、在线复习与测试、互动交流和评价反思，了解思想政治理论动态，开展专题活动，观看影视作品，感受红色教育，播报与评论时事，评选身边优秀人物，展播优秀作品等。

（2）课堂教学

课堂教学即翻转课堂，是思政课教师按照课表时间安排，在一体化教室等真实场所，通过多媒体等现代技术手段，与学生互动完成课堂教学活动，是释疑、深入、内化、提升的教学过程，是整个教学阶段的关键部分。课堂教学活动通过小组的团队合作完成，教学的主要任务是解决学生在线学习的共性问题，进行教材重点知识的理解与内化训练、教学难点的剖析，梳理教材知识体系，讨论前沿理论与热点现实问题，塑造学生的创新思维等。在解决学生在线学习共性问题时，多采用讨论、分析、归纳的教学方法；在进行教材重点知识的理解、教学难点的剖析、知识体系的梳理时，虽然主要是以教师讲授为主，但多运用多媒体等现代教育技术手段，通过文字、图片、图表、音频、动画、视频等形式，以鲜活的、生动的方式呈现给学生；在进行重点知识的内化过程中，多创设与当前学习重点内容密切相关的真实情境，通过项目任务进行训练，如，主题演讲、辩论赛、模拟法庭、角色扮演、问卷调查结果反馈、社会采访与调查视频、随手拍、微视频等；在讨论前沿理论与热点现实问题时，以学生关注的访谈、明星或案例作为切入点，采用新闻播报、问题评论、小组辩论等方式。

（3）实践活动

实践活动是指利用新媒体开展校外实践和课堂实践活动。开展校外实践活动既可以组织思政社团或部分骨干学生参观实践教学基地，也可以组织学生自愿参加志愿活动和参与社会调研等。让参观实践教学基地的学生将基地基本情况介绍、基地实景、解说、采访、感受等全过程制作成微电影，放在网站上，供其他未参加活动的学生观看，从而实现参观实践教学基地活动的全员化；参加志愿服务既可以是学生到现场真实参与活动，也可以开展网上服务，无论是哪种形式，学生都可以在网络平台上展示自己参加志愿活动的全过程；参与社会调研可以通过专业在线问卷调查平台进行，如问卷星等。开展课堂实践活动可以借助新媒体，先让学生在课下观看在线优秀影视资源、纪录片、专题片，参观网络纪念馆，在课堂上进行讨论与演讲；提前在线布置课堂实践项目任务，让学生将完成的任务通过网络展示出来，让学生评选优秀作品，在课堂上展示并点评优秀作品。

第二章 新媒体环境下高校思想政治教育的内容

第一节 新媒体环境下高校社会主义教育

高校网络思想政治教育的首要内容决定于高校思想政治教育的首要功能，即培养社会主义社会所需要的合格人才，合格人才的首要标准就是热爱社会主义。以社会主义为内容的教育，自然成为高校网络思想政治教育的重要内容。高校网络思想政治教育的社会主义教育内容，必须解决两个方面的问题：一是用什么样的社会主义教育内容教育大学生。二是这些社会主义教育内容在网络社会怎样体现。

一、高校网络社会主义教育的内容

（一）中国特色社会主义理论和实践的教育是社会主义教育的核心

中国特色社会主义理论的创立和中国特色社会主义实践的开创，实现了社会主义理论和实践发展过程中的又一次伟大飞跃。这一次伟大飞跃，不仅带来中华民族的伟大复兴，而且极大推动了人类的进步事业，最终把世界社会主义运动带向新的高潮。进行中国特色社会主义教育，必须着眼于以下两个方面。

1. 中国特色社会主义探索特殊环境的教育

中国特色社会主义建设是在一种非常艰难的情况和环境下进行的。首先，经过几十年社会主义建设的曲折过程及其一些失误，使社会主义与发达资本主义国家拉大了差距，从而极大地影响和损害了社会主义的形象，极大地动摇了人们对社会主义的信心。其次，世界进入了以和平与发展为主题的时代，经济全球化、政治多极化、文化多元化等趋势明显加快。正是在这样一种极为严峻、复杂的情况和环境下，社会主义发展过程中的又一次伟大飞跃大踏步地开始了。

2. 中国特色社会主义历史地位的教育

中国特色社会主义是社会主义发展过程的第三次伟大飞跃，是一个纵向飞跃和横向飞跃相互交织、相互促进的丰富过程，正是这一特点，使第三次伟大飞跃成为社会主义发展过程中最充实、最成熟、最能体现社会主义本质、最能增强社会主义生命力、最能对人民群众产生吸引力的一次飞跃。

（1）第三次飞跃首先是纵向的飞跃

纵向的飞跃由两条主线组成，即理论上的纵向飞跃和实践上的纵向飞跃。理论上的纵向飞跃主要是指从过去被人们高度僵化了的社会主义理论向中国特色社会主义理论的飞跃。实践上的纵向飞跃主要是指过去片面、封闭、愚昧等的社会主义实践向全面、开放、创新等的社会主义实践的飞跃。

（2）第三次飞跃还是一种横向飞跃

横向飞跃包括两个过程，即理论向实践的飞跃和实践向理论的飞跃。首先，新的实践方式催生新的思维方式，新的实践经验培养新的理论观点，新的实践需求推动新的理论的产生。其次，在实践向理论飞跃的过程中，每一个重大理论观点的诞生和被掌握，都及时变成了亿万人民手中的强大思想武器，都变成了亿万群众实实在在的实践，并通过群众的理性实践不断推动着社会的进步。

（二）中国特色社会主义教育必须始终以中国共产党是建设中国特色社会主义坚强领导核心的教育为重点和前提

中国共产党的执政地位是中国人民和中国历史的必然选择。中国共产党过去是新民主主义革命和社会主义革命的中流砥柱，现在则是中国特色社会主义事业的中流砥柱。坚持党的领导，既是中国共产党本身建设的基本要求，也是中国特色社会主义事业和中国梦的必然要求。中国共产党之所以是中国特色社会主义事业的坚强领导核心，是因为：①中国共产党是科学理论武装起来的党，有着科学的世界观和方法论，重视理论的发展和创新，能够通过科学理论教育使全党和人民真正变成高度自觉的力量；②中国共产党是能真正代表中国最广大人民根本利益的党，能够为了人民的利益，去科学揭示和遵循社会发展规律，能够根据先进生产力发展要求和先进文化发展方向，建设自己，制定全面推动社会进步的路线、方针、政策；③中国共产党有着广泛的阶级基础和群众基础，能够最大限度地调动各种社会主体资源的积极性和创造性，使中国特色社会主义事业在充满生机和活力中不断开辟新的道路。

二、社会主义教育内容在网络中的特殊体现

社会主义教育是思想政治教育的重要内容，当然也是高校思想政治教育的重要内容。但社会主义教育内容在网络中面对当代大学生进行，就必须具有特殊的表现形式，即根据网络特点和网络受众的需求进行转换。我们认为，社会主义教育内容在网络中至少应当体现为以下三个方面。

（一）网络社会主义教育内容的理论体现方式——以理服人

社会主义既是科学的理论，也是具体的实践。社会主义首先是科学的理论，而科学的理论应当通过理论教育的方式来进行。网络社会主义的理论教育方式就是指将社会主义教育内容涉及的基本观点在网络上以理论的方式传播给网络受众。当代大学生既是社会中的高素质人群，又是社会中最重要的网络受众，他们有足够的认知能力和一定的经验基础来通过理论方式接受社会主义教育。网络社会主义的理论教育具体表现为：建立专题红色网站进行社会主义理论教育，包括理论文章的浏览与下载，理论观点的讨论与交流，经典著作、文献的索引与链接等；建立专题栏目与板块进行社会主义的理论教育，只要是中国行政区域内的网络，都应当有义务在各自的网站、网页上建立专门的栏目和板块进行社会主义的理论教育，使网络受众能够在网络浏览中有机会接触到传播社会主义的一些理论观点；建立各种相关链接，使网络受众能够通过相关链接进入社会主义理论教育的界面和相关网络信息中去。

（二）网络社会主义教育内容的实践体现方式——以情动人

社会主义是科学的理论，但也是具体的实践。而具体的实践都是由具体的人物、事情、情节、时间、地点等组成的活生生的过程。社会主义的实践过程既包括革命先烈为了建立中华人民共和国而进行的艰苦卓绝的斗争历程，也包括人民群众为了建立和建设社会主义而进行的波澜壮阔的实践过程。网络社会主义教育内容的实践体现发生方式，就是将这些实践信息通过网络传播给网络受众，让它们通过实践产生震撼人心，通过实践而产生共鸣，最后达到社会主义教育上的以情动人。网络社会主义教育的实践体现方式主要包括：社会主义实践历程的网络文字性传播；社会主义实践历程的网络图画性传播；社会主义实践历程的影视方式转播；社会主义实践历程的音乐方式传播等。网络的特点使它总体上不适合纯理论性的教育，但更适合实践性教育，只要让大学生网络受众置身于社会主义的实践氛围之中，它们就会在实践熏陶中接受教育。

（三）网络社会主义教育内容的参与体现方式——自我教育

网络社会主义教育内容的参与体现方式是指让大学生网络受众直接参与社会主义具体的建设过程，在具体的社会主义建设过程中自我接受教育。随着网络的发展，社会主义建设的网络方式非常多，如，在电子政务、法律草案的网络征求意见，对社会重要事情、事件的讨论，对干部任免前的网上公示，对某些事项的网络投票等。大学生网络受众是社会主义建设的未来栋梁，也是当前社会主义建设的参与者，应当积极参加和参与社会主义建设的网络实践方式，如，对电子政务中某些问题的质询，对法律草案的建议和意见，参与社会问题的讨论，对网上公示的关注和投票，通过这些活动，把自己直接变成社会主义的建设者、参与者，并在具体参与和建设过程中自我接受社会主义教育。

第二节 新媒体环境下高校网络道德教育

道德教育永远是思想政治教育的重要内容。由于道德是一个历史的社会的范畴，在当今中国进行的道德教育，必须是以服务于中国特色社会主义建设和实现伟大中国梦作为道德教育根本内容。与此同时，网络思想政治教育中的道德教育，必须包括两大组成：一是通过网络进行的具有社会普遍性的道德教育；二是网络本身的伦理道德教育。

一、积极进行网络爱国主义教育

爱国主义是社会最基本、最重要的道德规范，也是个体最基本、最重要的道德要求。由于网络是一个没有国界的世界，容易使人忘记自己的国别身份。大学生是最重要的网络受众，所以，高校网络思想政治教育中道德教育必须突出爱国主义教育。

（一）爱国主义是当代大学生必须具备的道德品质和人格精神

当代大学生是中华民族未来的栋梁，是中华民族精神的承上启下的一代，是中华民族真正屹立于世界强国之林的实现者。当代大学生身上是否具备民族精神，直接关系到其身上的神圣使命能否完成的关键。民族精神是一个民族在长期的生产和生活实践中形成与发展的为大多数成员所具有的内在品质、心理特征、精神风貌、价值取向和人生追求。民族精神的实质是爱国，爱国主义始终是中国青年运动的旗帜。进行爱国主义教育的最好教材就是中华民族为实现民族振兴和人民幸福而奋斗的伟大实践。

1. 中华民族几千年文明史是进行爱国主义教育的基本教材

它可以让大学生了解民族、理解民族、归属民族、热爱民族。几千年文明史所展现出的文明的漫长性、连续性、创造性、放射性、辉煌性等，必然会激发大学生的民族认同感、民族自豪感和民族自信心。

2. 中华民族近代史是对大学生进行爱国主义教育的重要教材

近代史，既是外国列强不断奴役中华民族的历史，也是中华民族奋起反抗捍卫民族尊严的历史。通过中华民族近代史教育，增强大学生的民族危机意识和忧患意识，培养大学生的民族使命感、责任感。

3. 中国共产党领导人民进行社会主义革命和建设的历史是对大学生进行爱国主义教育的现实教材

从新民主主义中国到社会主义中国、从模式化的社会主义中国到中国特色社会主义中国，中国共产党领导中国人民使中华民族发生了翻天覆地的变化，使中华大地上焕发了勃勃生机。这一现实教材可以使大学生增强报效祖国的自觉性。

网络爱国主义教育首先是将爱国主义教育的上述活生生的教材展现在网络上，使网络界面、板块、链接等中具有爱国主义教育的活教材。在此前提下，网络爱国主义教育必须使大学生用爱国主义道德规范自己的网络行为，使每一个大学生的网络行为变成网络爱国行为。

（二）弘扬与培育民族精神是网络爱国主义教育的重要内容

民族精神是一个民族在长期共同的生活和共同的社会实践基础上形成和发展的，为本民族大多数成员所认同和接受的思想品格、价值取向、道德规范，是一个民族的心理特征、文化传统、思想情感等的综合反映。民族精神，不仅是一个民族告别落后、走向文明进步的强大动力，而且是维护一个民族稳定和发展的强大精神支柱。经过五千多年的历史积淀，中华民族形成了以爱国主义为核心的团结统一、爱好和平、勤劳勇敢、自强不息的伟大民族精神。

青年人是民族精神的继承与担负者，大学生网络受众，作为社会有知识的群体，更应该成为民族精神的体现者和传承者。正因为如此，网络应当成为弘扬和培育伟大民族精神的重要场所及途径。网络的多媒性、互动性等使它更有利于民族精神的传播和培育。不管是专门的红色网站，还是所有的一般网站，都应当把传播和培育民族精神作为自己的神圣使命。高校网站更应当通过多种多样的形式将伟大的民族精神转换成网络教育资源，创造出大学生网络受众只要上网就能受到民族精神熏陶和洗礼的网络环境。

二、大力开展网络伦理道德教育

随着网络的迅速发展和广泛应用，网络正在对人类产生越来越深刻地影响。大学生是最早接触和最早接受网络的群体之一，且上网人数逐年剧增。他们的思想道德素质不可避免地受到网络的影响：一方面，网络文化有助于大学生形成时代需要的某些道德素质；另一方面，网络中的不良因素又对其道德价值观产生消极影响。高校教育工作者肩负着培养具有良好道德品质的社会主义建设的高级专门人才的使命，必须对此进行分析研究，探索网络时代在校大学生的道德教育的有效措施，做到趋利避害，使网络为大学生的健康成长服务。

（一）利用网络对大学生思想道德素质发展的正面效应，积极培养当代大学生健康的网络意识和网络人格

网络社会具有开放性、自由性、虚拟性、多元性的特点，它使人们的交往突破了物理时空的限制，向人们展示了一个由多元文化构成的世界，为大学生的生活和学习提供了极大便利和乐趣，也对参与其中的大学生形成和发展时代所需要的某些道德素质起到了积极的促进作用。

1.独立意识

在传统的教学中，大学生的学习和生活都有教师进行较为全面的安排、指导和管理，遇到难题有教师帮助解决，这种模式容易养成学生的依赖性和被动性。而网络是基于资源共享、互惠互利的目的建立起来的，没有中心，也没有统一的管理者，网民必须"自己为自己作主""自己管理自己"，自觉地做网络的主人。在这个比现实世界更为广阔的虚拟空间中，大学生可以

自主选择自己喜欢的学习内容和形式，自主决定所要访问的网站，自主接受不同的信息，主动进行分析比较。当然，他们也会遇到在传统教学中没有遇到过的问题和困难需要自己独立面对和解决，这种生存方式将极大促进大学生的独立意识的发展，对培养和提高他们独立分析、判断和解决实际问题的勇气和能力大有裨益。

2. 平等意识

网络具有参与上的平等性和交流上的平等性。在网络社会，不管一个人身处何方、身份如何，只要他能操作上网，就可以在网上发表自己的见解，平等地共享网上信息资源。网络社会的信息丰富、资源共享和自由沟通将彻底摧毁传统社会金字塔式的自上而下的交流结构，使人们能够在统一平面上，以互相平行、交互的方式从事信息的生产、交流与利用。网络的这种无中心和平等性表明：物理空间的等级制度在网络上失去了意义，权力、阶级、阶层乃至地理位置、国家、民族的界限在网络中被打破。网络社会，没有人能享有比其他人更多的特权。每个人都可能成为网络的中心，人与人之间趋于平等。大学生在网络空间遨游，自然能受到这种弥漫在网络空间的平等意识的熏陶。

3. 民主意识

网络具有自由性。在网络中，不分尊卑贵贱，不受时空限制，不必顾虑世俗的利害冲突，每个人在利用它时都可以与对方处于完全平等的地位，可以自由地上传、发布信息，表达自己的见解，也可以自主选择信息，自由地漫游世界，从中享受到信息接收者和传播者双重身份的乐趣。网络中也不存在权威和学生的区别，不必一味被动地听从权威的命令。只要真实合理，就会得到承认和接受；如果虚假伪饰，就会受到唾弃和批判。这打破了传统媒介单向传播、权威控制的局面，必将极大地激发大学生积极参与的热情，锻炼和提升其民主意识。

4. 开放精神

在传统社会中，大学生的生活圈子局限在家庭、学校、社区等范围内，交际范围主要由同学、老师、亲友构成，"熟人社会"成为其成长的外在环境，对其个性心理特征、行为方式、道德素质的形成起着重要的影响作用，使其带有一定的地域特征。而在网络社会中，信息的传播突破了地域和时间的限制，借助于先进的电子技术手段，大学生可接触到世界上最新的软件和资料库，学习当代最新科学技术成果，了解不同国家、不同民族的不同的价值观、风俗习惯、生活方式，结交居住在世界各地的网友，这就为大学生学习和积累社会知识提供了更为广阔的社会环境，强化了开放意识，铸就了时代所需要的开放精神。

5.创新精神

在传统的教育中，教师是施教者，学生是受教者，教师往往是单向灌输式教育，学生处于被动地位，即使进行道德教育、做思想工作，也往往是采用"我灌你听、我说你服、我令你行"的方式，加上中国传统文化和思维方式的影响，使学生比较习惯于服从与接受。与西方国家相比，我国学生的基础知识扎实，但创新精神和创造意识较为缺乏。而在网络社会中，学生获得了更大的主动性、更多的选择性。学生可以从丰富的网络信息资源中汲取知识，完善知识结构，可以通过与众多网友的信息交流，在平等的气氛中相互学习、相互探讨，去发现问题、解决问题，这种交互式的网络思维有利于学生积极探索、大胆尝试、不断开拓。而且，网络展现的是一个开放世界，学生从中可以真切地感受到高频率的技术更新和高节奏的技术创新，从而激发其强烈的求知欲望，促使其创新意识的觉醒。

（二）针对网络对大学生思想道德素质的负面影响，不断消除大学生网络人格的扭曲因素

由于网络是一件新鲜事物，网络的特点、作用还没有被充分地了解和正确地对待；同时，在浩如烟海的网络信息中，充斥着许多不良信息，充满了诱惑，这些信息对大学生的思想道德素质会产生负面效应。

1.防止和克服大学生网络受众的道德人格扭曲，促进大学生网络受众人格的健康发展

置身于网络无边无际的信息海洋中，人会感到自己的渺小，这可能催人奋进，也可能使人内心充满无助和无奈，产生自卑、压抑心理。网络又是虚拟的世界，信息的传播方式表现为一种符号化的交流，在现实交往中备受关注的人的特征都能借助于虚拟技术得到充分地隐匿和篡改，人们可以任意创造自己喜欢的角色在网上从事活动，这种虚拟的身份使一些人做出了在物理空间的"熟人社会"难以做出的事情。网络还具有高度综合性、声像多维

一体化和高度图像化的特点，如果过多地依赖电脑网络，脱离现实社会，会导致人的社会互动能力、思维能力、表达能力、实践能力、社交能力下降，这样，沉迷于和个人终端打交道，将大量时间耗费在网络上，把感情沉浸在网络内容中不能自拔，会使人变得心灵扭曲、行为古怪，忘却现实烦恼的同时也忘却了对现实社会的责任，最终导致道德情感冷漠和道德人格发展畸变，不利于大学生健全人格的培养和形成。

2.防止和克服大学生网络受众的道德价值取向紊乱，促进大学生网络受众的科学道德价值观的建立

网络是开放的、自由的空间，网上信息言论自由、传播速度快、效率高、掩护性强，且目前尚未建立或形成有效的管理机制，这使得网络空间信息良莠不齐，其中不乏负面内容。由于世界各国和各地区对不良文化的认定尺度存在差异，有的对这些文化的传播还有各种制度的保证，更使其在网上四处蔓延。大学生在网上有意无意地浏览到这些不良信息，有可能会使其价值观受到腐蚀。另外，由于网络缺乏统一的普遍适用的网络道德体系，当网络把异质的思想观念、价值取向、风俗习惯、道德文化呈现在人们面前时，网上这种多元的道德价值观并存的状况就为人们提供了多种道德选择的可能，也使政府、学校甚至社会传统一直灌输的道德观念仅仅成为人们众多道德选择中的一种。由此造成的道德评价失范、道德相对主义有可能导致大学生道德选择的迷惘和价值取向的紊乱。

3.防止和克服大学生网络受众的无政府主义和个人主义思想滋长，培育大学生网络受众的集体主义和社会秩序的道德良知

在网络中，没有一个最终的管理者，所有的人都是网络的一部分，都是自己的领导，因此，网络是一个真正"自由"、彻底"民主"的地方，任何人都可以按照自己的思维和逻辑说任何话、做任何事，这易使网络成为滋生无政府主义的场所。而大学生由于缺乏深厚的理论根基和丰富的人生阅历，身心发展尚未完全成熟，虽然对信息的自主选择意识大大增强，但对网上信息正确辨别、判断和选择能力不足。长期接触互联网，容易被表面现象所迷惑，受网上内容所隐含的意识形态所冲击，可能会使社会学校教育中推崇的集体主义受到不同程度的消解，导致个人主义的滋生蔓延。大学生是受教育程度较高的极具现代意识的一群精英，无政府主义和个人主义对他们的

思想侵蚀，会造成更大社会危害，必须引起足够的重视。

（三）从"慎独"教育着手，加强大学生网络诚信教育

在网络伦理道德教育中，网络诚信教育格外重要，这不仅是因为诚信是社会，尤其市场经济健康运行的基本，而且还因为网络社会大大地危害着诚信的建立和存在。网络行为中所表现出来的诚信问题也日益受到全社会的普遍关注，以网络为载体和手段，现实社会中的诚信问题也在虚拟的网络社会中普遍存在。当前互联网上的诚信问题概括起来主要有八种表现：把关不严，片面追求轰动猎奇，网上"假新闻"时有发生；漠视知识产权，侵权现象普遍存在；格调不高，内容低俗，不良信息危害社会；网络短信面临诚信考验；垃圾邮件泛滥，收费邮箱强卖增值服务；广告失实，在线购物、网上拍卖时有陷阱；网络游戏面对规则失信；在线电影服务质量不高。不难看出，网络的诚信问题与现实的诚信问题是密切相关的，与现实的诚信问题既有本质上的一致性又有表现方式上的独特性。

互联网作为网民获取信息的主要渠道，其公信力仅次于电视，是网民信任的第二大媒体。大学生是网络的最大消费群，网络诚信状况严重影响着大学生的诚信品质。大学生是社会最有文化、最有活力、最有抱负的群体，应该成为社会诚信、网络诚信建设的推动者、身体力行者，做到网络诚信的表率。在网络诚信教育中，要重点进行"慎独"教育。"慎独"是指在无人监督、个人独处时，自己能谨慎小心，防止违背道德的观念或不符合道德要求的言行，自觉地遵守道德规范，做一个真正的道德高尚的人。"慎独"内涵极为丰富，包容着慎始、慎隐、慎微、慎言、慎欲、慎辨、慎终等具有积极意义的道德精神。在网络迅猛发展的今天，基于网络世界特殊性，借鉴传统"慎独"蕴含着的这些精神教育上网大学生，将成为一种提高大学生网络道德修养、落实大学生网络道德教育实效的新的实践方法。

1.通过"慎始"教育，培植大学生良好的、正确的网络道德理念

慎始，即谨慎地开头，开始就要做好。道德修养必须迈好第一步，慎重第一次，抓住第一道防线，不从"一"破例。如果开始没有做好，那结果很难成功。因此，做任何事情，皆当慎其始。大学生心理不够成熟，社会经验不足，认识水平相对较低，喜欢追求新鲜、刺激和冒险。在开放的网络环境中，对网上环境的复杂性、交往特点及危险性认识不足，容易不经意冒出一些不

良的念头，做出一些不符合规范的行为，甚至形成一些错误的网络道德理念，如，认为网络交往无须遵守诚信和社会公德、网络黑客技术高超令人佩服等。由此，在他们一开始踏上网络征程之时，注意加强"谨慎开始"的教育是相当必要的。"谨慎开始"教育是一个基础性教育，它要求抢先于网络技术教育，这种教育的内容主要包括：一是加强网络道德知识的教育，让青年学生充分认识到网络作为第二生活和学习环境，同现实世界一样，要求所有加入者都必须具备正确的网络道德观念。我们一旦踏进网络世界的领地，就应该了解网络道德的规范内容，遵守相应的网络道德规范。在网络中不应随心所欲、为所欲为，而应注意摒除不善的想法、收敛自己可能出现的失范行为。二是加强"开个好头"的观念教育，努力克服任何企图违背网络道德要求的"闪念"，注意不要为不良诱惑所打动，保证自己思想上不打开缺口，行为上不留下斑渍，不迈出不道德的第一步，自觉克制产生的任何初始杂念，防止"其始小洞不补，而后大洞一尺五"的可能趋势，从而形成良好正确的网络道德认知。

2. 通过"慎微"教育，培养大学生"恶小不为"的网络道德意识

慎微，即谨慎那些看似微不足道的细枝末节，以防造成巨大的错误或损失。实际上小与大、微与巨常常是分不开的。小者大之源，微者巨之端；没有小，就没有大，没有微，就没有巨；大因小而生，巨由微而成。水滴甚微，积之成渊；土尘甚微，累之成山；跬步甚微，积以千里；小善甚微，累成大德。结合"慎微"思想教育上网青年学生，便能较好培养其"微处自律"的精神，认真做好对网络小破坏的防范工作。

第一，教育上网青年学生不要低估"微"所蕴藏的巨大能量，自觉形成"恶小不为"的正确认知。互联网是由很多局域网所构成，采用离散结构，不设置拥有最高权力的中央控制设备或机构。无论是谁，都可以在网上自由发表见解，并能即刻被世界上千千万万的人所看到，任何细小的破坏行为都能随时传遍各地，造成对整个网络的巨大影响。针对这些细节，引导青年学生自觉冲破"网络可为小恶"的认识误区，并从中走出来，就显得相当必要。

第二，教育上网青年学生时刻谨慎自己网络行动的细枝末节，自觉防微杜渐。互联网没有中心，没有明确的国界或地区界限，缺乏有效的监控机制，人们甚至可以随意地在网上做出破坏行为。只要通过"慎微"教育，使

其重视自身行为的细微之处，规范和约束自身网络行动的细节，尽量降低自己为恶的可能性，就能自觉做到防微杜渐。

3. 通过"慎隐"教育，引导青年学生自觉践行网络道德的规范要求

慎隐，即在隐处自律，在缺少监督、不会被人发觉可能做坏事的情况下，做到不自欺，不昧良心做坏事。这是"慎独"的最基本要求，也是恪守"慎独"的硬功夫。结合"慎隐"思想来教育上网学生，可以更好地引导他们自觉遵守和践行网络道德的规范要求。

第一，教育青年学生准确理解网络特性，明确自觉遵守网络道德要求的根本缘由。网络既然以虚拟为基本技术支撑，就具有明显的隐匿性特征。青年学生以一个"符号"为身份在网上活动，直接通过电子邮件交流思想，隐名或不隐名地在网上聊天室、网络电子公告牌上敞开心扉交谈感受，其责任感和对被惩戒的担心被大大消除，网上行为变得极为"隐匿化"和"非实体化"，现实生活中的道德他律环境在网上构建不易，直面的道德舆论抨击难以进行。故而，对网络道德规范的遵守就只能依靠他们的自觉。

第二，教育青年学生正确认识网络环境，自觉落实遵守网络道德规范的实际行动。"慎隐"思想提醒人们无人境地仍有"天知地知，你知我知"。网络环境也是如此，其虽具有隐匿特性，但名隐而实不隐。在为人所不知的网络世界，人们必须自觉遵守网络"交通"中的规则，考虑到其他网络参与者的存在和负担，认识到作为一个自由翱翔于网络天空的用户，虽然可以被允许以不露面的方式接近其他网络或者连接到网络上的计算机系统，但绝不能超出每个网络或系统自己的规则和程序，网络之中一定要做好隐处的自律。

4. 通过"慎言"教育，敦促青年学生认真做好网络言论的文明诚信

慎言，即在没有约束的独处之地谨慎自己的言语，勿放纵。人们必须看人说话，谨言慎行，不轻易开口。一旦开口，则"口无戏谑之言，言必有防"，"言必有中"，说到点子上，既不失人，也不失言。否则，言语不慎，最为祸胎。加强对上网青年学生的"慎言"思想教育，可以促使其认真做好网络言论的文明诚信。

第一，教育青年学生正确认识网络言论不慎具有严重危害性。网络需要积极健康的语言环境，如果网上经常有谣言惑众，人们就会把网络视如畏途，加以排斥，整体网络用户将会锐减，导致网络经营终将难以维持。由此，

我们在网上一定要注意管住自己的口，严格自律，积极履行维护网络信用的义务，不造谣、不传谣。对自己不能准确判定的事物、观点和现象，不在网上随意评论，不发表不负责任的言论，不"信口开河"地乱说一通，也不传递来路不明、是非模糊的信息。

第二，教育青年学生准确理解网络语言的特性，自觉做网络言论文明诚信的使者。网络语言不等同于现实生活中的那种没有任何回应的单向传输性的命令语言，而是一种基于双向甚至多向传输的互动语言。在网络中，语言的作用远远大于人的作用，不是人控制语言而是人反被语言所控制；不是"我在说话"而是"话在说我"，人们在网上进行的交流、对话、沟通、理解等活动都是借助语言来"牵线搭桥"的。要体现出对他人人格的尊重，人们在网上必须自觉谨慎而言。只有这样，才能做一名言之有物、言而有信的网络文明传递者。

5.通过"慎欲"教育，着力增进青年学生抵御网络诱惑的自控能力

慎欲，意思为慎过分之欲、不正之欲，即慎重对待各种可能违背道德、有悖良心的感性欲望。五彩缤纷的网络世界并非一池静水，也非世外桃源，在其绚丽多姿的背后往往涌动着汹涌的暗流。面对网络中太多的诱人"小甜饼"，不让青年学生上网，不让他们接触网络的办法是注定要失败的，唯一选择是与"慎欲"教育结合，增进其抵御网络诱惑的自控能力。

第一，教育青年学生认识"欲"的负面效应，确立正确的动机和网络行动目的。网络中包装精美的信息随时都在诱惑上网青年学生，并可能将他们不断引入消极颓废的境地。只有通过准确认识欲望的负面效能，不断修正自己的认识过程，使正确的认识动机不断战胜非正确的认识动机，才能达到确立正确网络行动的目的。

第二，教育青年学生自觉克制欲望冲动，逐渐磨炼抵御网络诱惑的坚强意志。青年学生自制力不够成熟，往往经不住网络信息的诱惑，对网络信息常常感到新鲜、刺激，产生兴奋和冲动，容易陷入网络的虚拟世界，经常怀着好奇的心理去寻找一些不健康东西进行阅读，长此以往便沉迷于此，上瘾堕落。这多体现为他们意志力薄弱，缺乏坚持精神，不能自我克制，不能自律。要解决此问题，关键就是教育他们随时随地自觉克制欲望的自由冲动，增强自己的意志能力，形成坚韧不拔的道德精神。

第三，教育青年学生理智对待欲望，培养自我控制和自我监督的能力。青年学生在光怪陆离的网络世界里遨游，有一定的欲望并不可怕，只要理性地认识欲望，不让其任意自由放纵，就能培养自己的自我控制和自我监督能力，就能自觉地抵制诱惑，免于成为"迷途的羔羊"。

6.通过"慎辨"教育，使青年学生养成高度科学的网络理性思维

慎辨，即谨慎辨析身边事物的是非曲直。互联网上的某些机构和个人基于某种目的故意散布错误和虚假的信息，导致网上客观存在思想政治斗争的现实，特别需要青年学生具有一种科学的网络理性思维方式，而这种思维方式是可以通过加强"慎辨"思想教育实现的。

第一，教育青年学生学会识别网络信息，独立分析和判断网络信息。网络中的海量信息缺乏必要过滤，当人们坐在计算机前，面对由数字化处理的符号系统组成的各种网页，他所搜索和阅读的信息并不全都真实，有相当多的信息是错误的和虚假的。这便需要教育青年学生学会认知、学会辨别，分清网络信息的真、善、美与假、恶、丑，坚持用马克思主义的立场、观点和方法武装头脑，在各种知识、信息、社会思潮的相互碰撞、比较中识别优劣、准确分析，并独立对各种网络信息作出正确地判断。

第二，教育青年学生坚定自己的认知方向，对虚假错误信息视而不见。面对互联网络，青年学生必须保持清醒的头脑，对网络信息作审慎处理，不要盲目听信网络信息，也不要分散大量精力、耗费大量时间沉溺于对网络信息的猎奇，应该在网络中侧重寻求有用信息，对垃圾信息视而不见。

第三，教育青年学生学会网络信息选择。学校网络道德教育不光是要求学生接受几条简单的道德规范，而是培养他们的道德主体性，将学生从信息的洪水中拉上岸来，吐出呛入口内的污水，教他如何在这随时可使人遭受灭顶之灾的信息洪涛中找到自己真正所需要的那一点点东西。这样才能成熟其高度科学的网络理性思维。

7.通过"慎终"教育，养成青年学生持之以恒的网络道德修养习惯

慎终，即谨慎对待结果，始终如一，一辈子都不做坏事，保持崇高人格风范。这是完美人格的最高体现，是恪守"慎独"的美好结局。从始到终的过程很漫长，其间会碰到很多诱惑，遇见很多挫折，赶上很多困难，如不能持之以恒，坚持不懈，一以贯之，就可能虎头蛇尾，有始无终。其实，若

想饱尝成功的喜悦，享受成就的快乐，就必须永不懈怠，永远保持起始的信念、精神和道德。在我国一些大城市，几乎100%的学生都使用互联网，包括浏览新闻、使用电子邮件和游戏。甚至连一栋宿舍楼都会有自己的网站，在青年学生中间已经开始对报纸和电视产生一定程度的漠视。面对这些客观事实，结合"慎终"思想教育上网青年学生，便可时刻提醒他们保持清醒的头脑，持之以恒地进行网络道德修养。特别是随着互联网不断向前发展，上网青年学生人数不断增加，网络世界的情形会变得越来越复杂，更多的新的非道德问题和现象可能继续出现和产生，青年学生在进行重塑自我的网络道德修养实践活动时，只有紧紧跟随网络发展的整个进程，长期坚持不懈地根据网络道德提出的新要求、新情况，时时注意更新自己的网络道德需求，处处以网络道德提出的最新标准严格自律，才能持之以恒地做好自身网络道德修养，达到"从一而终""善始善终"的最高"慎独"境界。

第三节 新媒体环境下高校网络人格及心理教育

一、健康人格教育是网络思想政治教育的必要环节及内容

大学生素质教育是引导青年学生成长成才的重要工作，而大学生素质结构是一个多要素的系统，只有做到政治、文化、科技、道德和心理等素质要素的协调发展，才能取得良好的效果。大学生人格的合理建构和健康发展是实现其素质协调发展的关键所在，是培养大学生的社会责任感、创新能力和社会适应性，实现素质教育目标的基点。根据心理学原理，大学生人格处于关键的形成期，而人格的形成与环境及自我活动直接相关。当代大学生重要的生存环境是网络，重要的活动是上网。所以，通过网络，塑造科学的网络人格、网络心理就显得格外重要。

（一）人格塑造

人格塑造在大学生素质教育中的地位重要，作用突出。人格是一个多义词，不同学科从不同的研究角度给人格所下的具体定义也不同。伦理学称人格为做人的基本道德品质；心理学称人格为人的各种心理特征综合；社会学则称人格为个人行为特质的统一性和固定性的配合形式。在素质教育的一般意义上，我们理解人格是人作为合格的社会成员所具备的基本条件，包括

基础的认知能力、清晰的道德意识和稳定的心理状态；简言之，人格就是做人的基本资格及其所表现出来的精神面貌。从对人格概念的理解出发，我们不难发现人格价值之所在。人格价值是对做人的基本条件和基本精神的价值判断，即人的价值观。

人格价值决定了大学生成长成才的方向、道路和目标，决定了他们能否为社会、为祖国、为人民做出贡献，或做出贡献的大小。明确了什么是人格，什么是人格价值，也就明确了人格塑造在大学生素质教育中的定位。大学生素质教育以培养大学生社会责任感、创新能力和社会适应性为主要目标，显而易见，其中每一个目标的实现都不是靠提高或强化大学生某一单方面的素质所能达到的。要实现素质教育目标必须提高大学生的全面素质，使他们素质结构中的各个要素协调发展。在人的素质结构中，起基础推动作用和协调各要素作用的就是人格。没有健全人格的支撑，人的素质结构就好比是没有根系的树木，树越高，树冠越大，越容易被风吹倒；没有人格的不断提升，人的素质发展就会出现偏向，形成素质"木桶理论"中的"短板"效应，使人们的发展空间和才智发挥受到限制。因此，大学生素质教育要以人格为基点，以"人格工程"作为基础性工程。

（二）人格塑造的误区

人格发展是一个自我完善的过程。在社会主义市场经济条件下，大学生的人格价值容易受社会利益机制驱动的影响而出现偏差，出现人格自塑中的误区。

1. 大学生主体意识越来越强烈，价值取向自我化，出现"唯我"人格

随着市场经济体制的确立，经济主体各自独立经营，相互竞争，经济运行的规则影响大学生的主体追求。网络的自由性和开放性更强化了大学生的主体意识，他们以市场经济运作的要求审视自身的价值，"以自我为主体"的人生价值观得到普遍认同，强调自己在社会生活中的主体性、能动性和独立性，在与他人、与社会的激烈竞争中塑造自我。在以实现自身价值为目标的人格追求中，大学生中出现了过于强调自我实现的倾向。有的大学生盲目进行自我设计，脱离社会现实，脱离自身条件，且对不同的人生见解加以排斥，唯我独尊。在社会不能满足其人生设计时，牢骚满腹，垂头丧气，有的甚至自暴自弃，放弃人生追求，表现出"唯我"人格的典型特征。

2.大学生对物质利益要求明确，价值取向功利化，出现"功利"人格

在市场经济条件下，经济主体对自身物质利益的追求成为市场经济运行的动力，这种经济上的利益驱动机制也投射到了大学生身上。而网络世界利己主义人生观的泛滥，一切以自己的好恶为标准，以自己损益为标准，这就使他们往往以自己利益的得失程度作为行为选择的标准，特别是在职业选择上，物质利益导向更加明显。大学生对国家经济生活的关注程度比对政治、理论思潮和道德文明的关注强烈，反映了他们"功利"人格在人的追求上更趋向物质层面。透过表面现象，我们可以发现在大学生思想深处，存在着"合理利己主义"的思想，试图设定出既利人又利己的道德准则。这种设定有时在现实生活中难以实现，个人功利与时代功利还不能完全契合，时常激起大学生在"功利"人格的行为选择中的矛盾和痛苦。

3.大学生受社会影响因素复杂，价值取向多元化，出现"多元"人格

伴随着社会主义计划经济向市场经济的转轨，社会经济、政治、文化等各个方面不断发生变化，原有的社会价值系统所依赖的社会生活基础的改变，使得社会价值系统的作用力日渐衰弱，而新的适应社会转型的价值系统尚未有效地确立。更由于网络的多元文化并存，各种价值观杂陈，这种社会状况客观上使大学生的价值观向多元化发展。因而，在大学生群体中呈现出不同的理想信念、不同的道德水准和不同的生活追求，人格自塑的超前性与务实性并存，人格目标的多样性与统一性交织在一起。多元化的人格可能导致大学生无所适从。

4.大学生通过对政治历史反思，价值取向逆向化，出现"逆反"人格

大学生在网络上接触和了解许多未经点评，未加注释的所谓"历史事件""历史真相"，一方面可能使大学生在政治上成熟起来，能够从当时的社会历史条件出发，分析党的政策和政治事件，看待政治领袖和党的干部，进行客观公正的评价；另一方面，又可能使其对过去的理想、崇拜、信仰逐渐淡化，使大学生不再相信权威，不再期待完美，有的大学生则从对社会的顺从走向对社会的逆反。如果这种逆反倾向成为一种稳定的心理倾向，就形成了"逆反"人格。"逆反"人格实质上是通过反向社会倡导来平衡由于丧失完美目标而带来的个人烦恼和情绪，如不加以重视，任其发展，就可能导致对社会秩序的"违纪"和破坏。因此，引导学生成长非常重要。

（三）引导健康人格的塑造，促进大学生素质教育培养

塑造大学生健康人格最根本的途径是引导和帮助大学生进行人格自我塑造。因为在人格形成和完善过程中起关键作用的是内因，通过外部所施加的影响必须转化为人的内在需要才能起作用。因此，在网络思想政治教育中，引导和推动大学生人格的健康发展是一项艰苦细致、意义深远的工作。要在肯定大学生正当、合理的物质和精神需求的基础上，坚持正确的人格方向，针对他们人格自塑中的误区，调整主导文化的内容、目标和手段，引导健康人格的塑造，促进大学生素质教育。

1. 在网络思想教育中引导大学生崇尚集体，追求道德升华

集体主义原则是社会主义道德的基本原则，是教育和引导大学生如何做人的最基本的出发点，也是帮助大学生走出"唯我"人格误区的一剂良药。大学生作为思想最活跃、最容易接受新观念的群体，随着他们主体意识的觉醒，在市场经济大潮的冲击下和自由网络的影响下，其价值取向和价值追求出现"唯我"和"多元"是可以理解的。大学生素质教育要以重塑集体主义观念和社会主义道德理想为核心，在网络思想政治教育中，充分发挥高校"思想政治理论课"的网络教育资源主渠道、主阵地作用，引导他们正确认识国家前途与个人命运、集体利益与个人回报以及理想与现实之间的关系，明确自己的社会责任。只有从集体主义原则出发，自觉将个人价值与社会价值有机统一起来，才能克服从自我出发的利己主义的不良人格倾向，从根本上扭转大学生的人格偏差。在教育和引导过程中，要针对大学生的心理特点，研究他们的成长规律，将道德人格教育融入他们网络生活的各个方面，把一种属于个人的道德良心转换成有利于社会、有利于集体、有利于他人的精神能量，不断促进大学生道德升华。

2. 引导大学生崇尚奉献，做时代楷模，认清奉献的真谛是无私的给予

在市场经济利益驱动和利益多元化的社会现实下，对民族功利的道德追求和对社会利益的道德认同是奉献精神的具体体现。在网络思想政治教育中引导大学生树立奉献精神，就要从培养他们道义感入手。道义感是一个人根据人类社会的伦理秩序逐渐生成并不断强化的一种道德情感，是维护人的尊严的心理需要，包括自尊和尊重两个方面的情感体验。因此，既要引导大学生的自尊体验，使他们通过对高尚道德目标追求的行为选择，在高尚的道

德生活中获得极大的精神满足，又要引导他们从遵从社会道德规范和满足他人的道德需要中获得愉悦的情感体验，并将两种情感体验结合起来，形成强烈的道义感。通过对大学生道义感的强化，时代功利、社会效益成为他们首位的选择，而个人功利、经济收益则居于次席，从而消除和淡化大学生的"功利"人格，走出人格自塑的误区。

3. 引导大学生崇尚智慧，追求科学真知

智慧是思维质量的表现，也是人类社会的精神能量，社会对科学的需求、对知识的期待，体现了人类正在走向知识理性与科学精神的复归。知识经济时代的到来点燃了大学生探求新知、追求真理的智慧火炬，为引导大学生的智慧人格提供了最佳时机。而网络时代又为大学生获取知识，促进智能发展创造了条件。我们在网络思想政治教育中，要改变"工具性"的教育观念和教育方法，不仅要通过网络传播促进大学生对自然科学、管理科学和技术知识的掌握，吸收和借鉴西方现代科学技术和文化发展的先进成果，培养他们求真求是的科学精神，而且要通过网络注重引导他们从中国传统文化中汲取智慧，学习和继承东方文化的精华，增强文化底蕴，培养他们至善至美的人文精神。一个人生活在具有优秀文化传统的社会，不等于他就有深厚的优秀文化修养。大学生要学习中华文化的精华，需要像学习科学技术那样富有钻研精神，并自觉将传统文化的智慧融入自己的生活之中。大学生绝不能满足于自己已有的专业知识和所达到的基础认知水平，要通过各种渠道扩大知识视野，刻苦钻研，按照 21 世纪人才的智慧标准进行自我人格塑造，掌握宽厚的自然科学、社会人文知识基础和求索知识、运用知识、创新发展、服务社会的观念与能力。大学生是民族的未来和希望，只有富于智慧的民族，才能屹立于世界民族之林。

4. 引导大学生崇尚完美，追求和谐发展

美学理论研究表明，完美永远都是相对的。在网络中要正确引导大学生对生活完美的渴望和追求，坚定对理想人格的信仰，确立现时代的完美价值，以促进人与自然、人与社会的和谐发展为人格追求目标，摆脱感性的盲从和物欲的诱惑，努力从自己的价值行为中提炼具有时代意义的精神素质。通过网络思想政治教育要使大学生懂得，只有顺应时代潮流，树立与社会发展要求相一致的完美目标，并朝着目标努力奋进，才能体现自身社会价值和生存意义。

二、心理教育是网络思想政治教育的重要一环

大学生作为社会急剧变化时期成长的一代，作为独生子女成长起来的一代，作为应试教育培养起来的一代，作为心理发展过程中的特殊年龄阶段，其心理素质本身就存在一些问题。这些问题在网络社会中，有些得到了消除或缓解，有些则得到了强化。因此，正确认识信息网络对大学生心理健康的消极影响，努力寻找信息网络时代大学生心理健康的教育对策，这正是网络时代教育者要思考的一个全新课题。

（一）信息网络对大学生心理健康的消极影响

1. 信息网络导致大学生思维片面发展

网络是集文字、声音、图像于一体，构成了一种立体化的传播形态，并且网络信息丰富且生动形象，它在开阔大学生眼界，帮助他们了解更多的新鲜事物方面起着积极作用。但是，网络传输的突出特点是高度综合性，超越了简单文字和静态图像的局限，它能使人们的思维简单化、浅形化、直观化，这对大学生思维发展，尤其对形式思维和辩证思维发展产生一定的阻碍作用。这是因为大学生在从网上获取各种信息的时候，就不再需要像在现实中那样要主动去概括、抽象、反省，努力寻求事物的本质。在这种情况下，大学生难以接收到能够挑战其思维能力（主要是形式思维能力）的刺激，久而久之他们会倾向于注重对事物的感知，而非理性的分析，其逻辑思维发展空间相对有限和局促。于是，他们往往拥有发达的形象思维能力，而想象力和逻辑思维能力却较差，对事物的认识能力肤浅化、感性化，难以把握事物的本质。同时，网络信息的庞杂无序，不仅干扰了大学生对有用信息的选择和吸收，也影响了大学生的思维向深度发展。

2. 信息网络造成大学生情感冷漠，处世态度消极化

信息网络的出现使人与人之间的交往方式发生了变革，在沟通感情方面也有其独特之处。但网络交往在"人—机—人"的相对封闭的环境里，使人们在很大程度上失去了与他人、社会直接接触的机会，容易加剧人们的自我封闭，造成人际关系的淡化，出现人际情感的逐渐萎缩和淡漠。在现实生活中，有的大学生在人际交往中遇到冷遇和挫折，不是去积极地调节、完善，而是选择了放弃，转而沉湎于网络交往中，对身边的人和事漠不关心、冷漠

无情，陷入孤立疏懒、空洞贫乏的人生状态和空虚苍白的心理状态。还有的大学生与现实生活产生距离感，他们从网络走出来的时候，对不理想的社会现实感到悲观失望，消极厌世。还有个别大学生由于在网络上与志趣相投的陌生人交流的随意性和隐匿性使自己本身成为被侵害的对象。可见，即使信息网络能够使大学生在网上与更多的人建立信息交流，也不能代替学生最直接的生活体验，因为直接交流的方式比网上交流的方式更复杂、更有人情味。

3. 信息网络引发大学生的人格障碍

网络是一个平台，为人们的交往提供了一个开放的、自由的空间，但网络也是一个屏障，它掩盖了人们的真实面目。网络社区的人际交流是在虚拟情境之下，人们各自戴着虚拟身份面具进行的交流活动，它缺乏现实生活中人际交流的真实感和确定性，使人与人之间的关系建立在一种极其脆弱的基础上。由于网络人际交往具有匿名性特点，一些大学生在网上以为对自己的言行无须承担责任，往往在言语上非常随意，容易形成攻击性人格。还有一些大学生在网上交际时经常扮演与自己实际身份和性格特点相差悬殊甚至截然相反的虚拟角色，同时拥有多个分别代表着不同身份和性格特点的网名。因而，他们时常面临线上线下判若两人，多重角色差异和角色冲突。当多重角色之间的冲突达到一定程度或角色转换过频时，就会出现心理危机，导致双重或多重人格障碍。

4. 信息网络诱发大学生的破坏欲望

每个人都生活在现实世界的不完美，即有限性与自身欲求的无限性的冲突之中，青年大学生尤为如此。这种冲突一旦失衡，就会转化为破坏欲望。在现实世界中，这种欲望会受到道德、法律、舆论等社会规范的约束而处于"蛰伏"状态，即使冲破社会规范得以发泄，也会因现实条件的限制而影响有限。但在信息网络这个几乎不设防的世界里，大学生"网虫"的所有言行都是通过敲击计算机键盘，向网络输送代码来实现的，他们所有的言行可以不留下任何痕迹，加上他们的自控力和责任感比较弱，部分大学生极有可能在网络上充分地暴露压抑在心里深层的需要和欲望，完全按照自己的意愿做自己想做的事。我们不可否认大多数青年学生进入网络的初衷是为了享受现代科技发展所带来的成果，不断完善和发展自我。但是，随着网上生活时间的增加，他们当中的一些人逐渐被网络所"异化"。他们在网上漫游，或许好奇，或许无聊，或许想证明自己，或许想发泄心中的不满，就可能冲动地走入破坏性的心理误区。

5.信息网络使大学生患上网络性心理障碍

驰骋在信息高速公路上，感受信息空间中信息流的冲击；畅游于网络中，体验扮演虚拟社会成员时的感觉，不由得让人流连忘返。尤其对易于接受新鲜事物，具有极其强烈的探索欲和好奇心的大学生而言，更是有着无限的吸引力，这种吸引力往往会导致大学生对网络的极度迷恋，进而发展成为病态的网络沉溺。他们不愿意离开计算机，在他们的心目中，网络是至高无上的。心理学家警告说，青年学生上网学习新知识值得鼓励，但如果过度沉迷其中，将减少与外界接触的机会，久而久之，就有可能患上网络性心理障碍。

（二）信息网络时代大学生心理健康的教育对策

1.培育大学生加工、处理、整合、创造信息的能力

信息网络是一个庞大的信息库，人们既可注入、存储信息，也可从中选择有用信息，从而实现信息的传递和交换。理论上讲，网络信息存量是无穷无尽的，而且处于不断刷新与时刻变换之中，它能满足大多数人对信息的需求。因此，在网络时代，一个心理健康的人要善于随时接受新信息，承认新信息的现实性。但是，由于网络上的每个人都可以是传递信息的来源，如何判断资讯的正确性与完整性便变成一个极为迫切的问题。可以这么说，现在我们已经不必担心缺乏信息，却要担心没有时间和能力去消化那些把我们压得喘不过气来的大量信息。信息泛滥的结果，可能反而令我们无力判断真伪，以至于不知所措。就大学生而言，能否根据实际和未来的需要，正确选择、储存信息，对有关信息进行编码加工，使信息系统化、知识化，比以往任何时候都显得尤为重要，它也就成为我们评价当代大学生心理健康的一个重要标准。因此，大学教育不但应该更加注重综合化和通识化，以增强学生灵活性和适应性，而且应该充分利用网络教育资源，发挥网络优势，引导学生在注重个性发展的同时，注重培养自己主动获取和应用信息的能力、独立思维能力和创造能力，引导学生学会预测、预见、构想未来事物发展变化的方向和速度，增强学生学习的自主性与创造性。

2.培养大学生网上自我教育的能力

随着信息化的迅速发展，当代大学生所面对的信息量空前增加，由信

息缺乏而导致的个人对信息很少有选择的时代已经一去不复返了，面对纷繁复杂的信息，大学生必然要独立自主地进行选择。教育活动是一种信息传递的过程，现代教育已不是过去那种无选择或很少选择的消极灌输式，而是以积极摄取、自主选择为特征的主动接受模式，这种转变必然有利于促进大学生自我教育的发展。然而，从网上来看，大学生自我教育还存在着许多问题，它严重危害并限制着自我教育的健康发展，因此，对大学生的自我教育行为必须进行积极引导和必要管理。在这方面，学校和教师所起的作用是至关重要的。具体来说，学校和教师应积极介入网络，在大学生自我教育中发挥积极引导作用。这种引导从学校来看主要是加强校园主流文化建设，确立并强化主导价值标准，引导确保校园网络文化及学生自我教育发展的正确方向；从教师来看，主要是利用网络特点，通过间接参与等手段来引导并支持学生良性自我教育活动。例如，教师可化名参加版面讨论或版面回信等，以引导学生讨论朝深入、积极方向的发展，帮助大学生提高自我教育的质量。

3. 建立和完善网络社会规范，保护大学生网上心理和行为的安全

网络的发展速度是超乎想象的，传统的道德规范难以适应变化多端的新环境，会造成大量的冲突和失范。大学生是否遵循道德规范，不易觉察和监督，社会舆论、传统习惯在网络上的监督作用微乎其微。这些情况表明，要尽快建立与网络时代相吻合的道德规范，加强对大学生正确的世界观、人生观和价值观的教育和培养。同时，要建立和完善法律法规，规范和保护大学生网民的行为和权益。目前，已经有一些国家对网络行为进行立法，以保护青少年不被有害信息侵犯。中国作为网络发展后起的国家，应该认真学习、借鉴其他国家在这方面的成功做法和经验，努力做到网络的法律、法规建设和网络发展同步，向大学生普及网络知识和宣传有关网络的法律、法规知识同步。

4. 加大对部分大学生网络性心理障碍调适的力度

"网络成瘾症""网络孤独症"等网络性心理障碍已经引起了国外精神病学家和临床学家的重视和研究。研究者一般认为，这是个很广的概念，涉及一系列不同的行为和冲动控制问题，它并不像传统的上瘾药物对人们的影响是生理性的，因此，不能采取传统的严禁方法。对网络中的心理负面效应，我们应当采取疏导的方法，使他们养成正确的上网心态。要教会大学生

保护自己的身心健康，启发他们注意正常而有规律的生活，调整精神状态，上网有节有度，时间不宜过长；要教会大学生克制自己，抵御各种诱惑；要引导大学生树立正确的网络观念，把网络作为知识的来源和学习的手段，而不是作为猎取不良信息的途径；要引导大学生具备良好的网络道德，使他们以自觉的态度进行自我监督、自我调节、自我反省、自我批评，真正做到在网络文化面前的"慎独"。对过分迷恋上网的大学生需要在心理上指导他们，例如，建议他们不要把上网作为逃避现实生活问题和消极情绪的工具，借网消愁，愁更愁；上网之前，先定目标，每次花一点儿时间想一想上网要干什么，把具体要完成的任务写在纸上；上网之前，先限定时间等。

高校应积极开发和占领网络这块阵地，使之成为大学生健康成长的一个重要的渠道。一方面利用网络的优势开展思想道德教育，直接地及时地了解大学生思想状况；另一方面，借助网络这个载体开展多种多样的文化、艺术、体育甚至游戏活动来宣传我国社会的主体网络道德观念，丰富大学生的课余生活。此外，要严把各校园网站信息的质量关，防止不健康、不可信的信息流入校园；加强现有心理咨询体系的建设，尽快进行大学生网络心理的研究；进一步做好大学生心理档案的建档工作，普及心理卫生知识，做好学生心理咨询的面谈、信件咨询、电话咨询等各项咨询服务，为大学生提供及时高效的心理支持。与此同时，开展网上心理咨询，可以从以下两方面入手：一是利用网络快捷、保密性好、传播面广的优势，开设网上心理咨询，如，设立心理咨询网站，传播心理知识，进行网上行为训练的指导，开设在线心理咨询。二是抓好学生上网的心理、网络人际交往的心理特征、网络心理障碍、虚拟与现实的人际关系的比较等大学生网络心理问题的研究，确立一套可操作的、有效性强的网络心理障碍咨询方案。

第四节 新媒体环境下高校网络审美教育

一、通过网络大力进行美育的价值与价值取向的教育

要弄清美育的价值，首先要弄清美的价值及美的本质。根据马克思主义的观点，美的尺度就是人的尺度，在"美"的境界中，人的本质的确证和人的自由发展居于主导地位。也就是说，美的尺度即人的解放的尺度；人的

解放的标志是人的个性和创造力全面发展的尺度。由此，美的本质是人的本质力量的最完满的展现。

　　人类历史就是一部人类不断解放、不断获得自由的历史。掌握美的尺度，学会创造美、欣赏美，是推动人类和个体解放和获得自由的重要力量。大学生是社会中最有知识、最有活力的群体，更应该成为人类和个体解放及不断获得自由的有力推动者和实现者。从价值观的角度来看，美就是真、善统一的主体自由的最高价值。因此，美育的价值与其他价值的不同就在于，它既直接表现个人自身在自由自觉的活动中塑造个性，帮助人形成自我超越的能力，实现育"美的人"的目的，又要把对美的鉴赏和创造作为人类一种创造客观世界和完善自身的价值定向，用以追求教育的理想。这样，学校美育的价值取向应是：以美育人、育"美的人"（或完美的人），而不能只停留在培养审美能力或审美的人这一工具层次。

　　美育固然要培养学生的审美能力，这是"美的人"必备的基本条件。但具有审美能力的人和"美的人"存在着质的区别。审美的人，在一定意义上可能视为具有某种或某些感受美、鉴赏美等方面的技能、专长，或具有较高的审美能力的人。美育的价值取向定位于培养审美的人，那么，美育仅仅被理解为一种知识、技能的学习活动。而"美的人"则是"人的本质力量的最完满的展现"的人。美育所面对的必须是对人的生命存在及其发展的整体关怀。是培养审美的人，还是培养"美的人"，这两种不同的价值取向，源于对美是目的还是手段这一根本问题的认识。

　　美育的目的是对人性最高层次的追求，是人的生命价值的最高理想境界，即标志着人与自然、人与社会、人与自我的辩证统一，体现着人以全面、科学与合理的方式实现对人自身本质的全面占有。正基于此，美育的价值是"美"的工具性价值与目的性价值的辩证统一。这就是说，人的全面发展及全面发展教育只有借助美及美育才能得到实现，这是作为工具或手段的价值。而现代意义上的人的全面发展不仅仅指德、智、体、美、劳等方面的发展，更包括人的个性、创造力等方面的自由发展，这就要使美育的价值取向定位于对人的本性的终极关怀，所以，美育的目的是培养"美的人"。美育之所以能使人趋近人的生命价值的最高理想境界，是由美的本质和美的价值所决定的。美育是以美育人，即在对美的本质准确把握前提下的真正意义的美育。

为此，需要清楚地认识到：现代学校美育不等同于审美教育。审美教育是美育的一个方面，审美活动是美育的基本活动；审美教育并非艺术教育，更不等于音、体、美教学。

培养学生具有感受美、鉴赏美、表达美的能力是美育的任务，而不是美育的目的。美育不是要人们沉溺于与现实人生无关无涉的玄学思辨之中，而是要通过美的审美帮助学生认识客观世界，认识人的创造能力，进而认识现实社会的人的本质力量，更加自觉地按照美的规律去改造我们的生活，改造我们的世界。以美育人，育"美的人"将成为21世纪教育的主旋律与价值追求。美育一旦冲出误区，就能肩负着这样的使命：既是现实的育人实践，又是人类最高教育理想的追求。这时，美育也就从其他各育中"脱颖而出"，上升为高层次的育人活动。美育应是每一个现代教育工作者的必担之责和自觉行为。

二、通过网络进行美育与大学生成才密切相关的教育

全面发展的人才是高等教育人才培养的目标，大学生应当成为全面发展的人才。美育不仅是全面发展人才的重要内容和基本标准之一，而且对其他方面的发展也有着非常重要的促进作用。

（一）美育有助于大学生知识结构的完善

高等教育的目的是培养全面发展的合格人才，而传统的教育思想却恰恰忽视了这一点，从当前大学生的素质来看，我们不难发现，由于片面强调专业教育，忽视美育，致使学生绝大部分时间用在专业知识学习上，除了在课余时间参加一些社团活动之外，很少接触有关人文学科方面的知识和中华民族优秀传统文化的教育，知识面狭窄，思维呆板，人文素质差。具体表现在：校园文化建设流于表面和低层次，毕业论文、择业书甚至书信的撰写水平都不能与大学生的身份相吻合；大学生缺乏与人的交往能力，不能妥善处理师生之间、同学之间的关系，心理疾患比较严重，自杀现象也时有发生，特别是由于不学法、不懂法，大学生违法犯罪案件也不断发生，考试作弊现象也屡见不鲜。

未来的人才更需要具有民主法制观念，具有崇高的人格和道德观念、宽厚的自然科学、人文社会科学知识基础和自主求索知识、运用知识、创新发展、服务社会的观念和能力。显然，如果用这样的标准来衡量人才，只具

有高超的专业知识是行不通的。而加强美育就有助于大学生构建完整的知识结构，使学生成为全面发展的人。美育对大学生来说，可以增强精神性格的陶冶程度，有助于培养大学生的科学创造力、形象思维能力、逻辑思维能力、语言文字能力、交流表达能力、强化记忆能力、增强心理素质，从而使学生开阔视野、活跃思路、触类旁通、激发灵感、突破传统等，更好地完善自己的知识结构。

（二）美育有助于大学生人文精神的提升

人文精神是人的存在的意义和价值的最高展现，它以对生命意义和对人生价值的理解为前提，以追求真、善、美等崇高价值理想为核心，以人自身的全面发展为终极目的，它是整个人类文化所体现的最根本的精神，是人类文化生活的内在灵魂。中国有一句话，叫作教书育人。简单的四个字阐明了这样的道理：教书是手段，育人是根本。而人之所以成为人，靠的不是他的躯体，而是他的思想和灵魂。只有素质高的人，才会思考人类社会、自然、他人和自身的问题，才可能理解什么是真、善、美，什么是假、恶、丑，才可能与他人融洽地相处，才可能以一种社会可以接受的方式实现自己的目的。

当前，部分大学生社会责任感不强，是一个值得引起关注的问题。另外，在现实生活中，有的大学生不注重道德建设，做出了一些诸如盗窃、打架、考试作弊等与大学生本身不相称的事情，反映了人文精神的低下。因此，加强人文教育，并使人文知识升华为人文精神，积淀为相对稳定的思想品质结构，在今天显得尤为重要。从内容上讲，美育是人文教育的一个重要组成部分；从形式上讲，美育是人文教育的重要载体，以美载德，以美启智，以美健体，以美导劳，增强人文教育的实效性。

（三）美育有助于大学生健康人格的形成

在市场经济条件下，由于市场经济所规定的交换行为、利益驱动，使人屈从于外在物质的制约，多在实用主义、经验主义、功利主义的层面上去思考问题，去寻找人生的答案，自私的极端个人主义和短视的及时享乐主义成了一些人的生活主流，有的人丧失了对国家、社会、家庭甚至对自己的责任感。由于人文知识的匮乏，使他们对社会历史、现实人生和人际关系缺乏应有的认识和了解，造成他们性格孤僻，心理承受能力差，遇事容易走极端，自我控制能力较低，不懂得如何与人交往，嫉妒心强，争强好胜，人格不健全等问题。而加强美育，让他们更多地去占有、掌握人类历史所积累的文明成果，因为人类历史所积累的文明成果中展示出的人性具有十分丰富的内容，它内在地包含在科学、艺术、哲学、语言等众多的领域之中，为陶冶完美人格必须。因此，对作为直接表现人的精神世界和精神力量，对发展人的心灵起关键作用的美育，必须予以高度重视，通过美育，升华形成大学生和谐、健康的人格。使其不仅具有崇高的道德理想，而且能正确地处理好个人与社会、个人与集体、个人与他人的关系，并勇于承担对社会、对国家、对他人的道德义务，表现出强烈的自尊、自爱、自强、自律等特征，这也是大学生成才的一个显著的标志。

三、网络是进行大学生美育的新途径

大学生既是网络的最大受众，又是美育的主要对象，利用网络进行美育就成为网络思想政治教育的重要内容：①网络应当引导大学生对美的境界的追求：培养大学生对至真、至善、至美境界的认同和追求。美的一个基本特征就是超功利性。淡泊名利、宁静致远是欣赏美、创造美的基本人格要求。大学生功利思想十分严重，行为的短期性、功利性十分明显，这对他们人格的完善和境界的提高十分不利。②网络应当激发和培养大学生与自然、与社会、与他人和谐相处、心灵相通的意识及能力。"美是和谐"，在古今中外普遍认同。和谐首先是内容的和谐、精神的和谐、心灵的和谐。对待万物要从善如水，切莫人为制造矛盾、挑起事端、破坏和谐。大学生应当首先成为社会中和谐的音符。③网络应当成为大学生欣赏美创造美的主要领域和场所：网络特性使它能够及时地、跨时空地展现美的对象，网络要利用自己的优势，使大学生接触网络就如同接触美的世界、进入网络就如同进入美的世界。与此同时，网络应利用自身互动性参与性的特点，为大学生创造美提供机会和空间。④网络浏览器本身应当成为美的展示：色彩、图形、声音、线条、构图等应当遵循美的原则，使其成为一个永恒的流动地树立在浏览者面前的美的事物，使大学生浏览者在浏览过程中潜移默化地接受美的熏陶。⑤网络消费场所应当成为使人精神愉悦、心神通达的"美的"天地，成为大学生这一网络受众接受美的教育的导入口等。总之，网络世界应该成为美的世界，成为美育的课堂，成为大学生欣赏美、创造美的舞台。

第三章 高校思想政治理论课教学方法改革

第一节 高校思想政治理论课教学方法体系改革的形势与依据

一、高校思想政治理论课教学方法体系改革的形势

高校思想政治理论课教育教学作为一种反映国家意志的社会活动，始终都是在一定的时代背景条件下展开的。正确认识和科学判断国内及国际形势，提出相应的思路对策和解决办法，始终是我们党的优势和传统。正确分析国内国际形势，是制定和执行正确的政治路线和方针政策的重要依据；同时也是改革和构建高校思想政治理论课教学方法体系的前提条件。进入21世纪，我国的国内和国际环境发生了广泛而深刻的变化，这给思想理论教育教学工作带来了新的机遇和挑战。当前，国际国内新的形势对高等学校思想政治理论课教育教学提出了新的任务和要求。

（一）高校思想政治理论课教学方法体系改革的新机遇

当前，世界多极化和经济全球化的趋势在曲折中发展，科技革命日新月异，综合国力竞争日趋激烈，各种思想文化相互激荡。我国改革开放进一步深入，社会经济成分、组织形式、就业方式、利益关系和分配方式日益多样化。如何引导大学生正确认识当今世界错综复杂的形势，把握国际局势的发展变化和人类社会的发展趋势；如何引导大学生正确认识国情和社会主义建设的客观规律，增强在中国共产党领导下全面建设小康社会、加快推进社会主义现代化的自觉性和坚定性；如何引导大学生正确认识肩负的历史使命，努力成为德、智、体、美全面发展的中国特色社会主义事业的建设者和接班人，是必须认真研究解决的重大而紧迫的课题。只有正视国内外形势带来的机遇和挑战，高校思想政治理论课教学方法的改革才能取得实效。

1. 和平与发展的新时代主题

和平与发展的新时代主题，为高校思想政治理论课教学方法改革提供了良好的国际环境。从 20 世纪 80 年代特别是进入 21 世纪以来，国际环境发生了广泛而深刻的变化，这给思想理论教育教学带来新的机遇和挑战。当今世界，科技进步日新月异，以国际互联网为标志的信息网络技术迅猛发展；经济全球化进程加快发展，经济全球化的浪潮正在席卷世界的每一个角落；世界格局多极化趋势不可逆转，国际关系的民主化和规范化加速推进；各种各样的思想、文化在相互激荡中交融较量，文化交流、传播和借鉴发展在快速涌动，人员交流和往来更加频繁；以经济、科技、军事实力和民族凝聚力为主要内容的综合国力的竞争日趋激烈。总的来看，和平与发展仍然是时代的主题，争取一个较长时期的国际和平环境是可能的。相对和平稳定的国际环境为我们一心一意搞好经济建设，推动经济和社会的全面进步提供了良好的外部条件，不仅有利于我国的社会主义现代化建设，而且有利于思想理论教育教学的稳定发展。

2. 经济全球化的新形势

经济全球化的新形势，为思想政治理论课教育教学内容和方法改革提供了新的源泉。进入 21 世纪，经济全球化的冲击几乎遍及了人类社会的每一个领域。经济全球化就其内容来说，主要包括贸易全球化、金融全球化、生产全球化和科技全球化，其实质就在于资源在全球范围内趋向于直接流动和配置，这其中不仅包含着物质要素，同时也包含着信息、知识、精神产品等属于文化范畴的要素的流动，开放性和多样化已成为当今时代的重要特征。我国积极主动地融入经济全球化，把产业结构的战略性调整作为主线，目的是根据自己的产业基础和资源条件来合理配置资源，发挥比较优势，更多地形成新的支柱产业，在国际市场上占有更多的份额，增强竞争力，实现经济的可持续发展。经济全球化也为各类人才的成长提供了更加宽阔的舞台。

客观来讲，经济全球化有利于中国特色社会主义文化建设和发展。中国特色的社会主义文化的核心和灵魂是马克思主义。马克思主义从来都是一个开放体系，它从来都是在各种文化思潮的相互激荡中发展的。在经济全球化中，必然伴随着其他国家许多先进文化的传入，这就促使我们开阔视野，吸取精华，将其更快地融入社会主义文化体系之中。随着经济全球化趋势的进一步发展，人们的开放意识、主体意识、竞争意识和平等意识逐渐增强，人们的观念将迅速现代化，思想将进一步解放，也必然带来更多的教育内容，如，开放观念、全球观念、爱国主义和民族精神、法律意识、协作精神、"国际人"目标等经济全球化所要求的教育内容，进而丰富高校思想政治理论课教育教学的内容，为高校思想政治理论课教育教学方法的改革提供新途径。

经济全球化有利于思想政治理论课教育教学的发展。经济全球化加强了中外在经济、政治、文化等方面的交流与联系，增加了中外接触与交流的机会，有利于我们学习借鉴和吸收国外先进思想政治教育的理论，丰富我国思想政治教育内容。经济全球化带动了各种科学知识的迅速传播和发展，有利于我们借鉴和吸收世界各国的进步思想道德和文化遗产，扩大人们的知识视野，生活方式也更加文明、科学，为思想政治教育内容与方法的改革和发展提供了新的源泉。经济全球化有利于我们借鉴和吸收国外先进的思想政治教育教学管理方法，促使我们把思想政治教育的优势与现代企业管理方法相结合，增强思想政治教育方法的现代性、科学性。经济全球化有利于我们借鉴和吸收国外思想政治教育的一些成功经验和有效方法，推动思想理论教育方式、方法、手段的现代化，推动思想理论教育的传媒载体、文化载体、管理载体、活动载体等加快发展，促进思想政治教育方法的创新与发展。经济全球化有利于当今大学生树立开放思想，勇于接受挑战，吸收各种先进的思想文化观念，加强自己的品德修养，形成现代化的价值观念。

3. 中国社会发展的新阶段

中国社会发展进入了新的历史阶段，为高校思想政治理论课教学方法改革提供了强大动力。改革开放以来，我国利用经济全球化提供的良好外部环境，积极参与到世界经济贸易的竞争与合作中，通过积极融入全球经济之中加速发展自己，进入了全面建设小康社会的新阶段。中国改革开放和全面建设小康社会取得的巨大成就，充分显示了社会主义制度的优越性和强大的生命力，也为思想政治教育和高校思想政治理论课教育教学提供了强大的物质基础和安定团结的政治环境。

第一，中国改革开放的巨大成就和全面建设小康社会的健康发展，彰显了社会主义制度与资本主义制度的比较优势，中国改革开放所取得的巨大成就证明了党的路线方针的正确性，证明了马克思主义理论的巨大活力。

中国改革开放 40 多年的历史发展证明：改革开放是决定当代中国命运的关键抉择，是发展中国特色社会主义、实现中华民族伟大复兴的必由之路；只有社会主义才能救中国，只有改革开放才能发展中国。我国改革开放的巨大成就和健康发展，增强了思想政治教育内容的说服力和感染力，对坚定大学生的理想与信念，对思想政治教育的实效性会产生极大的促进作用。第二，坚定了思想政治教育工作者的信心。中国改革开放的巨大成就和健康发展，我国安定团结的政治局面使思想政治教育工作者有一个比较宽松的环境从而安心从事本职工作，排除不利因素的干扰，坚定了思想政治教育工作者的信心。第三，我国改革开放是全面的、全方位的改革开放，是经济、政治、文化和社会各方面的改革和协调发展的改革开放。中国实行的政治体制改革和民主政治建设、建设法制国家的政策措施，顺应了时代发展的潮流，适应了现代社会发展的客观要求，增强了思想政治教育内容的时代性与说服力。第四，改革开放也为高校思想政治理论课教育教学的改革和发展提供了强大动力。

4. 信息网络化的新技术

信息网络化的新技术，为高校思想政治理论课教学方法的改革提供了技术手段。20 世纪 90 年代，国际新媒体的出现，开创了以计算机技术应用为核心的信息网络时代。随着国际新媒体的飞速发展，它将设置在世界各地的上亿台计算机连接在一起，构成了一个巨大的、高速运行的全球计算机信息网络，它消除了时空的阻隔，跨越国界，把整个世界联为一体。新媒体的发展使传播媒介更加丰富，它以高效快捷的传播速度，丰富多彩、图文并茂的内容，同步双向互动的交流方式，廉价的办公手段，吸引了大量网民。

信息网络是现代高科技发展的产物。信息网络化以其开放性、多元性、虚拟性、交互性、平等性、超越时空性等特点，给现代信息传播方式带来革命性的变化。随着互联网的出现，各种思想信息在网上跨国界交流，不同的政治立场、文化观念、道德标准、价值取向和生活方式，以及各种暴力信息云集网上，它们对社会成员的思想道德发展产生了重大的影响。计算机互联网作为开放式的信息传播和交流工具，对思想理论教育教学来说是一把"双刃剑"，利用好则是有力的思想理论教育的新武器，成为思想理论建设的新阵地；利用不好，将是不良思想侵入的突破口，成为整个思想理论教育工作的薄弱环节。

在新媒体的交互式交往环境中，思想政治教育者与受教育对象的地位、身份、年龄等均被屏蔽，从而使交流双方缩短了心理距离，各种观点、情感交流更加具有真实性、直接性。思想政治教育客体也能从单纯的对象、被动接受者变为主动参与者。信息网络化的超越时空性，将思想政治教育转变为一种不受时空限制的即时性行为，打破了传统思想政治教育的地域和时间限制和不可逆的接受关系。因此，高校思想政治理论课教学工作者，要善于运用信息网络技术和网络信息化手段，创新高校思想政治理论课教育教学方法，在任何时候、任何地方，运用多种方式开展思想政治教育，提高思想政治教育的效果。信息网络化为高校思想政治理论课教学方法的改革提供了强大的技术手段和快捷畅通的教育方式。

（二）高校思想政治理论课教学方法体系改革的新挑战

1. 社会转型多元化的新课题

社会转型的新变化，给高校思想政治理论课教学方法提出了新挑战。当代中国进入了全面建设小康社会的关键时期和深化改革开放、加快转变经济发展方式的攻坚时期，随着经济体制深刻变革、社会结构深刻变动、利益格局深刻调整、思想观念深刻变化，社会思想意识异常活跃，呈现出多元、多样、多变的发展态势，也给我国的社会结构以及人们的思想观念、思维方式、行为方式、生活方式等带来了深刻变化。其主要表现在两个层面：第一是在社会层面，社会生活日益呈现出多样化态势；第二是在个体层面，主要是个人主体性不断增强。社会主义市场经济条件下社会和个人发展的新特点，使现代思想政治教育的对象、目标、内容、方法等都要与时俱进地随着经济的转型而转型。

2. 意识形态多样化的新挑战

意识形态的多样化，给高校思想政治理论课教学方法提出了新挑战。当今世界是一个开放的世界，当今的中国也形成了全方位、多领域的全面开放格局。对外开放不仅推动了经济的快速发展，也促进了各种思想文化的交流与渗透，使我国意识形态领域日益多样化，呈现出一元主导与多元并存的发展趋势。但是，社会主义思想政治教育的本质在于坚持马克思主义和社会主义意识形态的主导地位，所以，意识形态领域的多样化发展，势必对高校思想政治理论课教育教学产生重大冲击。

3. 信息网络化的新要求

进入信息时代后，网络对大学生思想观念和行为方式的影响越来越强烈、越来越广泛。对高校思想政治理论课教育教学方法和手段提出了挑战。如，网络教育、多媒体技术因互动性强、信息量大、形象生动而受到学生的欢迎，而传统的老师讲、学生听，一支粉笔、一张嘴上课的方式对学生失去了吸引力，这就对教师提出了熟练掌握并运用现代教学手段的要求。又如，随着网络技术的广泛运用，学生、老师处在同一个接受新知识和新信息的起点上，教师的个人信息量与学生群体相比并不占优势，传统的教师对上课信息的独占性地位受到挑战，教师控制课堂内容和信息的能力大为减弱，这也对教师的素质提出了更高的要求。同时，由于网络的相关法规还不健全，管理还不够有力，技术支撑还不过硬，也由于青年人自制力较弱，好奇心较强，思想观念还不成熟，使得一些大学生面对新媒体上的海量信息，无所适从，不辨鲜花和毒草，跟着感觉走。这就需要我们的思想理论教育教学内容多一些对国家安全意识的灌输，使大学生认识到在接受西方国家的先进技术的同时，要增强安全意识，要有危机意识，时刻提高警惕。所有这一切，都对高校思想政治理论课教育教学内容和方法的改革提出了全新的要求。

4. 大学生成长的新变化

大学生成长的新变化和新特点，既给高校思想政治理论课教学方法带来了新机遇，也给思想政治理论课教学方法改革提出了新挑战。高校思想政治理论课教育教学方法的改革，除了密切联系国内外形势的发展变化以外，更要紧密联系当代大学生的思想实际、心理状况、成长特点和生活实践，帮助大学生解决思想困惑，提高思想认识，正确处理生活中可能遇到的矛盾和问题。有调查显示，当代大学生心理状况的鲜明特点主要有：第一，心理压力较大；第二，情感丰富强烈，但不稳定；第三，自我意识强烈，但自我评价片面。当代大学生在思维方式和信息接收方式上也显示出新的特点，他们的思维具有灵活性、跳跃性、创造性、开放性等特点，喜欢独立自主地进行思考和判断，不愿意接受现成的理论说教，更喜欢在相互探讨的过程中被说服。影响当代大学生思想活动的因素日趋多样，大学生的思想关注点日趋宽泛和分散，思想文化需求日趋多样。在信息接收方式方面，网络已成为大学生主要的学习、交流、获取信息的载体。同时，随着高等教育大众化进程的加快，当代大学生的群体构成日益呈现规模扩大、来源多样、组织多型等特点，这也决定了他们的思想政治观念存在差异性和多样性。教师一定要了解学生遇到的热点、难点问题及他们的所思所想，并且认真地加以梳理和研究，这样的教学肯定会受到学生的欢迎。只有深入了解大学生的思想实际、心理状况和生活实际，思想政治理论课的教学才有针对性和说服力。

二、高校思想政治理论课教学方法体系改革的依据

高校思想政治理论课也是科学文化教育，马克思主义和思想品德方面的理论知识当然属于文化范畴。从这个意义上说，对大学生进行马克思主义理论教育和思想品德教育也是文化教育。但是它又不是一般意义上单纯的科学文化教育，而是通过这些理论知识的教育达到学生转变思想的目的。它是一种专门的思想教育和品德教育，其根本目的在于使学生树立科学"四观"，即世界观、人生观、价值观和道德观。

（一）高校思想政治理论课的功能

所谓功能，简单地说，就是指事物的功效和作用。高校思想政治理论课的功能，实际上是高校思想政治理论课的性质及其能动性的重要表现，是高校思想政治理论课所发挥的效能和他所具有的重要的社会作用。高校思想政治理论课的大学生思想政治教育的主渠道性质，决定了高校思想政治理论课的地位、作用和功效。概括来讲，高校思想政治理论课的功能主要表现在以下四个方面。

1. 认识的功能

认识是辩证唯物主义认识论的基本范畴，也是思想政治教育的重要范畴。通过高校思想政治理论课的教育教学，达到提高大学生政治觉悟和思想认识水平的最终目的。其认识功能表现为：第一，通过高校思想政治理论课的教育教学，达到提高大学生思想水平、认识能力和自我认识的效果。当然，作为高校思想政治理论课的教学，所传授的不是一般的业务知识，培养的也不是一般的专业技能，而是马克思主义理论和思想道德方面的知识和运用这些知识改造客观世界和主观世界的能力。通过高校思想政治理论课的教育教学和系统学习，可以系统掌握自然界、人类社会和思维的发展规律。第二，通过高校思想政治理论课的教育教学，达到提高大学生素质的效果。高校思

想政治理论课的教育教学，必须坚持以马克思列宁主义、毛泽东思想、中国特色社会主义理论体系为指导，坚持社会主义方向，抵制各种错误思潮，为建设有中国特色社会主义培养"四有"新人。

2. 导向的功能

高校思想政治理论课的导向功能，既是由思想政治教育的目的性和方向性所决定的，也是由马克思主义理论体系和无产阶级意识形态的阶级特征和理论品质所决定的。一个人的知识和能力毕竟不是其世界观、人生观和价值观，不能代表其理想、信念和信仰。如果只重知识传授和能力培养，让受教育者把马克思主义只是当作一般的知识、原理、概念来学习，只是让他们学会了用马列主义辞藻、而不是从思想意识上认同马克思主义，就不可能让其建立马克思主义的信念、信仰，不可能使之在行动中坚持和发展马克思主义。

通过高校思想政治理论课的教育教学，使大学生对马克思主义理论体系和中国特色社会主义理论体系有一个全面和系统的了解。这样，通过高校思想政治理论课的教育教学，培养大学生坚定的理想信念，使大学生确立社会主义的信念，树立为中国特色社会主义而奋斗的崇高理想。

3. 保障的功能

高校思想政治理论课的保障功能，主要体现在两个方面：一方面，通过高校思想政治理论课的教育教学，要求受教育者为实现无产阶级及其政党的奋斗目标服务，为无产阶级及其广大人民群众的根本利益服务；另一方面，也强调它应为教育对象个人的成长成才和全面发展服务，为他们能最大限度地实现自身的社会价值和人生价值服务。这其中既包含有高校思想政治理论课教学对于推动人类社会进步发展的社会价值，也有它对于促进个人成长进步的个人价值。高校思想政治理论课教育教学之所以能够实现这两方面价值，其内在根据就是它所具有的真理性即科学性特征。

4. 育人的功能

高校思想政治理论课的育人功能，就是要通过高校思想政治理论课的教育教学，确保教育的政治方向，让马克思主义的旗帜、社会主义的旗帜在华夏大地永远飘扬，就是要使受教育者尤其是使大学生成为中国特色社会主义事业的合格建设者和可靠接班人。

（二）高校思想政治理论课教学的基本特点

高校思想政治理论课教学的性质、地位和作用、功能，决定了高校思想政治理论课教育教学的特点。在高校思想政治教育工作这一系统工程中，思想政治理论课教育教学具有特殊的地位和作用。

1.思想政治理论课教育教学具有强烈的政治性特点

作为思想上层建筑的一个重要组成部分，高校思想政治理论课担负着为巩固和完善社会主义制度，发展社会主义社会的生产力，建设富强、民主、文明的社会主义现代化国家的宏伟目标服务，为培养社会主义"四有"新人和接班人服务的任务。高校思想政治理论课教育教学和思想政治工作的好坏，直接影响着社会主义新人政治思想素质和道德素质的好坏，关系着社会主义的前途和命运。高校思想政治理论课教学的政治性特点实质上是马克思主义理论鲜明的阶级性的体现和内在要求。要从阶级本质和战略高度看待高校思想政治理论课教育教学，高校思想政治理论课教学要始终围绕这个主旨进行。

同时，马克思主义理论也是不断发展的理论。特别是在当代中国，建设中国特色社会主义是马克思主义在当代中国活生生的伟大实践和进一步的丰富发展。中国特色社会主义理论体系是马列主义基本原理同当代中国实践和时代特征相结合的产物，是当代中国的马克思主义。由于改革开放的深入和马克思主义的不断充实发展，高校思想政治理论课的教学内容也需要不断更新、充实和完善。高校思想政治理论课教学要及时体现和充分反映马克思主义在理论和实践上的重大发展和突破，充分反映现实国际和国内的政治经济形势的发展变化，紧扣党和国家的重大方针政策和战略决策；要随着党和国家的大政方针、法律法规和国际国内形势的变化发展而加以修改、充实和发展，体现时代的特征和社会的不断进步与发展。

2.高校思想政治理论课教学具有理论性和科学性的特点

高校思想政治理论课教学具有理论性和科学性的特点，是由马克思主义理论本身的科学性特点所决定的。

马列主义、毛泽东思想、中国特色社会主义理论体系是一脉相承的、系统完整的、科学的理论体系。它揭示了自然界、思维和人类社会政治、经济、文化等诸领域事物发展的客观规律，是我们认识世界和改造世界的强大思想武器。马克思主义理论的这一特点决定了高校思想政治理论课教学要系统讲授马克思主义的基本知识，传授马克思主义基本立场、观点和方法，讲清高校思想政治理论课课程的基本知识点及其相互间的逻辑联系，注重理论观点的科学性和系统性。不仅马克思主义政治理论课如此，马克思主义思想品德课也是如此。思想政治理论课教育教学的科学性还包括高校思想政治理论课教学方法的科学性。马克思主义虽有完整的理论体系和自身结构，但理论结构不同于教材的结构，更不同于教案的结构，如，不重视思想政治理论课教育教学规律和教学艺术的运用，不讲求高校思想政治理论课教学方法的科学性，那么，高校思想政治理论课教学的思想性和马克思主义理论的科学性就难以实现，更难以真正实现思想政治理论课教育教学的根本目的。

3. 思想政治理论课教育教学具有实践性特点

高校思想政治理论课教学不同于一般的智力教育和文化知识课，它不仅有开启理性解惑传道的责任，而且更注重实践要求。这种实践性特点不仅要求高校思想政治理论课教育教学要敢于和善于理论联系实际，贴近现实生活，不回避现实中的问题和矛盾，更要求高校思想政治理论课教学要同实践性环节相结合，让师生在理论学习与社会锻炼实践中知德行善，提高科学文化素质与思想道德素质。因此，高校思想政治理论课教师要深入社会实践，掌握大量的第一手资料，提升自己的认知水平；要分析改革开放以来取得的伟大成就和丰富的实践经验与教训，从理论和实践结合的角度进行教学，做到深入浅出，解惑释疑；要丰富教学环节，运用多媒体教学手段，采取读原著、讲授、辩论、研讨、答辩、演讲和观看文献资料与影视录像等多种手段相结合的方式进行教学，增强高校思想政治理论课教学的生动性；要把大学生的社会实践活动纳入科目化管理和学科建设中来，有组织、有计划地开展丰富多彩的社会实践活动，让学生到改革开放的实践中去参观、考察，从事社会调查，参加生产劳动、科技文化服务、军政训练、勤工俭学、志愿者服务等活动，在实践中学会理论联系实际，学以致用。这种实践性特点，还要求高校思想政治理论课教师以其自身人格的魅力和为人师表的模范言行，直接影响、教育、感化和塑造学生，发挥榜样的示范作用。

4. 思想政治理论课教育教学具有针对性的特点

高校思想政治理论课教学要针对中国的问题和我们还在做的事情，针对改革开放和社会主义现代化建设中的重大问题，针对青年学生的思想实际、心理需求和认知特点，针对学生关注的热点、难点以及所存在的疑点问题，有的放矢地开展教学活动；要敢于和善于对重大问题和热点、难点问题做出积极的、有说服力的回答。

高校思想政治理论课教育教学的针对性除了要联系社会生活和学生思想实际外，更重要的一项工作就是要同各种错误思潮开展针锋相对的斗争。列宁早就说过，马克思主义不能靠群众自发地生成，必须向群众灌输马克思主义。当今时代，既是一个知识经济的时代，也是一个急剧变革的时代，多种利益主体和多元化的社会思潮蜂拥迭出，而大学生思想单纯，求知欲十分旺盛，易接受各种思潮的影响，易受到错误思想的侵蚀。因此，高校思想政治理论课教学不仅要向大学生全面系统准确地传授马克思主义理论的基本内容和精神实质，更要针对社会上和大学生中流行的错误思潮展开旗帜鲜明的斗争，消除各种错误思潮对他们的影响。只有这样，才能增强大学生的政治鉴别能力、政治敏锐性和抵抗侵蚀的能力，才能真正地让马克思主义占领思想阵地，让中国特色社会主义理论体系入脑入心。

（三）高校思想政治理论课教学方法体系改革的基本原则

高校思想政治理论课教学方法体系改革的基本原则主要有如下几点。

1.方向性、思想性与科学性相统一的原则

方向性、思想性与科学性相统一的原则是直接体现思想政治理论课性质特征的首要原则。其中，方向性体现了思想政治理论课所具有的鲜明的阶级性和党性以及明确的目的性特征，要求思想政治理论课教学必须坚持以马克思列宁主义、毛泽东思想、邓小平理论、科学发展观以及习近平新时代中国特色社会主义思想为指导，坚持社会主义方向，抵制各种错误思潮，为建设中国特色社会主义培养"四有"新人；思想性体现了思想政治理论课教学重视人的精神价值和精神动力，注重思想观念对人们行为的主导作用，着眼于对大学生进行世界观、人生观、价值观教育，坚持把理想信念教育作为核心内容；科学性体现了思想政治理论课教学在指导思想上、内容上和方法论上的真理性、正确性，为实践所验证，能经受历史的考验，真正做到"以科学的理论武装人""以科学的方法培育人"。

思想政治理论课教学的方向性、思想性与科学性的统一，是其本身所具有的内在统一，而并非人为地"结合"。只要思想政治理论课教学真正坚持以马克思列宁主义、毛泽东思想、邓小平理论、科学发展观以及习近平新时代中国特色社会主义思想为指导，坚持社会主义大方向，抵制各种错误思潮，就是以科学的世界观、方法论武装人的头脑，从而起到提高人的思想觉悟和精神境界、发挥精神动力的作用。反之，如果真正做到坚持把社会主义信念教育放在首位，坚持以科学的教学内容和科学的教学方法，提高受教育者的思想政治素质和综合素质，也就必然会坚持以马克思列宁主义、毛泽东思想、邓小平理论、科学发展观以及习近平新时代中国特色社会主义思想为指导的方向。也就是说，只要坚持了无产阶级的方向性，就必然具有正确的思想性和科学性特征；反之亦然，只要坚持了无产阶级的思想性和科学性原则，也就必然坚持了正确的方向性。

思想政治理论课教学的方向性、思想性与科学性的内在统一还可以从其真理性与价值性的内在统一中得到验证。具有真理性的科学，本身就具有价值性。思想政治理论课教学的科学性体现了其真理性，而思想政治理论课教学的方向性、思想性则体现了其价值性特征。一方面，思想政治理论课教学的方向性、思想性要求它为实现无产阶级及其政党的奋斗目标服务，为无产阶级及其广大人民群众的根本利益服务；另一方面，它也强调应为教育对象个人的成长成才和全面发展服务，为他们能最大限度地实现自身的社会价值和人生价值服务。这其中既包含有思想政治理论课教学对于推动人类社会进步发展的社会价值，也有它对于促进个人成长进步的个人价值。思想政治理论课教学之所以能够实现这两方面的价值，其内在根据就在于它所具有的真理性即科学性特征。缺乏真理性和科学性的教育，既不可能实现其社会价值，也不可能实现其个人价值。也就是说，思想政治理论课教学价值的实现，必然要求思想政治理论课教学具有真理性、科学性，即思想政治理论课教学的方向性、思想性的价值体现，与其科学性要求具有内在的统一性。

思想政治理论课教学要坚持方向性、思想性与科学性相统一的原则，就要充分体现马克思主义理论的科学性和鲜明的时代性特征，充分体现对马克思主义既坚持、又不断发展创新的科学态度。马克思主义自创立以来，之所以能一直保持其科学的生命力，始终洋溢着鲜明的时代精神，就在于它是随着时代的发展而不断发展的。对科学理论的宣传教育，不能只强调其真理性而忽视其时代性特征。其实，理论的科学性与时代性是统一起来的，因为科学的理论必须随着时代的发展而发展，不能一成不变。所以，思想政治理论课教学在坚持以科学的理论武装人的同时，又必须坚持时代性原则，即坚持以符合新时代新形势特点和发展需要、符合新形势下人们思想实际特点和发展需要的理论武装人。

2.学生主体、教师主导与社会教育相结合的原则

学生主体、教师主导与社会教育相结合的原则，是思想政治理论课教学处理内因与外因的关系、学校教育与外界环境关系应遵循的规则，也是围绕思想政治理论课教学的目标要求，充分调动各方面积极性所要遵循的规则。这一原则是说思想政治理论课教学要在教师的主导作用之下，充分调动学生的主观能动性，使其主动而不是被动地参与思想政治理论课教学。同时，思想政治理论课教学还要善于利用社会力量，使学校教育与社会教育相结合，共同完成培育人才的任务。从这一原则的内涵来看，包括教师的主导作用、学生的主体作用和社会教育的作用这三个动力因素的相互作用及教师与学生、学校与社会的辩证关系。

第一，看学生的主体作用、教师的主导作用及其相互关系。所谓学生的主体作用是指学生在思想政治理论课教学中充分发挥出了各自的主观能动性和学生所特有的学习活力、创造力，在教师的指导下，能积极主动地参与教学，积极主动地自学和完成课外作业，积极主动地以正确的世界观、人生观、价值观指导自己的行动。所谓教师的主导作用，包含有主持、指导、导向等作用的意思。教师作为教育者，在思想政治理论课教学的整个过程中起着主导的作用。

思想政治理论课教师的主导作用主要表现为：一是思想政治理论课教学的主持者、组织者和责任人，负责其主讲课程的全部教学活动的总体规划设计，同时也要做好其中每一次教学活动的具体组织安排，包括教学活动的目的、内容、方法及具体步骤等，都应由教师负责确定。二是思想政治理论课教学坚持正确方向的导向者，负责保证思想政治理论课教学坚持党性原则，坚持以科学的理论武装人，坚持以正确的思想指导教学内容和方法的不断改革更新，及时纠正思想政治理论课教学中可能出现的种种思想偏差。三是思想政治理论课教学对象的指导者、引路人，指导学生以正确的态度、科

学的方法掌握思想政治理论课教学的内容，按照思想政治理论课教学的目的要求，使学生通过自己的努力，成为社会所需要的德才兼备的现代化人才。

第二，看社会教育及其与思想政治理论课教学的关系。思想政治理论课教学作为学校德育的主渠道与社会教育是密不可分的。两者既是系统与环境的关系、也是内因与外因的关系。社会教育相对于学校教育而言是一种更广义的教育，是除学校教育以外的其他所有教育的统称，其中主要指各级社会组织、各种社会团体、社会传播媒体、社会舆论习俗、社会文化环境以及家庭教育对人的教育影响和熏陶作用。随着社会现代化和开放程度的提高，社会向信息化、网络化方向发展速度的加快，社会教育对人的教育影响作用与学校教育相比，有明显的强化扩大趋势。同时，由于社会教育在内容形式设施手段上的丰富多彩，使之具有极强的辐射和渗透作用。因此，学校教育应充分发掘和利用社会教育资源，增强教育力量，提高教育效能。思想政治理论课教学经常开展的社会调查、参观访问、教学实习、志愿服务、走出去请进来等活动，就是利用社会资源，增强教育活力和效果的有效方法。但是，社会教育的影响作用，有自发与自觉、有组织与无组织、正面与负面、显性与隐性的区别，相对于学校教育而言，其中大量的是无组织、无意识、隐性的教育，而这种性质的教育往往存在相当多的负面影响，这就要求学校教育，特别是思想政治理论课教学在结合社会教育的同时，充分发挥其积极作用，自觉克服其消极影响，达到学校教育与社会教育的协调统一和互补。就社会教育方面而言，各个社会组织和社会成员增强教育意识和责任感，提高自身素质和自我教育能力，注重社会效益和社会形象，对于消除社会教育的负面影响甚为重要，尤其要利用社会教育自身的力量克服社会教育中的消极因素。总之，要使青年学生成为"四有"新人，具有高尚的精神、崇高的理想和坚定的信念，不仅是学校教育和思想政治理论课教学的根本目的和着眼点，也是社会教育的重要任务。只有两方面的作用统一起来，两方面积极性都发挥出来，才能实现这一关系到国家前途的百年大计。

3. 主动灌输、启发探究与贴近现实相统一的原则

在建设中国特色社会主义的伟大事业中，必须高度重视社会主义意识形态的主动灌输的工作。我们必须清醒地认识到，在当今的世界格局中，两种社会制度的对立在本质上并没有改变。随着我国改革开放的深入和经济的

发展，思想无国界，各种西方错误思潮随之涌入。各种不良思想都在时刻警醒我们：任何时候，都不能放弃对人民群众尤其青年一代进行马克思主义意识形态理论的全面、系统、生动的灌输。因此，在对高校学生的马克思主义理论教育中，我们一定要积极主动地通过思想政治理论课程的教育来加以实施，要坚持正面引导为主，保证足够的课时安排，认真教学、严格考核。要树立"灌输"的本质就是教育的观念，没有灌输就没有教育，从而把高校的政治理论教育有机地融合在整个教育体系特别是素质教育体系之中，把培养学生具备合格的思想政治素质和道德素质作为"灌输"教育的出发点和落脚点。

当然，"主动灌输"是马克思主义理论教育的一个基本的原则，而非一个具体的方法。我们要根据时代的特点和受教育对象的特点，注重内容和形式的结合，探讨多种具体有效的方式。古希腊著名学者苏格拉底曾说："教育是点燃，而不是给予。"这句话道明了教学的真谛在于它的启发性，教学的作用在于唤醒学生的意识，点亮学生的心灵。思想政治理论课教师无论采取何种教学方法，都应遵循启发性原则，要善于从小问题入手，引导学生积极思考，层层深入，最终达到举一反三、触类旁通的目的。如，教师可以根据课程目标需要选择一个学生普遍熟悉且没有确定答案的问题，在做必要的引导之后，让学生凭借自己的理解自由地阐述观点。在学生对问题做出了回答之后，教师就可以针对这一回答进行点评，并做出是更换角度做进一步的引导或是直接转入下一问题的决定，逐步引导学生达到课程目标的要求。

在现阶段，对大学生进行马克思主义的思想理论教育必须是生动的、具体的，因此，要使"主动灌输"和启发探究收到成效，在高校思想政治理论课教育教学工作中，要努力做到贴近现实，这是进一步加强和改进高校思想政治理论课教育教学工作的必然要求。贴近现实，概括地讲，就是要贴近实际、贴近生活、贴近群众、贴近大学生的思想实际，要从客观存在的社会实际出发，即从我国正处于并将长期处于"社会主义初级阶段"的实际出发，从我国正处在进一步改革开放，发展建立社会主义市场经济体制的进程的实际出发，从我国还存在着不同思想文化相互激荡、社会生活日益多样化的实际出发，从当前国际政治斗争风云变幻、社会主义面临挑战的实际出发，从全面建设小康社会、推进我国社会主义现代化建设事业迫切需要提高全民族思想道德文化素质的实际出发，从人民群众的根本利益出发，从思想理论教育教学工作对象现实的思想实际出发，从当前思想理论教育教学工作部门自身状况和工作的实际出发，贴近社会的经济、政治、文化的主体生活，摸清大学生的思想状况和特点，针对工作对象的客观实际和自身特点，正视和面对他们在思想理论上普遍关心或普遍感到困惑的问题，引导人民群众正确认识和分析这些问题，有针对性地开展思想政治理论教育教学工作。只有把主动灌输、启发探究与贴近现实的原则有机统一起来，高校思想政治理论课教育教学才能收到切实成效。

4. 知识传授、能力培养与立德树人相统一的原则

知识传授、能力培养与立德树人相统一的原则，是指思想政治理论课教学应结合知识的传授、能力的培养进行思想政治素质和道德品质教育。要以学生为主体，以教师为主导，充分发挥学生的主动性，把促进学生健康成长作为学校一切工作的出发点和落脚点。关心每个学生，促进每个学生主动地、生动活泼地发展，尊重教育规律和学生身心发展规律，为每个学生提供适合的教育。努力培养造就数以亿计的高素质劳动者、数以千万计的专门人才和一大批拔尖创新人才。

思想政治理论课教学是高校马克思主义理论和思想政治教育的主渠道和主阵地，但这并不意味着思想政治理论课教学只是育德教育，而无须传授知识和培养能力。恰恰相反，思想政治理论课教学的育德功能，是在传授知识、培养能力的过程中和在传授知识、培养能力的基础上逐步达到的。当然，作为思想政治理论课教学，所传授的不是一般的业务知识，培养的也不是一般的专业技能，而是马克思主义理论和思想道德方面的知识和运用这些知识改造客观世界和主观世界的能力。这种知识和能力也就是思想政治理论课教学所要培养的思想政治素质和道德品质，其中就直接蕴含着思想政治理论课教学所要发挥的育德功能。

当然，传授知识、培养能力是不能代替思想政治素质和道德品质培养的。即使是传授马克思主义理论知识和培养运用马克思主义理论的能力，也不能完全代替思想政治素质和道德品质的培养。一个人的知识和能力毕竟不是其世界观、人生观和价值观，不能代表其理想、信念和信仰。如果只重知识传授和能力培养，让受教育者把马克思主义只是当作一般的知识、原理、概念

来学习，只是让他们学会了用马列主义辞藻、而不是从思想意识上认同马克思主义，就不可能让其建立马克思主义的信念、信仰，更不可能使之在行动中坚持和发展马克思主义。思想政治理论课教学之所以强调坚持传授知识、培养能力与育德树人相统一的原则，就是要防止这种重知识传授和能力训练，而忽视思想政治素质和品德素质培养的片面倾向。知识传授、能力培养与立德树人相统一的原则符合人的知识素质与能力素质，以及思想品德素质之间相统一的关系。

第一，看知识素质与能力素质的辩证统一。一般来讲，知识是人类实践经验的总结和智慧的结晶。能力则是使知识得以形成、发展、推广、应用的本领。一个人的知识素质表明了他对前人的科研成果和他人间接经验认识的程度；而其能力素质则是指他本人掌握和运用知识，进而拓展和创新知识的水平。两者相比较而言，能力比知识更为重要一些。没有能力，知识就无法实现其价值；离开能力，知识就失去了生命力，无法进行新陈代谢、推陈出新；在缺乏能力的地方，知识只能被束之高阁，得不到应用和发展。但是，能力又是建立在知识基础之上的。缺乏知识基础的能力只是人的本能，或者只是原始的、低层次的、经验型的能力。能力越向高层次发展，越需要有深厚的知识底蕴。因而，能力素质的培养和不断提高，必须要以知识的积累和不断更新为基础。只有不断地将知识向能力转化，才能不断地加速素质发展过程中的质变和飞跃。因而，把传授知识与培养能力结合起来是符合科学规律的。

第二，看知识素质、能力素质与思想品德素质之间的辩证统一。尽管一个人知识和能力素质的高低与其思想品德素质的高低并非是成正比例关系，但却具有直接的制约关系。一个人的知识水平、文化修养不仅会直接制约其能力的发展，也会直接影响其思想品德素质的提高；同时，其学习研究能力、语言表达能力、实践应用能力也都会不同程度地影响其思想品德素质的提高。反过来，一个人的思想品德素质也会直接制约其知识和能力素质的提高。人的思想品德素质包括思想道德观念和行为作风，主要是指一个人的思想觉悟、政治取向、道德水准、工作态度、敬业精神、事业心、责任感等具体内容，集中体现出一个人所具有的世界观和方法论。这对一个人的知识和能力的发展在方向上、观念上、方法上、速度上都具有控制、调节和制约作用。比如，在现实中我们常常看到，那些能自觉地以科学的世界观和方法论指导自己的学习和工作的人，那些能主动将马克思主义理论与对实际问题的解决相结合的人，那些能正确领悟和认真贯彻党的路线方针政策的人，那些有理想、有信念、有敬业精神、有工作责任感、能吃苦耐劳、干劲大的人，往往能在知识素质和能力素质上比别人提高得更快，取得的成就、做的贡献比别人更大。总之，思想品德素质与知识素质、能力素质之间的辩证统一关系，说到底，就是人的思想道德素质与科学文化素质之间的辩证统一关系，是人的综合素质中不可或缺的两个方面。

5. "面向全体""因材施教"与"终身教育"相结合的原则

面向全体、因材施教与终身教育相结合的原则，是对思想政治理论课教学正确处理整体性教育与局部性教育、普遍性教育与特殊性教育、连续性教育与阶段性教育关系的要求。

"面向全体"要求思想政治理论课要对我国各高校的全体大学生开课，进行普遍的马克思主义理论和思想道德教育。既然是不管什么专业的学生都要学习的必修课，思想政治理论课教学就要根据全体大学生的共性特点提出带有一般性和普遍性的教学目的和要求，而不能搞成专业课性质的教学。

"因材施教"要求思想政治理论课教学要针对不同专业、不同年级、不同层次、不同学历大学生的特点，实施不同的教学计划方案，在教学内容、学时上提出不同的要求，并采取不同的教学形式和方法。"因材施教"还要求思想政治理论课教学既层次分明、循序渐进，又要注意阶段间的衔接和连续发展。

"面向全体"与"因材施教"相结合，符合共性与个性、普遍与特殊、统一性与多样性的对立统一规律，也符合德育的全民性、针对性要求。加强马克思主义理论和思想道德修养，是提高一个人文明素质的重要方面。我国古代尚且有"自天子以至于庶人，一是皆以修身为本"的要求，更何况在物质文明和精神文明高度发达的今天，对文化层次要求普遍较高的大学生们，更应该将马克思主义理论和思想道德修养作为对这一群体的普遍性要求。但是在普遍性要求具体落实的过程中，又必须具体问题具体分析，特殊矛盾特殊处理，不能不分层次、不分阶段，采取"齐步走""一刀切"。强调针对性教育是贯彻实事求是思想路线的表现。教育的针对性与全民性也是相互联系的统一体，没有针对性教育，就不能实现全民性教育；没有以全民性教育为基础，针对性教育也收不到实效。总之，不管是普遍性与特殊性的统一，还是教育的全民性与针对性的统一，都说明了面向全体与分层施教相结合的必要性与合理性。至于把二者再与继续教育相结合，则是从更为广义的角度扩展了普遍性与特殊性的统一、共性与个性的统一规律在思想政治理论课教学中的指导意义。

"终身教育"是指对已经从学校毕业的学生、成人和在职人员的教育。随着社会的发展和科学文化知识更新速度的加快，对人所受教育的要求也随之不断提高。人们只有不断接受教育，才能适应社会发展和自身发展的需要。因而，"终身教育"便有了越来越重要的价值和地位。正是为了适应和满足这种需求，才形成了目前高校继续教育的多种形式、不同层次和可观的规模。但是，社会

发展不仅要求人们在文化知识上的更新，也需要人们在思想道德观念上的更新，要能在世界观、人生观、价值观上不断应对新的冲突和挑战，做出新的评判抉择。因此，"终身教育"既要进行科学文化教育，也要进行思想道德教育，包括开设马克思主义理论课和思想品德课程。这说明在继续教育中实施思想政治理论课教学，与"面向全体"的要求是一致的。但是，由于"终身教育"的特殊性质以及它所包含的多种形式和层次，又需要在思想政治理论课教学的内容和形式上作特殊要求，这又与"分层施教"的要求是一致的。这就是思想政治理论课教学实行"面向全体""因材施教"与"终身教育"相结合原则的科学依据。

第二节 高校思想政治理论课教学方法体系的主要内容

高校思想政治理论课的教学方法是实施思想政治理论教学内容，完成思想政治理论课教学目标，提高思想政治理论课教学效果的核心和关键环节。要改革和构建思想政治理论课教学方法体系，必须首先弄清高校思想政治理论课教学方法体系的内涵与特点，明确高校思想政治理论课教学方法体系的分类意义与标准，分析各种高校思想政治理论课具体的教学方法的利弊得失，并随着高校思想政治理论课教育教学实践的发展和人们对高校思想政

治理论课教学规律认识的不断深化，使高校思想政治理论课教育教学方法体系不断得到充实、丰富、发展和完善。

一、高校思想政治理论课教学方法体系的内涵与特点

任何教学目标的实现和教学活动的开展，都离不开一定的合理的方法。方法是实现目标的载体，合理使用方法才能有效达到目标。没有方法的教学活动是不存在的。

（一）高校思想政治理论课教学方法体系的含义

所谓教学方法就是为了达到教学目的，师生进行有序的相互联系的活动的种种方式所构成的系统。它包括教师教的方法和学生学的方法及其相互之间的有机联系，是在教学的过程中，教师和学生为完成教学目的和任务所采取的途径和程序等的总和。从教学过程的角度看，是指教师和学生在教学过程中，为达到一定的教学目的，根据特定的教学内容，双方共同进行并相互作用的一系列活动方式、步骤、手段、技术和操作程序所构成的有机系统。它内含着这样几个有机联系的层次或要素：第一，必须指明教学活动的目的方向；第二，必须有达到目的方向所要通过的途径；第三，必须有达到目的方向所必须采取的策略手段；第四，必须有达到目的方向所运用的工具；第五，必须有运用工具所必须遵照的操作程序。从教学活动的具体需求来看，教学方法的内在结构是由语言系统、实物系统、操作系统、情感系统等子系统构成的有机系统。教学方法得当与否，是教学内容得以有效贯彻，也是决定教学质量的重要保证。

高校思想政治理论课教学方法，是指思想政治理论课教学过程中，为提高大学生的思想道德素质和科学文化素质，培养大学生马克思主义理论素养及其运用马克思主义的立场、观点和方法分析解决问题的能力，帮助大学生树立正确的世界观、人生观、价值观，教师所采用的各种方式、手段、工具等的总和。广义上讲，思想政治理论课教学方法是师生双方为了教学活动的顺利进行、实现思想政治理论课教学任务和目的而采取的一切途径、方式、方法和手段的总称。它既包括教师对教法的选择和教学程序的设计，又包括教学组织形式和教学语言、教学艺术风格；既包括思想政治理论课教学中的哲学方法、一般方法和心理学方法，也包括在教学过程中具体采用的教学方法；既包括教学过程各个阶段所采用的理论教学方法和实践教学方法，又涵

盖思想政治理论课教学工作各个环节的方法，如，教学管理方法、教学评价方法、教学研究方法和教育技术方法等。狭义上讲，思想政治理论课教学方法是指思想政治理论课教师在教学过程中，为了完成思想政治理论课的教学任务而采取的对大学生进行世界观、人生观、价值观、道德观教育的具体教学方式、方法和手段。

思想政治理论课教学方法体系，不是从广义上而是从一般方法论上，来阐释思想政治理论课教学方法的基本特点、基本原则、基本要求，具体的教学方法和实施途径，重点是阐述思想政治理论课教学实践中一系列行之有效的具体理论教学方法和实践教学方法体系，是思想政治理论课各种教学方法按照一定的标准和原则集合在一起构成的方法体系总和。

（二）高校思想政治理论课教学方法体系的特点

思想政治理论课教学方法体系是对思想政治理论课教学实践规律的认识和总结，它与一般教学方法是特殊和一般的关系，是一般的教学方法在思想政治理论课中的应用和继承。思想政治理论课课程设置的特殊教育功能，要求其教学方法体系除了具备一般课程教学方法的特点之外，还应该适合思想政治理论课承担的政治思想和品德教育的独有的特点。

1. 理论与实际相结合的特点

理论与实际相结合是实事求是思想路线的要求，是马克思主义学风的体现。思想政治理论课教学方法中实行理论与实际相结合，既是保持其生命活力的关键，也是提高思想政治理论课教学质量和效果的根本要求。理论与实际相结合的科学依据来源于认识与实践的辩证关系，因为无论什么理论，归根到底来源于实际，对理论的学习和把握也就不能脱离实际。这也是由思想政治理论课教学性质所决定的，高校思想政治理论课既具有理论性，又具有应用性，强调理论与实际相结合的教学方法，一方面是为了防止在思想政治理论课教学中出现脱离实际讲理论的教条主义倾向；另一方面也是为了防止在思想政治理论课教学中出现以实际代替理论的经验主义倾向。

理论与实际相结合、理论与实际相统一并非一蹴而就、一成不变的，是个动态的发展过程。因为现实的实际情况总是在不断变化发展的，理论与实际的发展不同步、对不上号、理论超前或者滞后于实际的现象会经常出现。因此，在思想政治理论课教学和教学方法的选择中，要始终坚持理论与实际相结合，把思想政治理论课教学内容同历史上中国革命与建设的实际，同当代中国改革开放和现代化建设中的实际，同大学生世界观、人生观、价值观问题及其思想实际有机结合起来，引导学生对理论与实际情况不一致的问题进行客观分析、深入研究，以消除理论与实际间的反差，提高学生用马克思主义理论说明问题和解决问题的能力。

总体上讲，思想政治理论课教学内容的讲授和教学方法的选择，要特别注意联系五个方面的实际：第一，联系理论本身形成和发展的实际。要讲清楚理论产生和发展的背景、条件、根源和创新点，深刻认识与时俱进是马克思主义理论的固有品质，增强理论观点的说服力。第二，联系当前的国际国内的社会实际，帮助大学生了解国内外形势的发展，理解和掌握党和政府所采取的路线、方针、政策。第三，联系大学生身边的实际。帮助大学生正确处理生活中可能遇到的矛盾和问题。第四，联系大学生的思想实际。帮助大学生解决思想困惑，提高思想认识。尤其对大学生所普遍关注的国内外重大现实问题，要做到心中有数，尽量结合讲授。第五，联系教师本身的实际。教师只有真信真懂真用真情，才能使思想政治理论课既有现实性、时代感，又有感染力、说服力。

2. 灌输与启发相结合的特点

课堂教学法是高校思想政治理论课教育教学的基本形式和主要方法。这种课堂讲授是一种理论灌输方式。在高校思想政治理论课教育教学中，进行系统的马克思主义的理论灌输，这是由思想政治理论课的政治性和方向性原则所决定的，也是符合世界观、人生观、价值观形成的基本规律的。

一段时期以来，我们一谈到"灌输"，就把它看作一种僵硬死板的方法，这是一种误解。其实，任何先进的思想理论并非人们天生具有，而只能是在后天的社会生活中通过一定形式的社会实践活动来获得的。作为马克思和恩格斯创立的代表人类先进思想的理论结晶的科学社会主义的理论体系，当然更不可能在群众的头脑中自发产生。因而，重视对工人阶级的政治理论教育，是马克思主义的一贯原则，并且这种教育只能在革命的实践中才能实现。

在高校思想政治理论课教育教学中"灌输"马克思主义，并非是要强"灌"硬"输"。它与那种"填鸭式""满堂灌"的教学方法不同。要使所灌输的内容同大学生产生心理上与思想上的共鸣，这就必须采取灌输与启发相结合的教学方法。这是与马克思主义一贯主张思想教育只能贯彻疏导方针，不能搞强制压服是一致的。如果说，灌输式教学是思想政治理论课方向性原则的要求，那么，启发式教学则是其思想性与科学性原则的要求，也是符合学校教学的目的要求和学生学习活动的规律的。启发式教学是调动学生学习的主动性，激发其学习潜能，培养其独立思考和研究能力的教学方法。启发式教学更能促进学生消化所学知识并使之向能力转化。在高校思想政治理论课教学中，必须善于运用启发式教学，对一些较为抽象的理论，往往采取由浅入深、环环相扣、层层深入的讲授方式，以便学生理解和接受。这种教学方式，是由具体事例引出抽象原理和普遍真理，使学生的思想认识由浅入深、逐步深入，因而产生较大的启发作用和教育意义。

3. 原理抽象阐释与案例形象具体相结合的特点

原理阐述是理论型课程教学的基本方法，是对课程体系中的基本概念、原理、定律、规律和基本的理论观点进行逻辑推演、严密论证、系统阐述的方法。高校思想政治理论课教育教学的内容博大精深，是集科学性、思想性、阶级性、实践性于一体的逻辑严密的理论体系。其中，包含有许多基本概念、基本原理、基本规律和基本的理论观点，这些基本的理论内容，不仅需要全面地了解认识，而且应该准确地掌握运用。因此，在思想政治理论课教学中采用原理阐述的讲授方法是非常必要的。这种方法注重概念的准确界定、原理的科学论证、理论的逻辑推演、体系的完整一致，其优点是能培养学生严谨的治学态度，提高其逻辑思维能力，使其具有扎实的理论功底，便于学生准确完整地理解和掌握高校思想政治理论课教育教学的基本理论内容。

所谓案例形象具体的教学方式，就是通过选择具有典型代表性的具体实例，借助形象思维，帮助学生认识和理解某一基本原理或思想观点的教学方法。形象思维是通过生动具体的感性形象和观念形象，借助联想、类比、想象等方法，对形象信息进行加工处理，以认识和反映客观事物的思维方法。形象思维具有直观性、具体性、生动性、整体性和相似性的特点，能将具体事物的形象活灵活现地展现在人的脑海中，使人如亲临其境，能直接形成对事物整体形象的认知。形象思维大多以事物与事物、现象与现象之间的相似性为基础，展开联想、类比、想象，通过个别事物的形象，认识同类事物的共性特征，还能给人以美的享受，具有艺术感染力。运用案例从感性材料入手进行生动形象的讲述，有助于概念、原理和观点等抽象理论的阐发、说明和理解，比那种就概念讲概念、就原理讲原理的教学效果要好得多。采用案例形象具体的教学方式，能促使思想政治理论课教学更多地关注现实社会和生活实际，避免脱离实际的本位主义；能加强师生间的双向交流，有针对性地解决学生的思想问题，教学形式灵活，便于学生参与，避免了那种传统的单向式的，甚至照本宣科式的教学模式。

4. "以理服人"与"以情感人"相结合的特点

"以理服人"是指以理性的态度，使用概念、判断、推理等逻辑的思维方法和辩证的思维方法来表达思想观点或者意愿态度。"以情感人"是指在表达思想观点或者意愿态度时，要投入真情实感，与教育对象之间要有情感交流，使情与理自然地结合起来。从理智和情感二者的特性和作用看，理智具有控制情感、主导思维活动的作用。人的思维活动包含着理性思维和非理性思维两种因素，理智属于理性思维范围，情感属于非理性思维范围。从本质上讲，理性的动物是有理智、也是有情感的动物。

我们强调思想政治理论课教学要采取"以理服人"与"以情感人"相结合，就是强调不要人为地割裂理智与情感的辩证关系，要遵循其协调合作的规律，自觉地驾驭调控，充分发挥理智和情感综合产生的积极效应。在思想政治理论课教学中，正确处理理智与情感的关系，教师首先应自觉以理性和理智为主导。

这不仅是因为理智本身对于人的重要性，而且是由思想政治理论课教学内容的科学性、思想性、理论性所决定的。没有理智的主导作用，教师不能理智地表达教学内容，就无法使学生对思想政治理论课教学内容有系统的深层次的理解和把握，也无法使学生自觉地运用和坚持马克思主义，自觉地辨别和抵制各种错误思潮的影响冲击。

以理性思维为主导，并不意味着人的非理性思维和人的情感无足轻重。丰富的情感和高尚的情操是一个人综合素质的表现，因此，对大学生进行情感教育是素质教育，也是思想品德教育的重要内容。在思想政治理论课教学中强调情感投入，就是要充分发挥思想政治理论课教学在情感教育中的作用。教师的情感投入实际上也是情感教育法的具体运用。它体现了多种形式的情感教育方式。情感教育是指通过创设各种情境、调动人的情感，使教育对象从中受到感染熏陶的方法。它包括"以情动人""以情启情""以境育情"等多种形式。思想政治理论课教学中教师的情感投入可以达到这几种形式的综合运用。思想政治理论课教学中，教师若不投之以"情"，不仅无法调动和培养学生的情感，不能与学生进行必要的情感交流，更不可能达到"以情动人""以情启情""以境育情"的教育效果。

但就高校思想政治理论课教学应起的作用来讲，至少应注意发挥理性的力量和情感的力量，把"以理服人"与"以情感人"结合起来。这种结合要求思想政治理论课教学，既要充分发挥马克思主义作为科学的理论体系本身所具有的说服力，也要充分运用各种教学手段和表达方式增强其说服力；既要发挥教师对马克思主义的坚定信念和真实情感的人格感染力，也要发挥教师对受教育者真诚关爱和循循善诱的教育感染力。思想政治理论课教学中，采取理智表达与情感投入相结合的教学方法，就是为了发挥这种说服力和感染力，是在具体实施"以理服人"与"以情感人"的结合。"理智表达"有利于讲清科学理论的真理性、价值性，展现科学理论的逻辑性、深邃性等特点，使之对人们理性思维和认知能力的引导提升作用充分发挥出来。而"情感投入"则有利于使受教育者在声情并茂、生动活泼、情趣盎然的情境中理解抽象高深的理论，增强对科学理论的真理性和价值性的认同感、信服力。俗话说的"情到理方至，情阻理难通"就是这个道理。总之，把理智表达与情感投入结合起来，能进一步促进大学生按"知、情、信、意、行"的变化规律，形成马克思主义的世界观和方法论。

二、高校思想政治理论课教学的具体方法体系举要

关于高校思想政治理论课教学方法体系构建的基本类型和主要内容的研究，学术理论界和思想政治理论课教学工作者对思想政治理论课教育教学的具体方法的研究和探索较多。高等学校思想政治理论课所有课程都要加强实践环节，把实践教学与社会调查、志愿服务、公益活动、专业课实习等结合起来，通过形式多样的实践教学活动，提高学生思想政治素质和观察分析社会现象的能力，深化教育教学的效果。要改进和完善考试方法，采取多种方式，综合考核学生对所学内容的理解和实际表现，力求全面、客观反映大学生的马克思主义理论素养和道德品质。这里将从高校思想政治理论课教育教学的具体方法上，简要阐释高校思想政治理论课教学方法体系的内容。

（一）课堂讲授法

课堂讲授法是古今中外教学活动中最常用的教学方法，也是高校思想政治理论课教育教学最基本的教学方法。课堂讲授法是教师运用语言向学生系统而连贯地传授科学文化知识的方法，又称口述法、课堂讲授法、系统讲授法等，是课堂教学中最常用、最基本的教学方法。根据教学内容及其讲授方式的不同，讲授法可以分为讲述、讲解、讲读、讲演等方式。讲述是指教师用口头语言描述知识背景，叙述事实材料，适用于各种学科；讲解是为帮助学生了解背景知识、理解知识本质、掌握知识特征而对知识进行的说明、解释、分析或论证；讲读是进行语言教学和文章分析的方法，适合于自学能力与研究能力较低的学生；讲演适合于传授最新的学科发展知识，适合于抽象程度高、内容复杂的知识。

课堂讲授法最早可以追溯到雅典剧院的兴起和柏拉图学园，是古今中外教学活动中最常用的教学方法。即便到了信息化高度发达的今天，仍然是课堂教学中使用最频繁、最普遍的教学方法。课堂讲授法之所以能够拥有这样旺盛的生命力，从古代一直延续至今，是因为讲授法具备其他教学法所不具备的独特优势。

第一，传授知识容量大。讲授法可以有计划、有目的地借助各种教学手段在较短的时间内传授给学生较多的知识信息，教学效率相对较高。第二，教学成本低。讲授法主要靠教师对学生的口语相传，基本不受教学条件的限制，省时省力，教学成本较低。第三，有利于教师对课堂的掌控。在讲授教学法中，教师是课堂的主导，教师合乎逻辑的分析、论证，生动形象的描绘，有利于发展学生的智力和对学生进行思想教育，能充分发挥教师的主导作用。第四，系统性强。教师通过系统的讲授知识，有利于解决大多数学生面临的疑难问题，还可以通过增加或删减其中的某些内容以适应教材或学生的变化。第五，适用范围极其广泛。不管是在现代化信息技术高度发达的城市学校，还是在偏远落后的山区学校，教师都可以利用现有的条件进行较为有效的讲授。讲授法还不受学科、年级的限制。适用于各层次、各年级、各学科的教学之中，其他各种教学方法实际上都是在讲授的基础上或围绕讲授而结合进行的，并由讲授居主导地位。例如，演示法必须伴有讲授；实验法必须在教师讲授指导下进行；体验式的学习也需要有教师讲授和解说的基础等，因此，讲授技能既是教师运用教学方法的基本功，也是提高课堂教学质量的重要手段。

当然，课堂讲授法也存在着许多缺点和不足：第一，不利于发挥学生的主动性。由于在讲授法教学中，教师占主导地位，教师对课堂有极强的控制力，学生很容易处于被动的地位。所以，教师与学生、学生与教材、学生与学生之间的交流极少，不利于发挥学生的学习积极性和主动性。第二，不利于学生的个性发展。由于教师运用讲授法教学，面向全体学生，较难照顾学生的个别差异。所以，这也不利于学生的个性发展和培养。第三，操作不当容易走向"注入式教学"的误区。讲授法和注入式教学有共同的地方，即教学过程都是教师讲，学生听。如果教师没能很好地把握讲授技巧，很容易造成机械性的讲授，久而久之，会导致学生丧失学习的主动性，依赖于教师传授，满足于简单记忆，最后，步入注入式教学的误区。

（二）启发式教学法

启发式教学法，是教师根据教学要求和学生的实际，灵活运用各种教学原则，充分调动学生的学习积极性，启发学生的积极思维，提倡学生自己动脑、动口、动手去获取知识，引导学生分析问题和解答问题，使学生既能理解知识又能开发智力的一种教学方法。启发式教学法是调动学生学习的主动性，激发其学习潜能，培养其独立思考和研究能力的教学方法。

启发式教学符合学校教学的目的要求和学生学习活动的规律。学校教学的目的是要通过教师的"传道、授业、解惑"，提高学生终身自我教育的能力，要求教师应"授人以渔"，而不只是"授人以鱼"。而启发式教学，更能促进学生消化所学知识并使之向能力转化。能否激发出学生的学习潜能、培养学生独立自主地思考问题的能力、调动学生参与研讨、交流思想的积极主动性，是实施启发式教学的关键。

在思想政治理论课教学中，许多教师都很重视对学生的启发引导，对一些较为抽象的理论，往往采取由浅入深、环环相扣、层层深入的讲授方式，以便学生理解和接受。这种教学方式，是由具体事例来引出抽象原理和普遍真理，使学生的思想认识由浅入深、逐步深入，因而能产生较大的启发作用和教育意义。

启发式教学法要求教师有扎实的理论功底和深厚的知识底蕴，对现实社会和大学生思想特点有一定程度的了解和研究，有引导学生思维和驾驭课堂讨论的能力，有敏锐的感悟力、洞察力和较强的说服力，能与学生平等交流、坦诚相待。在实施启发式教学过程中，要明确教学的目的和要求，教学形式要和课程内容紧密统一；注意学生与环境的和谐互动，激发学生的求知欲；充分认识学生主体的不完备性，充分做好课前准备，及时总结经验。在问题的引导下要灵活运用各种教学原则，使用分析与综合、演绎与归纳的方法进行启发。常采取的方法有直接启发、反面启发、观察启发、情境启发、判断启发、对比启发、扩散启发等。

（三）参与式教学法

参与式教学最初是英国的一套社会学理论，目的是吸引受国际援助的当地人最大限度地参与到援助项目中，使国际援助获得成功。后来被引进教学领域，形成现在比较盛行的一种新型教学法。它对于充分调动学习者的积极性，培养学习者的创新精神起着重要作用。

参与式教学法的核心理念有三个：第一，突出学生的学习主体地位。参与式教学法强调学生要通过各种途径参与到教学活动中来，发挥学生作为学习的主体地位，实现"教"与"学"的互动，突出"学"的中心地位。体现了师生两个主体在"教"与"学"之间相互参与、相互激励、相互协调、相互促进的和谐关系，为学生的内在潜力和创造力的激发提供了前提条件。第二，强调体验是最有效的学习手段。参与式教学法就是强调学生要亲自参与教学活动，而不能满足于作为一个"看客"或"听客"，在参与中通过自身体验尽快增长知识、提高能力和素质。第三，以学生的能力培养为核心。在参与式教学中，更侧重于知识的运用和学生能力的培养，而不仅仅是学生的知识增量。学生不再是被动接受知识的容器，而是一个知识的主动探索者。在参与过程中，学生收集资料、分析资料的能力，学生的逻辑思维能力、写作能力、口头表达能力、独立思考能力等都将得到锻炼与提高。

在高校思想政治理论课中实施参与式教学法的过程中，通常使用的方法有分组讨论、主题讲演、案例分析、双向提问、观看录像带、创设情境、角色扮演、主题发言法、座谈、设问法、小组社会实践调查法、课堂诗词朗诵法等参与式创新教学模式。思想政治理论课教师实施参与式教学法，要注意处理好以下问题：第一，教师"主导"地位与学生"主体"地位的关系问题。

参与式教学过程中，教师应处于"主导"地位，学生应处于"主体"地位。第二，形式与效果的关系问题。进行参与式教学，要避免纯粹为了课堂热闹、学生高兴而盲目采取某些形式；也要避免虎头蛇尾，任务布置具体详细，完成之后草草收尾，要找好教学形式与教学内容的结合点。第三，要做好合理的设计。参与式教学法通过合理、活泼、多样化的教学活动的设计，不断激发大学生学习过程中的主动性和积极性，使大学生顺利产生符合教学需要的内在动机，强化学生的内在激励。

（四）探究式教学法

所谓探究式教学，就是以探究为主的教学，又叫研究式教学。这种以探究为主的教学，是在教师指导下学生对于知识的自我探究。探究教学的内涵是指教学过程是在教师的启发诱导下，以学生独立自主学习和合作讨论为前提，以现行教材为基本探究内容，以学生周围世界和生活实际为背景和参照对象，为学生提供充分自由表达、质疑、探究、讨论问题的机会，让学生通过个人、小组、集体等各种解难释疑尝试活动，将自己所学知识应用于解决实际问题的一种教学形式。

高校思想政治理论课探究式教学，就是使学生在教师的引导下通过自己的探究成为有知识、有智慧、有能力、有素质、有社会责任感的人。因此，思想政治理论课教学探究式教学除具有可操作性、简约性、针对性及整体性等教学模式的一般特征外，更具有以下独有的特征：第一，探究式教学的问题性。探究式教学是以问题为导向的教学。问题是探究的基础和前提，探究是解决问题的手段和必经过程。因此，发现问题是起点，解决问题是终点，没有问题，也就没有探究式教学。授之以鱼，不如授之以渔。学生在发现问题、解决问题的过程中，通过调查、收集、制作、观察等方法亲自得出结论，使学生得到了问题解决过程的要点和方法，不断获得新的顿悟和理解，这将对学生终身受用，同时这也应该是培养创新人才的本质目的所在。第二，探究式教学的自主性。自主性是探究式教学的主要标志。学生在教师的指导下，根据自己的学习和社会生活自主地选择合作伙伴，自由选择如何搜集查询资料，如何通过自己的研究方法和研究过程获取知识，得到自己想要的结果。第三，探究式教学的平等性。探究教学是提出问题的过程，是解决问题的过程，是科学探索的过程。因此，需要强烈的科学精神和平等意识。

现阶段对探究式教学模式概括为"三段五步"，即将整个探究式教学过程分成了三个大的阶段：设疑、质疑、释疑。这对教学内容的不同，应采用具体的适应实际环境的探究式教学方法，基本可将具体步骤概括为以下五步：创设问题情境—提出问题—主动探究—生生、师生合作解疑—反思。即首先由教师创设问题情境，然后提供开放的环境供师生共同探讨并提出问题，围绕问题在教师的指导帮助下由学生进行自主探究，在探究中产生的疑问由师生合作解答，最后进行反思总结。高校思想政治理论课探究式教学模式需要通过具体的教学实施策略来体现。有效地实施探究教学需要教师审慎地处理好四个方面的工作，即确立探究主题、提出探究问题、引导探究过程和评价探究活动。而要做好探究教学的这几项工作，教师就需要讲究一定的策略。

（五）专题式教学法

专题式教学法是指教师改变按章按节进行授课的习惯，立足于实际，从学生的思想实际和社会的现实问题去提炼和确立教学专题进行讲授。这种方法融多种功用于一身，即系统传授马克思主义理论与思想政治理论，透析社会热点、难点问题，介绍前沿成果，传播社会信息，弘扬社会主义主旋律，帮助学生答疑解惑并引发其深入思考，从而提高学生理解、认识、分析问题的能力。它能够较好地协调马克思主义理论体系与"公共理论课"教材结构之间的关系，既有对学生进行理论灌输的强制性，又使这种强制性在一种潜移默化中进行；这一方法以社会实际、学生思想实际为切入点，紧紧把握时代脉搏，每一专题都是现实的活生生的社会一个侧面的浓缩。这种教学方法的主要特点："深""实""活"。"深"即要求教师专题讲授内容所涉及的知识领域要广，理论层次要深，传输给学生的理论信息要前卫。"实"就是教师在结合社会实际、学生思想实际、教材结构实际的基础上进行选题，以能够帮助学生解决思想上急需解决的问题和提高教学效果为宗旨。"活"即一方面指教师选题一定要动态地适时调整，保证选题的新颖；另一方面指教师课堂教学组织方式比较灵活多样，目的就是达到专题式教学的预想效果。这种教学方法的优点是：问题集中，重点突出，抓住学生中存在的热点、难点问题进行深入和透彻的分析；围绕一个主题在理论与实践两方面扩展，知识量、信息量大，感染力强；改变照本宣科的讲授方式，课堂气氛活跃。

（六）案例教学法

所谓案例教学法，又称情境教学法、情境仿真法，是为了达到一定的教学目的，学生在教师的引导下围绕着教师所提供的案例进行阅读、分析、评判和讨论，得出结论或解决问题的方案，深化对相关原理的认知和对科学知识的系统掌握，进而渐渐归纳并领悟出一个适合个人特点的有效的思维路线和思维逻辑，获得处理新问题和解决新矛盾的针对性综合技巧的一种教学方法。

在高校思想政治理论课教育教学中采用案例教学法，能促使思想政治理论课教学更多地关注现实社会和生活实际，避免脱离实际的本本主义；能加强师生间的双向交流，有针对性地解决学生的思想问题，教学形式灵活，便于学生参与，避免了那种传统的单向式的、有的甚至是照本宣科式的教学模式。

高校思想政治理论课案例教学的操作模式是一个具有内在逻辑性的理论体系，包括教学内容的提炼，教学案例的选编，思考讨论题目的设计，教学案例的呈现、课堂讨论的组织、点评和总结，案例分析报告的撰写，课后教学反思等逐次递进、环环相扣的一系列教学环节。由于思想政治理论课课程性质的特性，在具体运用和组织实施案例教学过程中，操作模式可以也应当多样化，既可以从阐述原理开始，在原理阐述过程中，通过分析具体实例对原理加以论证说明，引导学生学以致用；也可以从列举具体实例出发，经过引导学生分析案例，启发学生思考，把接下来所要讲授的内容引出来，推导出要阐明的理论原理。教无定法，不同课程门类和章节内容、不同授课阶段可采用不同的操作方式，由任课老师根据教学主题灵活掌控。过分追求操作模式的规范性和程序化，只能是事倍功半。

（七）实践教学法

党和政府历来高度重视实践育人工作。坚持教育与生产劳动和社会实践相结合是党的教育方针的重要内容。坚持理论学习、创新思维与社会实践相统一，坚持向实践学习、向人民群众学习，是大学生成长成才的必由之路。进一步加强高校实践育人工作，对于不断增强学生服务国家服务人民的社会责任感、勇于探索的创新精神、善于解决问题的实践能力，具有不可替代的重要作用；对于坚定学生在中国共产党领导下，走中国特色社会主义道路，为实现中华民族伟大复兴而奋斗，自觉成为中国特色社会主义合格建设者和可靠接班人，具有极其重要的意义；对于深化教育教学改革、提高人才培养质量，服务于加快转变经济发展方式、建设创新型国家和人力资源强国，具有重要而深远的意义。

在高校思想政治理论课实践环节的教育教学中，实践教学、军事训练、社会实践活动是实践育人的三种主要形式。第一，要强化实践教学环节。实践教学是学校教学工作的重要组成部分，是深化课堂教学的重要环节，是学生获取、掌握知识的重要途径。思想政治理论课所有课程都要加强实践环节。要把实践育人纳入学校教学计划之中，系统设计实践育人教育教学体系，加强实践教学管理，提高实验、实习、实践和毕业设计（论文）质量。确保实践育人工作全面开展。要深化实践教学方法改革，重点推行基于问题、基于项目、基于案例的教学方法和学习方法，加强综合性实践科目设计和应用，加强大学生创新创业教育。第二，要认真组织军事训练。通过开展军事训练和国际形势教育、国防教育，使学生掌握基本军事技能和军事理论，增强国防观念、国家安全意识，弘扬爱国主义、集体主义和革命英雄主义精神，培养艰苦奋斗、吃苦耐劳的作风。第三，要系统开展社会实践活动。社会实践活动是实践育人的有效载体。社会实践活动的形式主要有社会调查、生产劳动、志愿服务、公益活动、科技发明和勤工助学等。要倡导和支持学生参加生产劳动、志愿服务和公益活动，鼓励学生在完成学业的同时参加勤工助学，支持学生开展科技发明活动。要抓住重大活动、重大事件、重要节庆日等契机和暑假、寒假时段，紧密围绕一个主题、集中一个时段，广泛开展特色鲜明的主题实践活动。

（八）多媒体教学法

多媒体教学法是以多媒体计算机、多媒体制作软件、投影仪和音响为主体教学工具，在教学过程中通过教学设计，运用多媒体计算机处理文本、图形、动画、视频和音频等多种教学信息，把教学内容有机整合起来的一种现代化教育方法。把现代科技手段运用于思想品德课教学中，是当前高校思想政治理论课教学方式、方法改革的新途径，是思想教育主动适应社会发展需要、迎接信息时代挑战的重要措施之一。

多媒体教学方法具有其他教学方法无法替代的优势和特点：第一，多媒体教学手段利用多媒体影像客观真实的特点，拓展教学空间，丰富教学内容，扩大知识领域。多媒体教学可以最大限度地调动尽可能多的有用资源，利用视、听、读、写等功能可补充大量教材中没有的资料信息，把最新的科研成果引入教学过程。第二，它能调动和培养学生的学习兴趣。多媒体教学手段利用课件直观的特点，使一些传统教学手段下很难表达的教学内容或无法观察到的现象通过计算机更形象、生动、直观地显示出来，从而加深学生对问题的理解，提高其学习积极性。第三，多媒体教学手段利用信息传递高效的特点，大大增加了课堂信息量，提高了课堂教学效率，更好地实现了德育知识和信息的即时同步。在网络时代，德育教学知识、资料信息与时代脉搏同步，从而能有效地克服教学内容、资料信息滞后的现象。第四，它能增加师生交流的机会，有利于师生的互动及主体作用的发挥。把网络及多媒体技术直接引入德育课堂教学，建立德育教学过程的即时交互教学或网络化教学新模式，可以实现师生之间知识、资料和信息的双向交流与互动，从而有效地克服在以往德育教学过程中，以教师、课堂为中心的灌输式、简单说教式教学方法的弊端。它能通过网络拉近学生与社会现实的距离，使学生更好地关注社会，增强社会责任感，提升学生解决实际问题的能力。

多媒体教学和网络教学形式的出现，向传统的教学手段、教学方法提出了挑战。教学方式的更新迫切需要教学观念的更新。现在，计算机技术被应用于理论课的课堂教学，对每一个教师都提出了新的要求。它要求理论课教师不仅要掌握一定的计算机操作技术，而且必须更新教学观念，即必须改变过去传统的教学方式在头脑中造成的思维定式，以适应教学方式转变的要求。教学方式的更新也迫切要求教师素质的全面提高。计算机多媒体技术在教学中的应用，向广大"两课"教师提出了新的要求。它要求"两课"教师必须进一步提高自己的科学文化素质，尽快学会运用和掌握现代化的教学手段，了解、掌握计算机的操作技术和多媒体的特点，并在教学和科研中加以实际运用。

（九）思想政治理论课教学的心理学方法

高校思想政治理论课教学的心理学方法是心理学理论和方法在思想政治理论课教学中的运用。高校思想政治理论课教育教学作为对大学生进行德育教育的教学活动，与大学生心理活动关系密切，自然也有应用心理学理论和方法的客观需求。

在高校思想政治理论课教育教学活动中，教师与学生总是在进行着有意识或无意识的心理互动和思想交流。双方在心理互动和思想交流的过程中，自然会显现出已经存在的各种心理问题。由于思想政治理论课教学对象是整个大学生群体。这是一个正处于身心发展重要时期的特殊群体，在心理上正处于由不成熟逐步走向成熟的发展阶段。大学生心理发展尚未达到成熟和稳定，心理承受能力和调适能力还比较弱，而其成才愿望又普遍强烈，自我定位往往偏高，当其面对现代社会不断增多的各种压力时，就很容易产生心理困惑和情绪困扰，甚至发生心理障碍。因此，在现代社会里，大学生的心理问题也日益突出。同时，作为高校思想政治理论课教育教学任务承担者，教师的思想观念、心理特征、情感情绪、知识能力，以及人格品质也都会在思想政治理论课教学中比较直接地表现出来，并且会直接影响到高校思想政治理论课教育教学的效果和学生的学习状况。因此，在高校思想政治理论课教育教学中运用心理学的方法，就显得更为重要、更有价值。

在高校思想政治理论课教育教学中，学生表现得比较突出的心理问题主要有以下两种：第一，厌学心理；第二，逆反心理。教师所表现出的比较有代表性的心理问题，主要是以下两方面：第一，在教学方面存在重知识传授、轻品德培养的心理。第二，在科研方面存在重学术价值、轻教育价值的心理。要解决教师和学生的心理误区，都需要遵从心理活动规律，提高对思想政治理论课重要性的认识，采取丰富多彩的教学手段，充分调动师生双方对"两课"教学的注意力，增强"两课"教学的效果。

（十）思想政治理论课教学的艺术化方法

在高校思想政治理论课教育教学活动中，教师除了要改进教学方法，提高教学基本技能外，还必须掌握教学艺术。教学艺术一般是指教师富有创造性地运用多种方法和手段唤起学生学习兴趣，使学生愉快、主动地获得知识，并留下深刻印象的教学方式。教学艺术具有个别性、创造性、审美性等特征。教学艺术具有陶冶功能、激励功能等显著的功能。

根据高校思想政治理论课教育教学的内容、目的和教育对象思想发展的规律，紧密结合群众的思想实际和社会生活的实际，运用富有创造性的方式方法，以切实加强思想理论教育教学的效果，是思想政治理论课教育教学改革的必然要求。思想政治理论课教育教学艺术是指在进行思想理论教育教学过程中，运用艺术化的方法，使内容和形式更加统一和谐，更具感染力和实效性。当前形势下，思想理论教育教学创新的艺术探讨，可以概括为"以真理的力量感召人、以人格的力量感染人、以真挚的情感打动人、以生动的形式吸引人"。

首先，艺术的感染力必须以真理的感召力为基础。只有抓住事物本质的真理性认识，才能说服群众、发展群众，才能变成群众社会实践的巨大物质力量的真理。其次，艺术最本质的东西是以情感人。思想政治理论课教师要以自身的思想道德素质和人格魅力，激励和感染大学生，以对学生和对教育事业的真挚的爱，教育和打动学生。最后，掌握和运用生动的教学艺术形式，使用备课艺术、组织教学艺术、教学语言艺术、教学非语言艺术、板书的艺术等各种幽默诙谐和富于趣味性的方式，增强高校思想政治理论课教育教学的生动性和感染力。

在高校思想政治理论课教学方法体系中，除了我们探讨的课堂讲授法、启发式教学法、参与式教学法、探究式教学法、专题式教学法、案例教学法、实践教学法、多媒体教学法、心理学方法和艺术化的方法十种有代表性的方法以外，还包括课堂讨论法、教学录像演示法、"学导式"教学法、系列教学法、尝试教学法、发现教学法、情境教学法、程序教学法等一系列行之有效的教学方法。它们彼此之间相互联系、相互补充、相互贯通、相辅相成，共同构成了高校思想政治理论课教育教学的方法论的宏大体系。在这个方法论体系中，共分为四个层次：课堂讲授法是第一层次，它是古今中外教学活动中最常用的教学方法，也是高校思想政治理论课教育教学最基本的教学方法，是整个高校思想政治理论课教学方法体系的基石。课堂讲授法侧重于教师的主导作用。第二层次包括启发式教学法、参与式教学法、探究式教学法。它们都强调和重视学生的主体地位，为学生提供充分自由表达、质疑、探究、讨论问题的机会。启发式教学法重视对学生的启发引导，参与式教学法的核心是学生的学习主体地位，而自主性是探究式教学的主要标志。这一层次侧重于学生的主体作用。专题式教学法、案例教学法和实践教学法属于第三层次。专题式教学法围绕一个教学主题，就学生关注的热点问题，在理论与实践两方面进行专题讲授。案例教学法通过代表性的典型事件，提高学生分析问题、解决问题的能力。实践教学法是深化课堂教学的重要环节，是学生获取、掌握知识的重要途径。它们三者都侧重于教师的主导作用和学生的主体作用的有机统一。第四层次包括多媒体教学法、心理学方法和艺术化方法等，它们是高校思想政治理论课教学方法体系中必不可少的教学手段和教学方法。许多教师在教学实践中，大胆进行教学方法改革的探索，将上述诸多教学方法加以灵活运用，相互借鉴，取长补短，构建了一套灵活多变、丰富多彩、形式多样的高校思想政治理论课教育教学方法体系。

第三节 移动互联网对高校思想政治理论课教学的影响及对策研究

一、移动互联网概述

（一）移动互联网的含义

移动互联网是移动技术和传统新媒体相结合的产物，可从广义和狭义两方面进行界定：广义上的移动互联网是指在终端层面，如，笔记本、平板电脑、手机、上网本等一切能够连入无线通信网络的设备。狭义上的移动互联网指的是小巧，便于随身携带，续航时间长，不受空间、时间等因素限制的手机类移动终端（本身可不完全依赖于 WLAN 无线局域网）。广义和狭义的界定都未能准确区分移动互联网的特殊性，移动互联网既不能等同于新媒体和移动通信的简单相加，也不能狭隘地理解为移动通信网络。

（二）移动互联网的特征

对于事物特征的把握，必须找准其区别于他物的根本属性。移动互联网除了具备传统网络开放性、交互性等之外，还具备移动性、即时性、简明性、资源个性化等特征。

1. 移动性

移动性是移动互联网特征中最显著一点，即随时随地，突破时间空间的束缚来进行网络资源共享。移动终端设备外形小巧，方便随身携带，通常手持或放在口袋中即可。同时，经济的发展不断促进移动互联网网络接入物质基础的完善，移动互联网的上网速度有了很大提升，学习者可以非常畅通、快速地访问 WAP 网站，随时随地上网，不受地域、网线的限制，真正做到随时随地地移动学习。

2. 即时性

即时性是指通过移动互联网来达到信息的即时交换与共享。信息高速传播的时代下，移动互联网用户借助移动终端设备对信息的及时处理也尤为重要。尤其思想政治理论课程的特性之一便是时效性，学习者在查看资料、发表感想或下载教学资源时便可无拘无束，在极短的时间内完成。

3. 简明性

在通过移动互联网学习的过程中，学习者是依靠移动智能终端设备来完成知识传递的。移动互联网下的学习内容应突出重点，简单明了，易于掌握，不用学习者进行重复加工，避免信息冗长，可以使学习者利用零碎的时间，达到理想的学习效果。这样体现出移动互联网学习的优势，使学习者更多地依靠移动智能终端去获取知识，也使移动互联网学习得到了更广泛的推广。

4. 资源个性化

移动互联网要满足不同群体的不同需求，针对学生群体，在学习资源设计时要考虑到学习者的差异化需求，需要满足个人全面自由的发展。所以，在设计移动互联网学习资源时要针对不同的群体，把知识点分门别类，有区分有针对性地进行推送，进而满足不同学习个体的个别化的学习需求。

二、移动互联网下高校大学生思想政治教育的变化

当前高校校园的大学生人手一部电话，无论是食堂、寝室或在去教室的路上，大量的"低头族"都关注着通过移动终端传递的信息。显然，移动互联网的便捷性、实效性远远大于固定互联网、电视、报纸等传统媒介，受到年轻人的追捧。而且通过移动互联网进行信息传递其影响也远远大于校内宣传、教育和讲座报告等。

（一）移动互联网改变了大学生的学习和思维方式

新科技的层出不穷也改变着学生的学习和思维方式。通过移动终端搭载的 App，如微信、微博、QQ 等，深受大学生的欢迎。头条新闻可以供给速览要闻，让大学生及时捕捉到时事热点；搜索引擎更是学生的掌上知识库，疑问随时可以得到答复。

移动互联网已不再是生活中的一个小小的补充了，而是形成了对传统教育的一种补充发展模式。这些都是当代大学生甚至青少年的生活条件、社会关系、社会存在发生着的变化，面对这些变化，我们能做的不是抵制，而是迎接。

（二）移动互联网对高校思想政治理论课教学带来的影响

新媒体的发展，对高等思想政治理论课产生了深远影响，也对思想政治理论课教师教学带来了影响。传统的思想政治理论课教学各个环节，包括教学资源收集、备课、教学过程、考核等，基本都是一个教师单独完成，教师处于各自为战的情况。有人担心移动互联网会取代教师的位置，其实大可不必担心，因为通过移动互联网进行教学对教师的要求会更多，更加严格。移动互联网下教师的教学活动已经不再是个人的行为，而是所有教师之间相互合作的过程。由于教学中相对一部分任务是在线完成的，因此，除了主讲教师外，需要配备多个教师和教学辅助人员，完成移动终端后台上的作业修改、即时答疑、讨论互动等工作。教师的角色也会由原来的"一言堂"变成"多言堂"。

由于移动终端的及时性，教师所讲授的知识点必须十分精准，因为学生可以随时通过移动终端进行知识点查询，这就对思想政治理论课教师的知识存储量和职业素养形成很大挑战，要求每位教师都具有全方位的知识结构。移动互联网具有开放性，随之给思想政治理论课教师的教学方式也带来极大挑战。一方面，高校管理者和教师要越来越注重网络课程的建设；另一方面，思想政治理论课教师也注重吸收全球优质资源课程来应用到自己的课堂教学实践之中。

三、移动互联网对高校思想政治理论课教学的影响分析

当代大学生群体由于处在社会快速发展和信息广泛传播的时代背景下，尤其移动互联网条件下，大学生通过使用移动终端使其思想更加活跃，更注重学习的参与过程。

（一）移动互联网对思想政治理论课教学的积极推动

随着移动宽带网络、多元智能终端、云计算等新的移动互联网技术的发展和移动互联网用户规模的增长与结构的变化，思想政治理论课教学在移动互联网的影响下也相应地发生着变化。因此，有必要对思想政治理论课教学进行跟踪研究，进行比较系统的分析。

1. 创新思想政治理论课学习理念

移动互联网背景下的思想政治理论课创新不仅在于教学手段，更在于教学理念上。移动互联网为教育带来了移动学习工具和学习资源，更为课程带来了新的教学方式。如果教师采用原来的教学理论开展思想政治理论课教学活动，就会出现用旧"理论"指导新"实践"的现象，显然不能适应新时代下出现的新情况。例如，通过移动终端来辅助思想政治理论课课堂学习这种新模式，很多同学表现出较为强烈的学习愿望，但由于缺乏教师的正确指导和合理规范，没有系统的学习方法和技巧，就会导致学习效率不高。

作为移动互联网下思想政治理论课教学的参与者、规划者，除了重视开发移动互联网下的教学资源、优化学习行为，还应该关注理论及学习效果的变化。为此，相关人员要根据移动互联网下的学习发展和现代教育的需要，不断创新移动互联网下的教学观念，以便更加有效地指导移动学习应用的实践活动。在制度层面，要关注移动背景下的教学理论，分析如何利用教学手段建构、传达和表示复杂的知识。

2. 拓展思想政治理论课学习行为

随着移动网络对教学的影响和广泛应用，移动互联网下的思想政治理论课学习并不是游离于教育活动之外的，而是与教学主客体等教学要素深入融合的，涉及了教学关系和环境的方方面面。因此，作为教学的重要组成部分，移动互联网下的学习与其他教学活动的要素一起，不断影响着教学活动。

因为学习形式将会影响乃至改变教师和学生长期形成的传统学习行为习惯，因此，必须革新传统的教学方式和教学活动。为了促进移动互联网下的学习形式与传统学习形式的有效结合，既要创新移动互联网下思想政治理论课的学习方式，尊重教师、学生原有行为习惯的"惯性"，又要支持他们在移动互联网背景下学习新行为习惯的产生。为了更好地应用移动学习，教师、学生乃至管理人员应该学习、掌握以移动互联网为大环境的教学和学习方法，教学工具的操作步骤，甚至是教学资源的开发技能，以便更好地改变和重塑自身学习的行为习惯。

3. 丰富思想政治理论课教学及学习资源

在物质层面，人们将移动互联网下的学习与其他技术结合后，开发了多种类型的移动学习工具，构建了表征多样的移动学习资源，开放了功能丰富的移动学习平台。通常同学们大多是在利用零碎时间、合适的终端和有益的内容进行学习。因此，人们构建移动互联网下的学习资源时，需要分享移动互联网下的学习者的特征，开发形式上获取方便、内容上短小适用的移动互联网下的学习资源，便于学习者的下载浏览或开展其他学习活动。

尽管教育资源种类多样、功能丰富，但并不是可以"拿来"就应用于移动互联网下的学习中的。只有经过针对性的设计开发后，学习资源才能成为移动互联网下的高校思想政治理论课教育教学资源。移动互联网凭借强大的技术优势，可以成为教师的移动教学手段、学生移动学习的认知工具、合作学习的移动交流媒介等。由此可见，移动互联网下的学习要按照学习需要和基本规律，与其他媒体相互作用，促进教学活动资源发生变化。当仅仅作为学习资源而存在于移动互联网下的高校思想政治理论课教学时，并不会产生深刻影响，学习资源必然会经历与移动互联网下的教学相融合的过程，这样才能有效渗透到移动互联网下的学习中。因此，学习资源不能只是从自身的可能性中得到解释，而必须纳入高校思想政治理论课的学习系统中加以剖析。移动互联网下的学习资源作用于移动互联网下的学习，使移动学习发生改变时，已经和移动学习融合在一起。此时，学习资源需要在不断调整后，融入移动互联网下思政课的学习中。移动互联网下的学习资源虽然在种类上还是学习资源，但已经不再是原来的学习资源，而是按照移动互联网下的学习需要改变了的学习资源。

（二）移动互联网对思想政治理论课教学的挑战

作为信息时代的重要技术，移动互联网下的学习凭借资源丰富性、沟通便捷性、工具多样性等优势，成为教学活动中不可忽视的组成部分。与此同时，移动互联网下的学习滥用、错用和误用等现象不断涌现，不少问题也逐步暴露出来。

1.传统的教学手段与方法面临挑战

在移动互联网时代，云计算、物联网以及大数据等成为一种新的学习资源和支撑，而作为一种新的学习方式，移动互联网学习对传统学习产生的影响越来越明显。移动互联网和新媒体，丰富了思想政治理论课教学资源和教学方式。尤其当移动终端的广泛应用变成了课堂教学与移动设备争夺注听率的时代，在这场博弈中谁能最大程度获得学生的注听率，谁就是赢家。

一方面，移动互联网为师生之间提供了一个全新的沟通方式，它是服务于老师与学生的主体性教育教学互动的现代物质载体；另一方面，也是完善教学信息交互性、及时性、超文本性和无线化、移动化、服务化、推送化、个性化的一种重要媒介平台，是促进思想政治理论课教学、讨论、互动、考评一体化有效性的杠杆。这既突破了传统课堂的枯燥呆板，又提高了同学们的参与感，发挥了思想政治理论课教师的主导作用。但这无疑对教师形成巨大挑战，教师必须与时俱进，借助移动互联网的优势辅助课堂教学，整合课程内容，把学生吸引到课堂中来。

尽管时至今日，一些老师还在拒绝使用PPT，但是不可否认PPT技术已经改变了绝大多数课堂的板书模式，带来更为便捷和丰富的教学体验。尽管在体育课上，网络不能取代操场，但不可否认计步器等移动互联技术的普及，方便了监督计量，甚至激发了人们健身的兴趣。尽管思想政治理论课不宜被移动网络课程完全取代，但不可否认移动互联网技术在思想政治理论课上仍然而且必然有作为的空间，从而改变和改善我们的课堂，这也正是移动互联网辅助课堂的意义所在。

在移动互联网时代，信息的获取出现了前所未有的便捷性，学生的学习对课堂教学的依赖程度会越来越小，传统的课堂也许不再能完全满足学生需求，教师的角色将从知识的传授者向教练转变，学习的过程将演变为以学习者自我教育为主，教师更多地起着引导、帮助、督促、监督的辅助学习的作用。

2.学生思想观念和学习方式受到冲击

移动互联网下思想政治理论课的学习具有个体性的特点，同时也具有一定的社会性的特点。在进行思想政治理论课的学习时，大学生基于阅读和思考的个性化学习活动，获取的知识内容是自己经过仔细的思考和讨论得来的，因而深刻且符合自身的特点。但对于教师直接传授知识，需要具备良好的学习态度及坚定的毅力，所获取的知识内容，相对而言较广泛，但是不够深入和细致。

要应对移动终端学习带来的冲击，大学生要先树立正确的学习观，客观看待新型教学方式，把手机由"玩具"转换成"教具"，改变传统的学习观念。在学习的过程中，对移动互联网下的学习产生浓厚的兴趣，进而偏向于移动互联网下的学习，遇到问题，可以及时求助于移动互联网下的学习设备。学习者做好自身条件的准备，具体包括增进对移动互联网下的学习设备的了解，选用合适的移动互联网下的学习策略和客观评价移动互联网下的学习的效果等。

移动互联网下思想政治理论课学习不仅需要认识到传统课堂学习的优缺点和局限性，熟练掌握移动终端的学习手段，更应该深刻了解移动终端学习的本质，综合利用不同移动资源学习开展教学活动。移动互联网下的学习要充分考虑文化的影响，并在教学实践中发挥移动互联网下学习的资源呈现、社会交流等多元价值。

3. 移动终端使用的自觉性问题

对大学生使用移动终端设备的自觉性不容忽视。学生应自觉利用移动终端在学习中的领域，主动使用移动终端来获取教学资源（包括文字、视频和音频资源）、存储知识、传送作业、进行小组讨论、分享观点。教师要帮助学生制定合适的学习方法，引导学生有效利用资源，避免将移动设备应用到负面学习中，如考试作弊及沉迷于聊天和网络游戏的情况。同时，教师要制订课堂上使用移动智能终端的规定，严格规定设备在课堂上的功能，引导和监督学生使用移动智能终端开展学习。

学习者要端正移动终端的使用态度，认识到移动终端是一种辅助思想政治理论课课堂的"教具"。通过移动互联网可以时时关注时事政治，对一些陌生名词进行快速查询，紧跟教师上课进程，参与到课堂讨论中。只有认识到移动互联网的学习资源有助于我们学习时，移动互联网下学习设备的价值才能很好地体现出来。

（三）移动互联网对高校思想政治理论课教学的影响分析

移动互联网下的学习影响因素研究是通过对移动互联网下的学习因素研究来达到辅助思想政治理论课教学，进而提升移动互联网下的学习的效果。为此，需要把移动媒介的工具角色提升到系统层面，达到构建移动互联网下学习影响因素的理论模型与作用机制；通过将移动互联网下的学习优化具体到影响因素的流程中，达到让移动互联网下的学习优化研究转向操作层面的理论建构和实践探索。

1.学习主体受多因素影响

目前，移动互联网下的学习影响因素的研究并非局限于某一个学科领域，其研究主体不但有来自教育技术学和教育学领域的专家和学者，还有相关心理学、社会学等领域的专家。由此可见，移动学习影响因素的研究主体具有多样化的特征。

同时，移动互联网下的学习作为学习科学的一个分支，其研究主体多样化的特性正好与这样一个跨学科领域相匹配。由于移动学习具有社会性，会受到多方面因素的影响。移动互联网下思想政治理论课学习活动中，所有的学习更多倾向于自发性的，是学习者根据自己的需求进行选择的，因而"以学为主"的理念将会渗入整个学习活动中。移动互联网下思想政治理论课学习通过创设情境及设置的交互活动等，促使学习者主动探索，使他们能够积极地借助支持服务工具对不理解的问题进行深入的讨论，主动地建构知识体系。要激发学习者的学习动机，创设方便、快捷的思想政治理论课教学活动是核心，因而无论是对学习活动中的哪个环节设计，首先要分析"这样的形式是否利于学习者的意义建构"以及"学习者通过该学习活动能获得什么"。

一切以学习者的思想政治理论课课堂学习为重要指标，这样的学习活动才能真正服务于思想政治理论课课堂，才能逐步培养学习者独立自主的学习能力。学习者的自主学习是贯穿整个思想政治理论课教学的活动过程，因此，无论是传统课堂、在线课堂或者移动互联网课堂，学习活动始终是围绕学习者的学习。关于学习的研究，不管是移动互联网下的学习影响因素还是移动的优化策略，都不可能只停留在某一个学科领域。我们相信随着移动网络学习信息载体的不断完善，移动网络下的学习影响因素的研究会日益多样化，其研究主体也将更加多元化。

2.传统教学向混合式教学的转变

传统教学因其局限性与教学方式单一使学生常常感到枯燥。移动互联网时代，开放的社会和资源将进一步解放人们的学习，学习的方式越来越趋向于混合学习。混合式教学的核心目的就是将传统教学的优势和数字化教学的优势结合起来，二者优势互补，从而获得更佳的教学效果。在移动互联网下的思想政治理论课学习支持服务中，促进混合式学习的具体策略为允许大学生通过移动设备反思整个学习过程；对于相同的知识点，允许大学生多路径、多途径进行访问；允许大学生通过不同的技术平台进行学习和交流。

技术既可能扩展人类的学习方式，也可能限制人们的学习方式。一旦有新技术出现，这些新技术就会改变信息和知识的传播模式，人类的学习方式也会相应地产生根本性变化。基于以上分析，我们要顺应时代发展的趋势，站在学生学习与移动互联网的交叉口思考，在一些移动互联网应用中探索经验，从学生学习体验场景入手进行移动互联网下思想政治理论课的学习和知识管理。

四、加强移动互联网在思想政治理论课教学运用中的对策

（一）设计移动互联网下思想政治理论课教学的原则

对于移动互联网下思想政治理论课教学的设计不仅需要考虑到学习活动本身的特性，更要符合移动技术情境下大学生学习的心理、习惯、能力等。合理而有效的移动技术手段是思想政治理论课顺利开展的必要前提，在具体设计时通常包括以下几个原则。

1. 学习者主体性原则

思想政治理论课学习的最终目的是帮助学生进行知识建构，联通主义理论也将学习看成一个持续的知识网络形成的过程，并且这个过程中最为关键的就是学习者积极主动地参与。移动互联网下思想政治理论课学习是学生与学习环境的交互，在这种交互中，大学生作为参与主体必然会受到外部环境中各种信息的刺激，当大学生不能完全或部分接受这些信息时，就会导致一种不平衡状态产生。如何准确、快速地解决这种不平衡状态，需要大学生们通过同化、顺应的形式将新的信息融入自己的认知结构，从而与外界达到一个新的平衡状态。因此，移动互联网下的学习活动正是借助大学生与外部环境之间这种由不平衡到平衡的交替转换过程实现的。

这种交替过程中学生主观能动作用非常重要，只有他们主动、积极地参与顺应或同化过程，才能从根本上及时、有效地达到思想政治理论课意义建构，从而将所谓的不平衡状态转变为平衡状态。这就要求在移动思想政治理论课学习活动中首先充分考虑学生们的初始能力、学习风格、需求等多方面因素，设计出来的课程资源是符合当下"00后"大学生特征的，能提升他们的学习兴趣，使得他们愿意主动参与相应的学习。赋予学生自主选择权，让学生很大程度上可以通过融入设计的目标、参与方式等方面，来发挥自身

的主观能动作用，实现积极、有效的学习。

2. 移动技术中介性原则

联通主义学习理论将数字时代的学习界定为"网络联结和创造物"，同时，活动理论的观点中也强调主体对客体产生作用是以工具为中介的。移动互联网下的思想政治理论课教学活动中，工具是整个思想政治理论课学习中赖以开展和持续的支撑条件。它主要包括了无线通信网络、移动终端设备、移动微型学习平台等类似的实体工具，以及学习指导、建议等方面的精神性工具。基于移动技术的思想政治理论课学习使得其与传统的课堂教学区分开来，实际上也从一个新的角度提供了一种全新的学习活动方式。移动技术不仅被用来呈现学习资源，更被用来服务学习者的交流协作。最为重要的是，所有与之类似的学习都可以在任何想学且有时间学的时候进行，这无不体现了移动网络给我们思想政治理论课学习带来的变革。

因此，移动思想政治理论课学习设计的另一个重要原则，就是在设计时尤其要突出移动技术在整个思想政治理论课学习活动中发挥的中介作用，利用移动技术来实现思想政治理论课学习的个性化、情境化，使大学生能够积极地与学习环境进行互动，以发现自己所需的知识，形成个体的认知网络，从而将移动互联网学习的优势发挥出来，达到更好的学习效果。在活动设计中可以利用虚拟仿真技术、情境感知技术等为学习者创设相应的学习情境，使学习者与学习资源产生有效的交互。此外，还可以借助移动技术改变和操控动作，使学习工具和步骤变得可视化、可理解等。这些都是移动互联网应用在思想政治理论课教学中的中介性具体体现。

3. 情境化原则

活动理论中强调活动是建立在一定的社会情境中的，所有的移动互联网学习活动实际上都是在移动情境这个大环境下完成的。但在这个大的环境下，创设的具体活动情境不同又会产生不同形式的学习活动。移动思想政治理论课学习与相应的情境密切相关，它的设计尤其要关注相应情境的创设。无论是内部活动还是外部活动，都需要相关学习情境的支持，脱离了情境是无法对学习活动进行分析设计的。

这里的思想政治理论课学习活动情境创设主要涉及两部分内容：一方面是移动互联网中的物理环境、移动计算环境或情境感知环境；另一方面则是学习者有意识地创造的移动学习情境，如，学习者与移动技术交互产生的环境或学习者与他人通过移动技术交互创造的情境等。在移动思想政治理论课的设计中，尤其要注重创设恰当的情境，使情境与思想政治理论课具体内容联系起来，从而激发学习者的学习兴趣，让学习者以积极的态度参与整个学习活动，以实现有效的学习。

（二）创新移动互联网条件下思想政治理论课教学方式

就目前而言，学校和教学组织还没有完全发挥移动互联网对思想政治理论课课堂的辅助作用。就教师方面而言，应对学生进行系统有效指导，使学生能合理利用移动终端进行学习。同时，政府和高校要重视对移动网络学习的投入，社会应该多关注移动互联网下的学习方面的发展，为移动互联网下的思想政治理论课教学的顺利开展，提供良好的环境及社会文化氛围。

1. 转变思想政治理论课教学理念和教育方法

缺乏新教学理论的指引，就难以发挥移动互联网下思想政治理论课学习的价值。教师虽然采用了移动互联网下的学习来支持教学活动，但仍然采用陈旧的教学方法和观念。学生在旧理论的指导下按部就班被动地进行学习，不利于发挥其潜在价值。移动互联网下的学习不仅需要了解思想政治理论课传统学习的优缺点和局限性，更应该深刻了解移动互联网下思想政治理论课学习的本质，综合利用移动互联网下不同形式学习开展教学活动。移动互联网下的学习要充分考虑多方面的影响因素，并在思想政治理论课教学实践中发挥移动互联网学习的资源呈现、社会交流等多元价值。

第一，在确保完成总的思想政治理论课课程目标和教学任务的前提下，由原来的满堂灌，向师生共同探讨问题转变；第二，由教师统一为所有学生指定同一学习讨论及课后作业和阅读内容，向教师根据不同程度不同类型学生设定不同问题和书目及学生在教师指导下自主选择学习内容转变；第三，由教师授业解惑，向师生共同探讨解惑转变；由单一的思想政治理论课讲学向多样化教学方式转变；第四，由单一的校内教学向校外教学相结合、学校小课堂与社会大课堂相融合转变；第五，由传统的"一考定终身"考试方式向考核方式转变，以注重过程、思维、能力的培养为目标转型。

2. 对移动互联网下思想政治理论课学习进行正确引导

与思想政治理论课传统课堂等学习环境相比，移动互联网下学习的干扰因素很多，教师应对大学生移动互联网学习情况进行正确引导。由于移动互联网下的学习场景、学习活动与传统课堂环境有所不同，大学生需要逐渐适应移动互联网下的学习，并在此过程中得到学习方法和策略上的指导。

一方面，教师合理引导大学生规范使用移动终端。大部分学生希望通过移动网络来获取知识，但缺乏系统、合理的方法。为此，学校等机构需要培养大学生移动互联网下学习的意识和习惯，提高移动互联网下学习的信息素养，养成良好的学习行为和习惯，不断提高学习效果。移动互联网下的学习作为新的学习方式被人们接受和使用，但需要不断养成良好的习惯。为此，人们需要培养大学生的移动互联网下的学习意识和习惯，并引导他们充分发挥主观能动性，不断克服学习中的困难和阻碍，实现移动互联网下学习的最大效果。

另一方面，引导教师转变教学理念。这样的平台很适合思想政治理论课教师建立属于自己的个人知识管理系统。移动终端的辅助教学不仅能够弥补物理环境和时间安排上的缺陷，更重要的是，它可以迎合不同教师的不同学习和知识管理的风格。移动互联网下的思想政治理论课教学有效解决了课堂人数多、学生参与感不强的问题，移动教学缓解了教学时间紧张，学生学习效果反馈不及时等问题。

高校的学生工作部门、教师和图书馆应通过宣传、教育、考评等各种方式引导大学生正确利用移动互联网，帮助他们建立合适的使用策略。应定期或不定期地了解其使用情况，针对有沉迷于网络问题的学生进行适当的心理辅导和干预。新闻媒体可以通过新闻报道、典型案例等形式宣传移动终端沉迷的害处、引导大学生努力提高使用移动互联网的素养。

3. 加强思想政治理论课教学制度的适应性

教育学生尊重课堂教学秩序。过度使用手机等移动终端会给大学生的身体及心理带来危害，有些学生甚至产生"手机依赖症"等情况。手机等移动终端是辅助课堂的"教具"，而不是让学生消磨时间的"玩具"。课堂上，学生应紧跟教师思路，利用移动终端与教师进行互动，听从教师指导参与到课堂中并及时反馈所学内容与问题，通过移动终端来提升思想政治理论课时效性。

思想政治理论课是高校人才培养的主阵地，是高校师生精神风貌的重要体现。大学生在课堂上刷微博、玩游戏等情形，不仅影响自己听课，还会影响其他同学。有的学校明确指出严禁携带移动设备，但这种情况宜疏不宜堵，合理规范手机的使用范围与功能，制定相应的教学制度，从而营造良好的移动学习氛围。尤其思想政治理论课，手机等移动终端不会完全取代传统课堂，这只是辅助课堂、延伸课堂的一种手段。思想政治理论课注重的还是教师的言传身教、师生之间的情感交流。

改善考核方式方法。传统思想政治理论课往往是期末"一卷定终身"的考试方式，这样使学生忽视了课堂学习的过程，认为只要在期末进行突击复习便可轻松通过。对于思想政治理论课，教书是手段，育人是目的，学习马克思主义理论是为了与实际相结合，是对理论进行研究，从而改变指导我们的实际学习、生活，因此，更应该注重过程化考核。利用移动终端，在教学资源上按照学生的不同专业进行推送。教师选取相关教学资源，使不同学生各取所需，最终达到与总体目标保持一致，从多方位、多角度对学生学习过程进行考核。

第四章 混合式教学模式理论

第一节 混合式教学模式概述

一、SPOC

随着信息技术的快速发展及学习环境的不断改善，人类也进入了开放式的学习时代，移动学习、数字化学习、泛在学习、社会化学习等开放式学习方式已经悄无声息地融入人们的学习及生活当中。泛在学习是一种基于普适计算技术与情景认知理论的学习方式，它强调"学习的发生无处不在""学习的需求无处不在""学习资源无处不在"，是最接近人类学习本真状态的学习模式。SPOC 即 Small Private Online Course，中文译为小规模的私有在线课程，它主要针对 MOOC（慕课）在大规模、纯在线、超多用户的网络学习中面临的课程制作成本高、教学模式单一、缺少师生互动、高辍学率及学习管理不便等问题而提出的，专门应用于本校或小范围教学的课程模式。泛在学习环境下，SPOC 作为"后 MOOC 时代"的一种课程范式，在融合了 MOOC 的教学理念的同时，它的教学模式、课程设计、实施路径、受众范围、教学流程、互动方式等方面都与 MOOC 及传统课程有很大的不同，课堂教学过程也因为教学手段、教学环境的改变而发生了很大的变化。而教师在现有的条件下如何利用现代化的媒介资源和教学设备，有针对性地对本地的课堂教学过程进行设计、优化和改造，也就成为开展 SPOC 有效教学首先需要探讨和研究的问题。

SPOC 继承了 MOOC 的教学设计、内容设计、学习方式、互动交流、资源整合等课程特性，在本土化的应用过程中，SPOC 的提出者福克斯教授认为，将 SPOC 用于课堂教学，可以增强教师的教学手段、学生的吞吐量

（Throughput）、学生的掌握程度以及学生的参与度。相对于 MOOC 纯网络的教学模式，SPOC 更偏向于混合式的教学模式。

（一）SPOC 有效教学的内涵

SPOC 是 MOOC 与传统校园教学的有机融合，是针对小规模、特定人群的通过 MOOC 资源来改变传统高等教育现状的一种解决方案，其基本形式是在传统校园课堂采用 MOOC 讲座视频或在线评价等功能辅助课堂教学。由此可以看出，小规模、针对性、灵活性、辅助性等是 SPOC 区别于 MOOC 的主要特征。

相对于名校名师的 MOOC，传统课程的有效性教学更多是体现在对学生的通过率、教学质量追踪、学习时限、学习纪律、学习效果等方面的综合性要求。如果在实际的课程教学中将一门传统课程学习全部交给 MOOC，可能会给高校的人才培养质量带来许多不确定性，而 SPOC 给予本地教师更多的人才培养空间，即在教学当中教师可以结合教与学的实际情况、学生的学习能力、课程内容、课程资源、课堂环境、网络的软硬件环境等综合条件来开展教学活动。在泛在学习环境下，有效的 SPOC 教学更应侧重线上与线下的有机融合、师生的情感交流、隐性知识的发掘、个性化的指导及深度的学习体验等。SPOC 课堂教学设计不应是简单的"书本搬家"或者 MOOC 的简单复制，而是基于当前的教学条件、教学环境及教学目标，以学习者为中心，将虚拟性与真实性的教学情境相结合，将教师授课与学生的探究相结合，构建一种真实性、社会性、互动性、协作性、智能性、沉浸性的学习情境，为学习者搭建多维度、全方位、立体化知识学习的"脚手架"，发掘学习者内在的学习驱动力，以促进学习者的知识迁移及应用。

（二）SPOC 有效教学的课堂特性

有效的 SPOC 课堂教学须抓住学习者的学习热情，充分激发学习者的学习潜力和兴趣，为学习者所期待、所喜欢、所接受，体现出教学过程的连接性、泛在性、个性化、交互性等特性。

1. 连接性

任何一门 SPOC 不是孤立的，而是社会性、开放性、共享性的，它所涉及的学习主体、学习对象、教学活动、教学资源、教学设备等都与外界构建起一系列的连接，例如，本地课程与校外名课的连接、本地资源与互联网资源的连接、本地教师与名师的连接、本地学生与外地学生的连接等。教师充当连接的媒介和催化剂，引导和加快本地课程与互联网课程的融合及共享，让本地资源为社会所共享，同时也使本地学生将自己的学习融合于互联网中。

2. 泛在性

泛在学习具有永久性、可获取性、即时性、交互性、场景性及适应性等特征，在泛在学习环境中，学习者的学习方法、模式、手段以及时空的选择等方面都有更多的自由。SPOC 在线教学从内容、资源、教学模式到服务等都做了整合，学习者可以借助各种客户端，如，电脑、手机、平板等设备，在任何时间、任何地方浏览学习资源、发布信息、参与讨论、分享学习成果等，学习不会因为时空的差异而间断，时效性和临场感很强。

3. 个性化

相对 MOOC 千篇一律的规模化教学，SPOC 让教师对课堂的信息秩序有了更多的掌控，教学模式也更加灵活，教师可以为学习者定制多样化的学习进度、资源、评价考核、学习方法等，学习的个体差异也得到充分的尊重，而线下的会面指导让教师对学习者的品性、智力、气质等个性化特征有更多的了解和把握，从而实施更有效的个性化指导。

4. 交互性

在 SPOC 课堂教学的设计中，构建虚拟学习社区和学习共同体，提供便捷、灵活、高效的交流空间，由此创设深度交互的学习情境，挖掘学习者的隐性知识，从而促进学习者合作交流及知识的迁移应用。

（三）SPOC 有效教学干预要素分析

SPOC 有效教学干预要素主要是体现在学习者与教师、学习者与资源、学习者与情境的交互过程。

1. 学习者

对于学习者来说，学习的内因如学习动机和内驱力是激发学习意愿的最重要因素，而学习观念的转变、学习适应性、学习工具的熟练掌握、学习的良好体验则是帮助和促进学习者主动进入学习状态的首要条件，良好的学习习惯、坚定的学习目标、积极的参与及合理的时间分配等则是完成最终学习任务的重要保证。

2. 教师

教师作为学习资源的提供者和开展学习活动的主导者，需要在活动过程中聚焦于学习者、内容、任务、评价、媒介、工具及物理环境等系统因素之间的关联与互动，以优化教学设计、激发学习动机、促进学习者参与的积极性和主动性、降低学习者认知负荷及进行个性化和差异性的指导等。

3. 资源

泛在学习环境下的 SPOC 学习资源是开放性、社会性、生成性的，这些资源来自教师的收集与加工、学习者个人的内部构建或者外部社交媒体等，这些优质的资源通过网络为学习群体所共享，学习者借助这些资源构建个人的知识网络，而资源的适切性、精细化、交互性及可加工性则是促进学习者开展个性化、有效性学习的重要影响因素。

4. 情境

情境包括两方面，一方面是学习的内在环境，如，群体学习氛围、团队合作精神、有效的沟通机制及学习的凝聚力等；另一方面是指外在软硬件设备的支持，如，学习工具、学习网络、学习平台、学习智能代理及学习的自动反馈等，这些都是开展 SPOC 教学所要考虑的问题。

二、混合式教学

针对混合式教学的概念应包括物理特性和教学特性两个维度，为此，将其概念的演变划分为三个阶段（见表 4-1）。

表 4-1 混合式教学概念的演变

时间段	物理维度	教学维度	关注重点	关注角度
技术应用阶段	在线与面授的结合	技术的应用 ^	信息技术	技术的视觉
技术整合阶段	明确在线的比例	教学策略与方法的混合	交互	教师的视觉
"互联网+"阶段	移动技术、在线、面授的结合	学习体验	以学生为中心	学生的视觉

（一）技术应用阶段（20 世纪 90 年代末—2006 年）

自 21 世纪开始，混合式教学已经开始引起国内外学者和实践者的关注。此阶段对混合式教学的定义主要强调其物理特性，最有代表性的为美国斯隆联盟（Sloan Consortium）的界定，"混合式教学是面对面教学与在线教学的结合，糅合了两种历史上各自独立的教学模式：传统的面对面教学与在线学习。即在教学内容上结合了一定比例的在线教学及面对面教学"。

在教学特性上，此阶段的混合式教学主要被理解为一种新的学习方式，重点强调技术在教与学中的核心作用。依据信息技术在混合式教学中的应用方式和应用深度，这一时期的混合式教学可被划分为五个层次：没有技术支持的纯面授教学；信息技术基本应用；信息技术促进教学；信息技术主导；纯在线。在这个阶段，混合式教学被看作纯面授教学与纯在线教学之间的过渡阶段，是二者基于信息技术的简单结合，而技术应用的多少成为关键的划分标准。

（二）技术整合阶段（2007—2013 年）

2007 年以后，混合式教学的定义逐渐清晰。

1.物理维度

学者们尝试清晰界定在线与面授的比例，把混合式教学与纯面授、纯在线教学分离开来。混合式教学是一种独立的教学模式，而不是一种过渡性教学模式。斯隆联盟对混合式教学明确只有"30%—79% 的教学内容采用在线教学"的才能称为混合式教学。

2.教学维度

学者们更多地从教学策略、教学方法的角度界定和关注混合式教学，关注在线与面授相结合的混合式学习环境下的教学设计。这个阶段混合式教学概念重点关注"交互"，关注混合式学习环境给交互带来的变化，以及相应的教学设计改变。界定为：混合学习描述了一种新的学习方式，它实现了学生与学生、学生与教师、学生与资源之间面对面（现场）交互与在线交互的结合。混合式教学的三个特征：由以教师为中心转向以学生为中心；增强了学生与学生、学生与教师、学生与内容、学生与外部资源之间的交互；采用形成性评价与总结性评价相结合的评价机制。

（三）"互联网 +"阶段（自 2013 年至今）

随着互联网与移动技术的迅猛发展，特别是"互联网 +"时代的到来，混合式教学的概念也有了新发展。

1. 物理维度

移动技术的应用被正式纳入混合式教学的概念中。混合式教学的概念由"在线教学与面授教学的混合",正式演变为"基于移动通信设备、网络学习环境与课堂讨论相结合的教学情境"。

2. 教学维度

混合式教学是一种新的"学习体验"。对混合式教学的理解在经历了技术视角、教师视角后,落到了学生视角,开始关注混合式学习带给学生的改变、对学生学习的支持上。混合式教学不是简单的技术混合,而是为学生创造一种真正高度参与性的、个性化的学习体验。混合式教学概念强调"以学生为中心"。所谓混合,不仅仅是面对面教学与在线教学的混合,更是在"以学生为中心"的学习环境下教学与辅导方式的混合。

混合式教学概念演变的三个阶段,是对混合式教学物理特性的关注逐渐弱化,而对其教学特性逐渐强化的过程。

三、O2O 与混合式教学

新技术的出现,总是给人们带来很大的预期,大规模在线课程(MOOC)、微课程的出现,与电化教育、PPT 教育、网络教育相对比,其普及程度与发展过程是一样的。刚开始人们总是幻想技术能够改变一切,伴随着技术的现实幻灭过程,人们的学习行为悄悄发生了革命。大学已经很难能够找到用粉笔写字的老师了,而停电成为最严重的技术事故之一,会令 80% 的课堂无法继续;与此同时,新技术让教师的授课比以往更容易、课堂的信息量也大幅度增加。

事实上,纯粹通过虚拟空间技术学习,与传统教育中的说教是一回事。在中国古代,对教师的要求就有"立言、立行""言传、身教"的混合要求,而最近一波在线教育热潮,又使很多人忘记了"混合"这个词汇的含义。

O2O(Online to Offline)指的是线上到线下的一种模式,立足于资源,线上线下并重,形成有机融合的整体。

今后的教育,由于有了线上的帮助和大数据的技术,在以下的模式方面,会产生革命性的变革。

(一)O2O 的商业模式

过去的教育,无论是政府还是社会,重点关注的不是学生、教师,而是大学，而一切服务机构，关注的重点也是如此，这与电子商务的发展初期相似，就像做生意老生常谈的三个要素：第一是地段；第二是地段；第三还是地段，只要有一个好的商场，就等于拥有了决定性的因素。这些年的电子商务情况已经彻底颠覆，技术的发展，已经使客户行为成为第一重点。目前的 MOOC 平台、微课平台，技术服务机构提供的模式多是 B-U（服务于大学管理机构），B-I（服务于学院教学实体），B-T（服务于教师），B-S（服务于学生），B-B（通过学生的数据服务服务于第三方机构，如用人单位等）。

（二）商业模式决定了技术模式

由于目前线上和线下的教育服务模式是割裂的状态，造成了在教育上的发展远远落后于电子商务。非常多的新兴组织在进行教育革命的时候，忽视了千百年来教育所依赖的不可或缺的实体线下资源：实验室、教师、仪器设备，建筑物、社交和文化历史传承以及校园的课堂和绿地；而传统的大学在进行现代科技改造的时候，采用割裂的技术措施（例如，专门成立的现代教育中心、网络中心、网络学院等），最终都以失败而告终。新型的校园，来自商业服务模式变化所引起的技术混合的应用，不再是类似电子商务初期建立一个网站和内部应用的信息化，教育也会学习电子商务发展成熟阶段的社会网络和社会资源的应用，如，学校实体资源和虚拟资源的混合、校内资源和社会资源的混合、现实和虚拟的混合、硬件和软件的混合、私有云和公有云的混合，现实增强和增强现实的混合等。

技术模式决定了服务模式。今后的大学，将越来越少的私有云，而会有越来越多的混合云架构：基于任务教学的大数据服务、微课、课程、实验等，越来越依赖于第三方公有云的服务，更加高效。大学大规模买软件的时代即将过去，而变成基于云服务的"买服务""买数据"模式。越来越多的教育混合云的使用，使得对教育和学习的评估更加准确和高效。

这样，今后的教育空间，将会整合实体和虚拟的资源，围绕学习空间，营造一个"放下身段"的服务模式，学校不仅不会消失，会得到加强，只不过，学校将更加依赖于公共社会的第三方服务，自身更加关注核心教育流程和教育资源的组织。

第二节 人本主义与建构主义理论

一、人本主义理论

人本主义自 20 世纪五六十年代提出以来，与行为主义学派、精神分析学派并称为三大势力。它的代表人物是马斯洛、罗杰斯等，该理论认为，人的学习是一个个人潜能充分发展的过程，教育活动应该是一个有机的过程；因此，人本主义认为，教育应该关注的是如何持续不断地供给学习者有关学习的热情。罗杰斯认为，教学的过程就是促进学生发展的过程，要促进学生发展就要选用合适的教学方法，所谓合适的教学方法内涵广泛。第一，要选用合适的教材，这样的教材要与学生已有的知识体系和能力水平相匹配，以方便学生自主学习。第二，教师要会教学，他认为，教学是一项技术含量很高的工作，教师不仅要能教学更要会教学，要懂得如何因材施教。第三，要有意识地培养学生自主学习的能力，培养学生自主学习的习惯。社会的不断发展依赖的是人的能力的多样性以及他们蓬勃的激情、独立的个性。然而，社会快速的发展使人们关注的焦点越来越功利化，人们越来越多地关注成绩，却忽视了能力。人本主义学习理论认为，教师的任务不应当只是传道授业解惑，更主要的是要能够为学生创造学习的环境和条件，为学生创设出自主学习的氛围，培养学生自主学习的能力，它倡导的是一种自由式的、以学生为中心的教学观。

SPOC 课程（小规模限制性在线课程）在设计上，明显体现了以学生为中心，以提高学生的能力为目标的设计初衷。SPOC 的课程视频一般都是 3—7 分钟，每个视频将主题内容呈现出最集中的浓缩，有的甚至更短，是根据学生思想集中时间最长为 15 分钟的科学规律而设计的，智慧职教等平台现在都开发出了适应手机应用的 App，在方便学生学习的同时也推进了泛在学习的发展。在课程中，每一小节的课程都会提供相应的背景材料，在学习材料中会说明，如果学生已经有这部分的知识背景，那么可以直接进行下一个视频内容的学习，并且还列出了任务学习单，学生可以根据任务学习单了解在该门课程中所需要完成的内容，以及需要掌握的知识点，将学习的主动权交到了学生的手上，提高了学习效率。同时，这些视频课程都是永久性开放的，学生不管何时学习都可以，遇到不会的知识，不理解的地方还可以进行反复学习，遇到自己感兴趣的地方也可以进行深入学习，这都取决于学生自己的意愿，这样的模式很大程度上实现了以学生为中心的教育理念。同时，SPOC 与传统教学最大的区别就是，学生的学习在空间上是一个独立完成的过程，不再是传统的师生处于同一空间中，教师作为教学的主体在讲台上进行知识的主动传输，学生在讲台之下被动接受的状态。SPOC 所创设的是一个个性化、自主化的学习环境，它将已有的技术资源，教育资源、商业资源进行重新整合，探索的是如何有效改进当前的教育状况。

混合式教学模式在教学的过程中实现了一个质的突破，它的特性决定了它有很强的包容性，从教材上说，凡是能够为学生学习服务的皆可以取之服务于学生。它也是一种开放的模式；从教师主体选择上说，同样的内容、不同的教师施教后也会取得不同的教学效果，混合式教学模式的开放性提供了广泛的选择性，可以通过科技的手段实现教师的空间流动，人尽其才。混合式教学模式也是一种灵活多变的教学模式，从培养学生能力方面来说，由于它没有固定的样式，环境的混合、资源的混合，教学方式的混合，都是建立在适应学生的自身发展的基础之上，目的都是为了促进学生知识的吸收以及能力的发展，力求能够实现真正的因材施教，它只有一个宗旨，即以学生为中心，为学生服务。

基于 SPOC 的混合式教学模式中更为深刻的体现和执行了人本主义思想，混合模式的使用，使得不管是教材还是教师都能够实现最大限度地适合学生，有利于学生。同时，这样的模式也能够充分实现学生能力的发展。SPOC 的融合实现了教学资源和教师的自由流动，并且，SPOC 的课程设计体现了以学生为中心的服务思想，将 SPOC 与混合式教学模式进行融合，则实现了效果的最大化。既可以充分发挥教师的引导作用，又能够让学生充分行使自己的自主权；SPOC 既可以作为课前预习的资源，也可以作为课前预习的平台，根据 SPOC 课程要求，进行任务单的设置，将自主学习与合作学习相结合，既培养了学生独立思考的能力，又锻炼了学生的团队协作能力，并且还实现了优质资源的共享与运用。课堂中根据学生课前的预习内容，以及预习情况，进行师生间互动活动的设计，教师担当引导者的角色，用问题引发学生的思考，根据学生课前预习反馈的情况进行深入的探究讨论，培养学生的发散性思维，以及深入探索能力，充分挖掘学生自身的学习潜力。课后利用SPOC平台以及相关平台进行拓展资源的提供，拓宽了学生学习的地理边界，时间边界，知识边界，培养学生自主探究的学习习惯，形成终身学习的性格特征，同时也减轻了教师的工作量。SPOC平台用后台系统监测，进行大数据分析，用科学的方法对学生学习情况进行有效的评测，实现针对学生的个人特点与个性特征的教学改进，这些特点无疑都是人本主义中以学生为中心，为学生服务理念的最好体现。

二、建构主义理论

最早提出建构主义思想的是维果斯基（Lev Vygotsky）。他认为，每个个体的认知方式以及认知过程是有区别的，因此，每个人的学习结果以及学习状态也是无法提前预测的。教学本身的任务不是控制学生的学习，而是促进学生的学习。随着网络在教育领域的应用和发展，关于建构主义的理论也在不断发展和完善，进行教学设计的时候重点并不是在教学目标上，而是在学生的发展上，要以学生为中心，构建能够促进学生进行知识内化的外部和内部环境，促进学生知识的吸收和能力的获得，在这个过程中，教师只是学生学习过程的辅助者和促进者。建构主义对于传统的统一式的课堂授课模式是不赞同的，它认为这样的教学方式不仅无法凸显学生的主体性与个体化，还会阻碍学生个性的发展与优势的发挥，它主张因材施教，充分发挥学生的主观能动性，每个学生都应当有与教师直接对话的机会，教师只是学生学习的引导者，不是主导者。

建构主义是培养学生创造能力的最好方式，它能够最大限度地激发学生的积极性和主动性，尤其对于学生理解复杂知识以及高级技能的习得方面更是有着得天独厚的优势。维果斯基认为，建构主义学习环境具有真实学习情景、合作学习、注重问题解决等特色，所有的学习环境都依赖于技术，以使环境易于操作，计算机以及相关技术在建构主义学习的实现过程中发挥着举足轻重的作用。

另外，建构主义理论认为学习需要发生在情境中，在社会交往以及与周围环境的交互过程中，在解决问题的同时获得技能，在这样的过程中，学生掌握着学习进程的主动权，实现构建好的学习目标。

从"教"的视角来说，传统的教学方式基本从教学设计到教学实施都是由一名教师全程执行，一个人的智慧毕竟是有限的，如何使自己设计的课程适合大部分学生，如何让课程调动学生的学习热情和积极性，这些一直是困扰大部分教师的问题。在SPOC中，每一门SPOC都是由一个团队倾情打造，团队之间的分工非常明确，负责搜集资料的、课程讲授的，测试内容答疑的以及后期制作的，各司其职，在共同协作之下完成一门课程的制作，这样的课程集结的是集体的智慧，从设计之初，它集结的就是最优秀的物质资源和人力资源，并且研究了各种学生的学习习惯、学习特性，依据科学规律设计课程，目的就是为了激发出学生学习的兴趣和热情，帮助学生形成自我构建，提升自主学习的能力。

从"学"的角度来说，SPOC的课程是开放的、免费的，任何人想要学习都可以直接获得学习资源，舒适的心理环境有利于促进学生对知识的吸收和消化，而SPOC的开放性正是为学生创建了舒适的心理学习状态，让学生以一种轻松的状态实现知识的获得和构建。学习的过程也是一个新知识取代旧知识的过程，这样的过程是思维不断转换的过程，教师的点播，学生之间的交流往往有四两拨千斤之功效。SPOC非常重视学习者之间的合作，也很强调学习者在学习过程中的主动构建，彼此互动。

SPOC为大家提供了自由交流的场所，学生可以发表自己的任何疑问，不同的文化背景、学习背景也使得学生在交流的过程中碰撞出新的火花，学习者就在这样一个宽松、自由、活跃的集体氛围内，获得、构建进而内化所习得的知识，并且进行更高认知技能的学习。

混合式教学模式最大的特点就是凸显了学生的主体地位，混合性也即为多样性，学生的个体特征本就是多样的，传统的单一的教学模式显然无法适应所有人，根据学生的状态选用最适合他们的模式，从学习环境、学习内容、学习方式到学习评价依据学生的主体需要进行混合，课前通过学习任务单的设置为学生的自主预习提供引导和方向，从而培养学生独立思考的能力、独立学习的能力以及自我消化的能力，对于不理解的地方既可以在课前与教师进行一对一交流，也可以通过学生之间的讨论获得新的启发。在课堂中，由于学生已经预先构建了基础知识，教师也可以对于知识的深度及广度进行扩展，拓宽学生的思路；课后利用已经拥有的资源，让学生根据课前与课中的学习，进行课后的自我巩固和反思，真正实现知识的内化，在这样的过程中，教师扮演的是学生引路人的角色，这样的方法对于改变"高分低能"的教育现状有着明显的促进作用。

基于 SPOC 的混合式教学模式，不仅实现了一个空间内的师生之间，学生与学生之间的交流互动，而且还实现了跨越空间的，与不同国籍、不同文化背景的同伴之间的互动。SPOC 是新技术发展的产物，从原先的只能在计算机上操作，到现在可以在手机上操作，将泛在学习的愿景逐步现实化。在基于 SPOC 的混合式教学模式的实施过程中，学生是学习的主体，学生可以根据教师提供的资源，选择自己感兴趣的内容进行深入学习，并且，教师提供资源的过程也是授之以渔的过程，将学习的途径教给学生比将学习的内容教给学生有着更为长期和远大的价值。而且 SPOC 课程，借助计算机技术，创设地如真实情景一般，学生的情感需求可以通过混合式课程模式在课堂中得到弥补，可以说，基于 SPOC 的混合式教学模式，是一种将 SPOC 与混合式教学模式两者完美融合，从而将建构主义教学理念优势最大化发挥的一种教学模式。

第三节 认知主义与关联主义理论

一、认知主义理论

认知主义源于格式塔心理学派。认知主义认为，世界是客观的，人们对客观事物在头脑中的反应形成了知识，而知识是可以迁移的，因此它可以通过教学的方式来获得，而教学的目的就是使用最有效的方式实现知识的迁移。认知主义也强调环境在学习者学习过程中的作用，但是它认为环境作用的实现必须通过学生的内部心理作用的过程，它认为生活处处皆知识，学习无处不在。

认知主义代表人物托尔曼（Edward Chace Tolman）认为，人的头脑中是有认知地图的，所谓认知地图，也就是学习不仅仅是一种单纯的知识获得，同时也要对学习目标、学习过程、学习途径以及学习手段有一个清晰的认知，也就是认知观念的形成，所以在学习过程之中，也需要对认知过程进行研究，强调学习的目的性和认知性。认知主义的另一个代表人物布鲁纳（Jerome

Seymour Bruner）认为学习的实质是将学习内容进行符号化和表征化的过程以及将这些表征进行应用的过程。皮亚杰（Jean Piaget）则认为知识的获得是通过内部心理活动实现的，包括内在的编码以及组织，它重视意识在学生学习过程中所承担的角色，认为在新的学习开始之前，学习者的心理已经存在一个心理结构，原有的认知结构对于后续的学习有着重要的影响。学习者原有的学习策略、学习态度，知识经验以及情感、信念，价值观，态度等都是影响后续学习效果的重要因素。因此，他认为在教学的过程中既要重视学生的主体作用，又要重视教师的外部刺激作用；既要重视学生的内部心理过程，又要创设合适的条件来促进学习者的内部心理状态的发展。认知主义理论指导下的教学模式将学生的心理发展状态作为一个重要因素纳入了教学设计中，在教学策略和教学内容的选择上与学生原有的认知结构更为契合，学生的主动性和积极性也能够得到更好的发挥。

SPOC 中的每门课程都将"认知地图"的思想很好地体现出来，每次开课之前，都会大概给出一个课程的相关介绍，并且还将教学大纲以及总时长数都公布出来，每周的主题、主要内容、相关材料、课后作业，评分标准等也会通过邮件告知学生，这样方式的使用能够使学生预先建立"认知地图"，从而更好地投入到学习中。

SPOC 在课程设计中，在每一节视频中，都会嵌入 2—3 道测试题，如果对了，会直接显示正确答案。如果做错了，学生可以有多次选择的机会，而不会直接显示答案。这样的设计是源于学生的游戏心理，学生在玩游戏的过程中会有通关的设置，只有通过了基础的游戏关卡，才能升入到新的一级。SPOC 的设计借鉴了这一特点，依据学生的求胜心和好奇心在课程中嵌入测试，只有通过才能继续学习，这种设计一方面是对学生学习兴趣的刺激；另一方面也是对于学生学习效果的监督。每一步的测试即是对于之前学习内容以及学习情况的监督和检测，并且通过测试及时给予学生学习的反馈，学生也会知道自己是否理解课程所讲的内容。已经有实践证明，通过学习 SPOC 课程的学生取得的成绩要比通过参加传统课堂学习的学生的成绩好。

学习的主体应当是学生本身，然而传统的教学模式由于技术条件，人力条件等问题的限制，使得教师成为所有学习活动的中心，教师既是学习活动的发起者，又是执行者、监督者，检测者，多个角色集于一身，纵使有三头六臂也无法将所有角色都扮演好，何况，学生间又有着明显的个体差异性，在这种情况之下学生的个体差异性无法被顾及也是在所难免。混合式教学模式的发展是教育理论和科学技术不断发展的产物，它的理念即是在适当的时间，通过适当的技术，运用适当的风格，对适当的学习者传递适当的能力，从而取得最优化的教学效果；把传统教学效率高，师生间可以进行情感互动等方面的优势与网络教学自由、多变、共享方面的优势相结合，在知识迁移的过程中，既充分发挥教师的引导、启发和监督的作用，又将学生的在学习过程中的积极性，主动性和创造性充分调动和发挥，用最简单的办法实现知识的有效迁移以及学生能力的获得。

关注学生内部心理发展即为关注学生本身，基于 SPOC 的混合式教学模式的设计理念是以学生为中心，课前资料的提供及学习任务单的设计，出发点都是学生的接受程度、接受能力，已有的知识基础、关注的兴趣点等，在此基础上设计相应的问题，引发学生对所学习内容的思考，激发学生深入探究的兴趣，同伴之间的合作既是一种彼此的促进也是一种彼此的监督，实现了纵向和横向监督并行的状态，课堂中已有教学资源的运用，既实现了物尽其用，又解放了老师，使得老师有更多的时间和精力投放到学生身上，关注学生的成长与发展。课后，交流平台的运用，延展了课堂的宽度和广度，使得课堂不再局限于仅有的课上时间，任何时候、任何地点、任何疑问都可以与教师实现无缝衔接交流。大数据技术的应用，用科学的手段分析学生的学习情况，进而进行科学性的改革和调试，使设计的活动更为适应学生的学习需求和发展需求，通过内部及外部条件的作用，实现学生能力的提升、情感的提升，态度的培养。

二、关联主义理论

关联主义又称连通主义，连接主义，是由乔治·西蒙斯（George Siemens）提出的符合网络时代发展特征的理论。学习（被定义为动态的知识）可存在于我们自身之外（在一种组织或数据库的范围内）。学习发生在模糊不清的环境中，没有固定的要求和界限。关联主义理论是一种适用于数字时代的学习理论。

（一）关联主义理论主要原理

（1）知识存在与节点之上，不同节点之间存在强弱连接。

（2）学习是将节点相互关联构建内部网络的过程。

（3）学习可以通过电子设备工具进行。

（4）持续学习的能力比当前知识的掌握更重要（即管道比内容更重要）。

（5）时刻建立或取消不同节点之间的关联，使知识体系动态发展起来。

（6）提升搜寻有意义节点并建立连接的能力。

（7）学习的目的是为了促进知识的流通。

（8）决策也是一种学习。选择对自己有用的内容，并根据外界环境的变化调整结构。它发生在模糊不清的环境中，没有固定的要求和界限，可以选择对自己有用的内容，并根据外界环境的变化调整结构。

在知识观方面，关联主义认为学习活动就是为了促进知识流通。知识在一个交替流动的过程中得到不断更新，它是动态流动的。知识的流动循环主要经由以下几方面：从某个人、群体或组织的共同创造开始，然后分发知识，传播重要思想、知识的个性化、实施再回到知识的创造这样一个循环的过程，从而使我们的知识经历得到个性化的解读，内化、创新。

（二）关联主义视角下的学习内容与学习过程

1.学习内容的可变性

学习内容是指信息或知识。西蒙斯注意到当学习者与学习内容（或信息）建立联系后，实际上创建了一个包括不同观点的网络，使学习者的个人观点通过范式确认获得新的意义。这就是说，连接改变了内容，位于网络中的内容被赋予了新的意义；或者更确切地说，当网络有了新的内容，便渗透了新的意义，这说明创建连接比内容更重要。当网络大到可以说明不同视角时，它创建了某个层次的意义，反映了各种个体元素的合成力量。因此，当内容创建加速后，人们与内容的关系便发生了变化，即人们不再需要所有相关的内容项目。按照他的观点，知识也有半衰期，经过一段时间，知识会老化、会变得陈旧。

2.学习内容的现实性

关联主义为学习者提供某种类型的内容，因而产生价值。但人们需要的不是泛泛的内容，我们需要的是现时的、相关的、切合语境的内容。关联主义的优势便在于它解决了内容的现时性，使学习内容更有用途。传统的教材或手册很难满足这个标准。即使学校或公司举办短训班，更新和充实学生或雇员的知识，有时也无济于事，且耗资较大。人们接触到的知识应该是极为需要的。过去把知识看作容器的观点限制了知识的流通，降低了学习效应。为了保证内容的现时性，安排教学时需要我们思考缜密，计划周到。这需要很好的管理系统、聚合器、智能搜索等辅助工具。

3，学习内容的连续性

电子化学习或多媒体学习最初采取课堂搬家的模式。教学内容往往是线性的课程，学习者需要投入大量时间掌握其内容。今后的学习可以是小型的，以个体为目标的种种方式。除纸质教材外，可用计算机，甚至手机进行学习。这样有利于知识的传授连续进行，而不是学习预先构制的课程。从学习者的角度看，学习内容应易于被找到。总之，学习过程和求知过程是恒常的、不断进行的过程，不是最终状态或产品。

4. 学习内容的相关性

相关性是接纳或使用任何内容的必要条件。如果有的内容与人们关注的内容不相关，就不会被使用。今天人们对待知识也是如此。当然，有些看起来是不相关的内容，对发展人们将来的能力也许是关键的。因此，相关性可以界定为一种资源或活动是否符合个体不同时期需要的程度。相关性越大，其潜在价值越大。同样，学习者如果认为相关性不大，便会影响他的学习动机和行动。相关性不仅关系到内容的实质，对所说的内容或信息的现时性也至为重要，可有效地应对知识的增长和功能。

5. 学习内容的复杂性和外部性

今天知识流通迅猛、日趋复杂。一方面需要掌握各种观点才能得其全貌；另一方面靠一个人正确掌握和理解一个情景、一个领域、一个课题的全部内容甚为困难，个体很难具备这种能力。这迫使人们需要寻找新的学习模式。人们得依靠不同专业化内容或信息源的连接。学习的网络模型应运而生，它帮助人们将一部分有关知识的处理和解读过程卸载到学习网络的节点中。通过技术的应用，学习者可以按类建立种种节点，让每个节点储存和提供他们所需要的知识。这样，学习的部分活动卸载到网络上了。这个观点最能对付知识的日益复杂化和加速。用西蒙斯的话说，"知识存在于网络中""知识/学习可处于非人的器皿中，学习由技术实现和提供方便"。由此，他认为一个人如何更多知道的能力比知道的现有知识更为关键。学习者如果具有在不同领域、观点和概念之间发现连接、识别范式和创建意义的能力就是今天培养学习者掌握的核心技能。

6.学习中的决策

学习是一个混乱，模糊、非正式、无秩序的过程，因此如何做出抉择也是在学习，即如何在不断变化的现时世界选择学习内容和判断新信息的意义。由于影响决策的信息环境的变化，今天认为是正确的答案，明天可能成为错误。当今许多现有学习理论将知识的处理和解释寄托于从事学习的个体上。如果知识流通量不大，这些模式是可行的，但如果知识像汪洋大海滚滚而来，那种涓涓细流式的学习方式便难以适应。

7.学习的社会性

西蒙斯在强调学习者个体与学习内容关系的同时，也认为社会、社区和同学对学习有重大作用。当学习行为被看作学习者能够控制的活动时，设计者需要将关注点转移到培育理想的生态系统从而促进学习。通过认识到学习是一个混乱模糊、非正式、无秩序的过程，人们需要重新思考如何设计教育指导，如何侧重培养学习者驾驭信息的能力。人们正在从正式刻板的学习方式迈向非正式的、以连接为基础、网络创建的学习方式。

（三）关联主义的学习理解

在有意义制定的过程中，意义和情感的融合非常重要。思维和情感是相互影响的。仅仅考虑某个维度的学习而忽略大部分学习是怎么产生的研讨是不够的。

学习的终极目标是增强"做事"的能力。这种增进的能力既可能是实践意义的（例如，发展使用新软件工具的能力或学习如何滑雪），也可能是在知识时代使工作更有效的能力（自我意识，个人信息管理等）。"学习的全景"，不仅是获得技能和理解，应用是其中的必要部分。动机原理和快速决策通常能决定学习者是否能运用所学知识。

学习是一个连接专门节点或信息资源的过程。如果一个学习者能与现有的网络相连接，那么就能够极大地改善学习效率。

学习可能储存于人工制品中，学习（指知道但不具备行动的特质）可以存在于某个社团、网络数据库中。

"知道更多"的能力比"目前知道多少"更重要，"知道从何处寻找信息"

比"知道的信息"更重要。

对学习者来说，培育和维护各种连接、善于与外源建立有效的连接比单纯理解某个单一概念能获得更大的回报。

学习和知识存在于多样性的观点中。

学习方式多种多样，如，课堂、电子邮件、共同体、对话、网络搜寻、电子邮件列表、博客等，课堂或课程不再是主要的学习渠道。

有效的学习需要不同的方法和个人技能，如，能洞察不同领域、观点和概念之间的关联，就是一种核心技能。

学习要善于整合组织学习与个人学习的效力。个人知识是一个网络，它注入组织和机构中，组织与机构又回馈给网络，并持续地为个人提供学习机会。关联主义试图提供个人学习和组织学习是怎样的解释。

学习活动的宗旨是关注知识的现时性（精确的、最新的知识）或流动性。

决策本身是一种学习过程。在今天这个社会，人们需要根据不断变化的现实来选择"学什么""怎样学"和"如何理解新信息的意义"。决策的正误会因信息背景的改变而变化，今天的正确明天就可能变成错误。

学习是一个创造知识而不仅仅是汲取知识的过程。为此，学习工具和学习方法的设计应当充分关注学习的这一特点。

（四）关联主义的基本要素

1. 网络

关联主义以网络学习为基础。网络具有内在的简洁性，即它只有节点和连接两个元素。

节点是可以用来连接到其他元素的成分，是可以用来形成网络的外部实体。它可以是人，单位、图书馆，网址、书籍、杂志，语料，或任何其他信息源。这些节点的聚合产生了网络。网络可以合并形成更大的网络。

连接是各个节点之间的任何联系方式。学习的行为是创建节点的外部网络，从而形成信息源和知识源。这是为了保持知识的现时性和连续获得，经历，创建和连接外部的新知识。学习网络也可以看作内部心智中进行连接和创建理解范式的结构。即使网络的连接不那么紧密，节点仍可以存在于网络中。每个节点都有能力以自己的方式起作用。网络本身是节点聚合体，但对网络每一节点的性质影响有限。

节点形成连接受许多因素的影响。一旦网络建成，信息可以很方便地从一个节点流向另一个节点。两个节点之间的联系越强，信息流动得越快。

2. 信息系统

网络创建的信息系统包括：

（1）数据：初始元素或较小的中性意义元素。

（2）信息：有智能应用的数据。

（3）知识：语境中的或已内化的信息。

（4）意义：对知识细微差别、价值、含义的理解数据。

信息系统是一个连续体，学习就是知识转化为某种意义（然后通常这会产生可以遵照行事的某种东西）的具体过程。在这个过程中，学习是编码、组织节点以促成数据，信息和知识流动的行为。

3. 元素特征

网络的元素特征包括：内容（数据或信息）、互动（尝试性形成连接）静态节点（稳定的知识结构）、动态节点（新信息的增添和数据的不断变化），自动更新节点（与原信息源紧密相连的节点，产生高度流动性，体现最新信息）、情绪因素（影响连接和网络中心形成期望的情感）。

数据和信息是数据库元素，它们需要以能使它们在现有网络中动态更新的方式存贮和处理。当这些元素更新时，整个网络结构也同样受益。从某种意义上讲，网络在智能上不断成长。另一方面，知识和意义从潜在的数据或信息元素中获得了价值。

4. 形成关联的因素

连接虽是网络学习的关键，但在整个结构中并非每个连接的分量和影响力都相同。因此，连接的增强受制于动机、情绪、节点的关联性、合乎逻辑的反思、认识自然和组织不同类型信息与知识的范式化过程、熟悉自己身处的专业领域的经验。

5. 网络形成过程中的学习

学习与网络形成过程之间互相影响。从学习是知识和意义之间发生的活动来看，它是网络形成中受到影响的因素。但学习本身也是影响因素，因为实践过程是网络创建和形成的过程。学习不能只看作被动（被作用）或主动（作用于其他元素）的过程。

6. 创建意义

网络中的意义是通过连接的形成和节点编码产生的。最佳意义的产生符合系统的一般特性：开放性，适应性、自我组织并具备修正能力。对潜在语义的分析可以通过将新节点融入现有网络结构的过程来解释。新节点在整个网络中提供连接和知识流。作为连接元素，节点可以作为新信息发送的中心，或者只是简单地在原本互不相连的想法和概念之间形成新的连接。在逻辑/认知和情感彼此激活和交织的过程中形成了意义。

（五）关联主义理论指导作用

关联主义理论对设计混合式教学模式的指导作用主要表现在以下两方面。

1. 知识是具有关联性的网络整体

混合式教学的线上教学部分由于学习场所的虚拟性、接触资源的碎片化，容易导致学习者所习得的知识处于分散、支离的状态。而在关联主义理论的指导下，教师和学习者需要有意识地对教与学的状态进行把控。首先，教师提供给学习者的知识要相互连贯，遵循由浅入深，由易到难，小到一节课、一个单元，大到整本书，所呈现的知识需要遵循一定的知识逻辑结构，使学习者明晰整体的知识脉络。其次，教师面授教学的教学内容应与线上组织的教学资源相互关联，线上线下不能相互脱离，二者均要有各自的教学呈现方式，但是整体上又是互相对应，彼此联系的。

2. 教师与学习者时刻保持关联

教师与学习者是教学过程的两大主体，师生之间的互动在教学过程中是必不可少的。由于线上教学过程的时空分离性，师生之间的互动往往受各种因素的限制而不便随时互动沟通。基于此，应用QQ、微信等软件技术保持沟通，通过在线软件的途径，学习者能够相互探讨，教师也能够及时掌握学习者的进度，及时解答学习过程中出现的问题。

第四节 掌握学习与教学交互理论

一、掌握学习理论

"掌握学习理论"由美国著名心理学家、教育家布鲁姆（Benjamin

Bloom）提出，意谓"熟练学习、优势学习"，是指只要具备所需的各种学习条件，大多数学生（95%以上）都可以完全掌握教学过程中要求他们掌握的全部内容。

（一）教育目标分类

布卢姆等人把教育目标分为三个领域，即认知领域、情感领域和动作技能领域。在每个领域中都按层次由简单到复杂地将目标分为不同类型，有可以将每一个类别进一步区分为若干个亚类。

1.认知领域的目标分类

（1）知道

指对先前学习过的知识材料的回忆，包括具体事实、方法、过程、理论等的回忆。知道是这个领域中最低水平的认知学习的结果，它所要求的心理过程主要是记忆。

（2）领会

指把握知识材料意义的能力。可以借助三种形式来表明对知识材料的领会，一是转换，即用自己的话或用与原先的表达方式，通过不同的方式来表达自己所学的内容；二是解释，即对一项信息（如图表，数据等）加以说明或概述；三是推断，即预测发展的趋势。领会超越了单纯的记忆，代表最低水平的理解。

（3）把学到的知识应用于新的情境

它包括概念、原理、方法和理论的运用。运用的能力以知道和领会为基础，是较高水平的理解。

（4）分析

指把复杂的知识整体材料分解成组成部分并理解各部分之间联系的能力。它包括部分的鉴别，分析部分之间的关系和认识其中的组织原理。例如，能区分因果关系，识别史料中作者的观点或倾向等。分析代表了比运用更高的智力水平，因为它既要理解知识材料的内容，又要理解其结构。

（5）综合

指将所学知识的各部分重新组合，形成一个新的知识整体。它包括发表一篇内容独特的演说或文章，拟订一项操作计划或概括出一套抽象关系。它所强调的是创造能力形成新的模式或结构的能力。

（6）评价

指对材料（论文、小说、诗歌、研究报告等）作出价值判断的能力。它包括按材料的内在标准或外在标准进行价值判断。例如，判断试验结论是否有充分的数据支持，这是最高水平的认知学习结果。因为它要求超越原先的学习内容，并需要基于明确标准的价值判断。

2. 情感领域的目标分类

（1）接受（注意）

指学习者愿意注意某种特定的现象或刺激，例如，静听讲课、参加班级活动等。

（2）反应

指学生主动参与，积极反应，表示较高的兴趣。例如，完成老师布置的作业等。

（3）价值评价

指学习者用一定的价值标准对特定的现象、行为或事物进行判断。它包括接受或偏爱某种价值标准，和为某种价值标准做出奉献。例如，欣赏文学作品，在讨论问题中提出自己的观点等。

（4）组织

指学习者在遇到多种价值观念呈现的复杂情境时，将价值观组织成一个体系，对各种价值观加以比较，确定它们的相互关系及它们的相对重要性，接受自己认为重要的价值观，形成个人的价值体系。

（5）有价值或价值复合体形成的性格化

指学习者通过对价值观体系的组织，逐渐形成个人的品性，如，世界观的形成。

3. 动作技能领域的目标分类

（1）知觉

是从事一种动作最实质性的步骤，它是通过感觉器官觉察客体、质量或关系的过程。知觉活动是动作活动的必要条件但不是充分条件。知觉是导致动作活动的"情境—解释—行动"连锁中基本的一环。知觉包括感觉刺激（听觉、视觉触觉、味觉、嗅觉、动觉）线索的选择和转化。

（2）定势

是为了某种特定的行动或经验而做出的预备性调整或准备状态，定式包括心理定式、生理定式、情绪定式。

（3）指导下的反应

是形成技能的最初一步，这里的重点放在较复杂的技能成分上。指导下的反应是个体在教师指导下，或根据自我评价表现出来的外显的行为行动。从事这一行动的先决条件是作出反应的准备状态，即产生外显的行为行动和选择适当反应的定式。所谓反应的选择，是指决定哪些反应能够满足任务操作的要求而必须作出的。

（4）机制

已成为习惯的反应。在这一层次上，学生对从事某种行动已有一定的信心和熟练的程度。这一行动是他对刺激和情境要求能够作出种种反应的行为库的一部分，并且是一种适当的反应。这种反应比前一层次的反应更复杂，它在完成任务过程中也可能包括某种模仿。

（5）复杂的外显反应

这里指个体（学生）因为有了所需要的动作形式，能够从事相当复杂的动作行动。在这一层次上，个体（学生）已经掌握了技能，并且能够进行得既稳定而又有效，即花费最少的时间和精力完成这一动作。

（6）适应

是一种生理上的反应，是为了使自己的动作活动适合新的问题情境，就必须改变动作的活动。

（7）创作

根据在动作技能领域中形成的理解力、能力和技能，创造新的动作行动或操作材料的方式。

（二）掌握学习教学理论

在布卢姆看来，只要恰当注意教学中的主要变量，有可能使绝大多数学生都达到掌握水平。

1. 定义

所谓"掌握学习"，就是在"所有学生都能学好"的思想指导下，以集体教学（班级授课制）为基础，辅之以经常、及时的反馈，为学生提供所需的个别化帮助以及所需的额外学习时间，从而使大多数学生达到课程目标所规定的掌握标准。

布卢姆认为，只要给予足够的时间和适当的教学，几乎所有的学生对所有的内容都可以达到掌握的程度（通常能达到完成80%—90%的评价项目），学生学习能力的差异并不能决定他能否学习要学的内容和学得好坏，只能决定他将要花多少时间才能达到该内容的掌握程度。换句话说，学习能力强的学习者可以在较短时间内达到对该内容的掌握水平，而学习能力差的学习者则要花较长的时间才能达到同样的掌握程度。

在学习程序中，他将学习任务分成许多小的教学目标，然后将教程分成一系列小的学习单元，后一个单元的学习材料直接建立在前一个单元的基础上。每个学习单元都包含一小组课程，学生通常需要1—10个小时的学习时间。然后教师编制一些简单的诊断性测验，这些测验提供了学生对单元的目标掌握情况的详细信息。当达到所要求掌握的水平，学生可以进行下一个单元的学习，若成绩低于所规定的掌握水平，就应当重新学习这个单元的部分或全部内容，然后再测验，直到掌握。

2. 核心思想

如果学生的能力倾向呈正态分布，而教学和学生用于学习的时间都适合于每一个学生的特征和需要，那么大多数学生都能掌握这门学科，即大多数学生都能顺利地通过该学科各单元规定的80%—90%的测验题目，达到优良成绩。一般在一个班级中，只有5%—10%的学生不能达到优良成绩。能力倾向和学习成绩之间的相关接近于零。当教学处于最理想状态时，能力不过是学生学习所需要的时间。教学是一种有目的、有意识的活动，如果我们的教学富有成效的话，学生的学习成绩分布应该是与正态分布完全不同的偏态分布。

3. 变量

布卢姆掌握学习教学原理是建立在卡罗尔（John Carroll）关于"学校学习模式"的基础上的。卡罗尔认为，学习程度是学生实际用于某一学习任务上的时间量与掌握该学习任务所需的时间量的函数，即，学习程度 = 实际用于学习的时间量 / 需要的时间量。实际用于学习的时间量是由机会（即允许学习的时间）、毅力和能力倾向三个变量组成的。需要的时间量由教学质量、学生理解教学的能力和能力倾向三个变量组成的。布卢姆接受了上述卡罗尔"学校学习模式"中的五种变量（其中，两种能力倾向为一个变量），将其作为掌握学习教学的变量。

（1）允许学习的时间

是指教师对学生完成一定的学习任务所明确规定的时限。学生要达到掌握水平，关键在于时间量的安排要符合学生的实际状况。如果学生有足够的时间去学习，则绝大多数都能达到掌握水平。为此，他认为教师应做到以下两点。

①改变某些学生所需的学习时间。如，师生如何有效地利用时间，减少大多数学生学习的所需时间。

②找到为每个学生提供所需时间的途径。当然布卢姆也承认，学生掌握某一学习任务所得的时间，是受其他变量影响的。

（2）毅力

指学生愿意花在学习上的时间。毅力与学生的兴趣、态度有关。如果学生的学习不断获得成功或奖励，那他就乐于在一定的学习任务中花更多的时间；反之，他受到挫折或惩罚，必然会减少用于一定的学习任务的时间。通过提高教学质量来减少学生掌握某一学习任务所需要的毅力，我们没有什么理由要把学习弄得很难，非要学生有坚韧不拔的毅力不可。

（3）教学质量

指教学各要素的呈现、解释和排列程序与学生实际状况相适合的程度。布卢姆认为教学的要素是：向学生提供线索或指导，学生参与学习活动的程度，给予强化以吸引学生学习，反馈—矫正系统。由于每个学生在完成某一学习任务时，其认知结构各有特点，使他们对教师提供的线索或指导等有不同的需求，故教师应寻找对学生最适合的教学质量。如果每个学生都有一个了解自己实际状况的辅导者，那么他们大多能掌握该学科。教学质量评价的主要依据是每个学生的学习效果，而不是某些学生的学习效果。

（4）理解教学的能力

指学生理解某一学习任务的性质和他在学习该任务中所应遵循的程序的能力。理解教学的能力主要决定于学生的言语能力。目前绝大多数学校采取班级授课制，一个教师面对几十个学生。如果其中某些学生不善于理解教师讲解和教科书内容，学习就会遇到困难。所以，只有改进教学，如通过小组交流、个别对待、有效地解释教科书、视听方法的运用与学习性游戏等系列教学才能使每一个学生提高言语水平，并发展其理解教学的能力。

（5）能力倾向

指学生掌握一定的学习材料所需要的时间量。因此，只要有足够的时间，大多数学生都能完成一定的学习任务。这就是说，能力倾向只是学习速度的预示，而不是学生可能达到学习水平的预示。有证据表明，通过提供适当的环境条件和在学校、家庭中的学习经验，改变能力倾向是可能的。

布卢姆认为，上述掌握学习教学的五种变量对教学效果产生相互作用的影响。教师的任务是控制好这些变量及其关系，使它们共同对教学发挥积极的影响。

4.实施过程

可分为以下两个阶段。

（1）教学准备阶段

掌握学习的先决条件。

①教师首先给掌握学习下定义，即明确阐述掌握学习意味着什么，需要掌握什么学习内容。

②教师把课程分解为一系列学习单元，并制定具体教学目标。每个单元大体包含两周的学习内容。

③在新课程开始之前，教师对学生进行诊断性评价，了解学生具备了多少有关学习新课的知识以及学生的学习动机、态度、自信心等情况，以便在新的学习中为学生安排适当的学习任务，实行因材施教的教学手段。

④教师根据每一单元的教学目标编制该单元简短的"形成性测验"试题，一般为20分钟左右，目的是评价学生对该单元内容的掌握情况。

⑤教师根据形成性测验试题再确定一些可供选择的学习材料（如，辅导材料，练习手册、学术游戏等）和矫正手段（如，小组学习、个别辅导、重新讲授等），供学生在学习遇到困难时选择。

⑥教师编制"终结性测验"试题，测验试题的覆盖面应包括各教学单元的全部教学目标，目的是评价学生是否完成了该学科的学习任务。

（2）教学的实施阶段

掌握学习的操作程序。基本过程如下：

学生定向→常规授课→揭示差错→矫正差错→再次测评→总结性评价

①学生定向

学生定向阶段主要是教师告知学生学习的目标。

教学开始时，需要为学生的掌握情况定向，教师应向学生说明掌握学习的策略、方法与特点，使学生了解学习的方向并树立能够学好的信心以及形成掌握而学的动机。这是为了使学生适应所要采用的操作程序。

教师应向学生表明其信心，大多数学生便能够高水平地学会课程的每一单元或教科书的每一章内容；如果学生在学习每一单元时尽到力量去达到掌握水平，那么，他们就会在为分等而进行的测试与考核中做得十分出色。学生应当懂得分等是根据既定的标准，而不是依据在班里的次序。这就是说，只要他们的表现可以证明得分正当，所有人都可能得到最高的等级。

每个学生的学习等级以期末成绩为依据，达到标准都将获得优良。

教师应当讲演，需要另外时间与帮助的学生可以得到所需的一切，得到一些供选择的学习程序或矫正方法以帮助他们掌握所学知识，掌握在每次形成性测试时遇到的困难的那些概念。教师还应强调，作出额外努力的学生将会发现，他们逐渐地只需要付出越来越少的额外努力，便可达到掌握新的单元或章节。教师应该告诉学生，他们在学习过程中一定会激发更大的兴趣，发现更多的乐趣，而且这些程序将最终帮助他们学习其他学科，达到比往常更高的水平。

教师还应说明，在掌握学习中，群体教学与学习材料同该课程的常规班或控制班所采用的完全一样。所不同的是，在每个学习单元结束时，进行一次形成性测试（形成性测试 A），为师生提供反馈。以便及时发现学习中的问题，并采取矫正性措施使问题得到解决。然后，在两三天内，对学生进行第二次平行形式的形成性测试（形成性测试 B），学生只需回答第一次测试时未做对的问题。

②常规授课

定向阶段以后，教师用群体教学方法讲授第一学习单元，给予学生相同的学习时间。

③揭示差错

这个学习单元完成之后，教师要对全班学生进行单元形成性测验。然后对这一测验打分（通常由学生自己评分），以便确认哪些题目做对了，哪些做错了。教师读出解答方案或正确的回答，学生自己给测验订分。宣布表示掌握的分数（通常是试题数量的80%—85%）后，通过举手或其他手段了解达到掌握水平和未达到掌握水平的学生人数。

④矫正差错

对于通过的学生，可自由参加提高性学习活动或做未达到掌握水平学生的个别辅导者；未通过的学生则被要求使用适当的矫正手段来完成他们的单元学习。

⑤再次测评

在补救教学结束之后，让未掌握单元学习任务的学生参加第二种平行形式的形成性测验。第一单元的教学通过上述程序，绝大多数学生达到该单元的教学目标后，便可转入第二单元的教学。对于尚未通过的学生、教师还要再尽力帮助他们。

掌握学习的实质是，群体教学辅之以每个学生所需的频繁反馈与个别化的矫正性帮助。提供个别化的矫正性帮助能使每个学生学会他未领会的重点。这种帮助可以由一名助手、其他学生、家庭提供，或者要学生参考教材中的适当之处。做好这一工作，大多数学生便能够完成每一项学习任务，达到掌握的目标。

⑥总结性评价

教师最后实施课程的终结性考试，给考试分数达到或高于预先规定掌握成绩标准的所有学生相应的等级。

（三）掌握学习教学理论的指导作用

掌握学习教学理论对设计混合式教学模式的指导作用主要表现在以下几方面。

首先，混合式教学模式将部分教学任务转移到课下进行，这意味着有更多自由、充分的时间供学习者自由支配，学习者可以根据自身的实际情况选择合适的学习进度以及教学方法自定步调学习。通过完成教学任务观看教师录制的视频以及资料自主学习，并完成在线测试，判断对于基本知识的掌握情况，对于未掌握的知识进入二次学习，掌握后方可进入下一阶段的学习。

其次，教师应该为学生设定明确的教学目标，在本次课程中学生应该达到什么样的程度、具体应用的学习方式，需要达成的指标等，使学习者有明确的学习方向，同时激发学习动力。

最后，在保证基础知识掌握的前提下，对于材料引申、拓展学习部分教师可以划分不同的难度水平以供学习者选择，这样既解决了有些学生吃不饱的现象，也可以避免一些学生因吃太多太快而"消化不良"问题，打破了教学过程中存在的进度一致、步调一致的桎梏，使学生的个体差异性得到尊重。

二、教学交互理论

在信息交互与社会交往大背景下，教学交互成为教学活动中必不可少的一个环节。任何形式的教学活动都离不开一定程度的交互，交互是教学活动发生的必要载体，而教学交互区别于传统的人际交互，旨在推动教师与学习者交流与理解，在引入某种技术的基础上，促进教学活动的高效完成。有学者将交互分成两个状态：其一，适应性交互，即指学习者行为与教师建构的环境之间的交互，如学生对教学平台的操作过程；其二，对话性交互，指学生与教师之间的交互，这一层面主要是学习者与教学要素、资源信息之间的交互。

（一）交互影响距离理论

交互影响距离理论的提出者是穆尔（Moore），他指出交互影响距离不是物理距离，而是由物理距离、社会因素等导致的师生在心理上产生的距离。"结构"与"对话"是交互影响距离的两个要素，其中，结构与交互距离是正比的关系，而对话与交互影响距离是反比的关系。也就是说，结构化程度高的课程，师生间的对话较少，交互影响距离最大；相反结构程度低（结构灵活），对话会增多，时间的交互影响距离随之减少。从学习者的角度看，交互影响距离越大，学习者的自主性要求越高。简单地说，交互影响距离是人与人之间的心理距离感。在混合式教学中，培养学生的自主学习能力是其中一个目标，而这个自主性又与交互影响距离有联系，因此面对面教学交互设计，非面对面的交互设计等都要基于交互影响距离理论来进行，尽量让学生与教师之间及学生与学生之间有一个比较合适的交互影响距离。

（二）等效交互理论

等效交互理论是安德森（Anderson）从节约时间和经济成本的角度提出来的，其基本思想是各种类型的交互转换可以相互转换和替代。本理论指出教师与学生、学生与学生、学生与学习内容这三种交互类型，如果有一种类型是高频率交互，那么其余两种交互频率就会少，甚至没有，但是有意义的正式学习仍然得到支持，且不会降低教学体验；如果三种教学交互中有两种或两种以上的交互类型是高频率交互时，有可能产生更满意的教学体验，但需要花费更多的时间成本和经济成本。实际教学中教学时间是有限的，需要综合考虑教师和学生的时间比例及经济成本。

（三）教学交互层次塔理论

教学交互层次塔理论用来揭示和解释远程教学中教学交互的特征与规律。教学交互从低级到高级课分为三层交互，即操作交互、信息交互、概念交互。其中，概念交互是最高级、最抽象的交互，而操作交互是最低级、最具体的交互，高级交互是以低级交互为基础的。教学中交互的目的是让学生获取和建构自己的知识体系，形成自己的概念，即达到高级层次的概念交互，而高级交互层次不是一蹴而就的，它需要进行低级的操作交互和信息交互。在混合式教学中，以教学交互层次塔理论为指导，在教学交互式设计和实施过程中尽可能多地给学生提供足够的低级交互机会，为其上升为最高的概念交互打好基础，引导学生向较高层次进行交互。

（四）教学交互理论的指导作用

教学交互理论对建构混合式教学模式的指导作用主要表现在以下几方面。交互是混合式教学活动中至关重要的步骤，在混合式教学的设计过程中应时刻以交互为核心。第一，教师与学习者交互应遵循便利性，高效性原则，能够在线上、线下的教学中都能够达到即时的交互。第二，师生与平台易于交互，具体针对教师课程资源上传、页面美观性、学生观看的舒适度，即平台人性化的功能设置。

第五章 高校思想政治理论课混合式教学模式

第一节 高校思想政治理论课线上线下混合式教学模式概述

一、高校思想政治理论课线上线下混合式教学模式的内涵与特征

（一）高校思想政治理论课线上线下混合式教学模式的内涵

高校思政课混合式教学模式是利用重组混合式教学的各要素，积极实施有效融合传统思想政治教学优势和网络信息技术的优势的混合式教学的实践，使得思政课更加具有亲和力、更让学生喜爱，让学生将理论和价值内化于心，外化于形。从而实现立德树人的目标，培养德智体美全面发展的社会主义事业建设者和接班人。

（二）高校思想政治理论课线上线下混合式教学模式的特征

高校思政课是具有自己的独特性，在与混合式教学模式结合的过程中需要保持自己的独特属性，同时也突出混合式教学的特点，体现出政治性、主体性、综合性和互动性等特征。

第一，高校思政课混合式教学模式具有政治性。思政课是落实立德树人的根本任务的关键课程，思想政治教育的目的在于通过各种教育手段方法为实现"两个一百年"的中国梦培养拥有高思想素质和道德素质的大学生。我国阶级性质和思想政治教育目的决定着思政课具有政治导向性，因此，高校思政课混合式教学也具有政治性。首先是教学内容具有政治导向，思想政治教育理论课堂以主流意识形态为内容，坚持传播马克思主义思想理论。其次是教学目的具有政治导向性，高校思政课混合式教学的目的在于让大学生树立坚定的马克思主义信仰，拥护中国共产党领导和我国社会主义制度，坚定站在人民立场，坚定四个自信，提高大学生的思想道德修养和本领能力，

使之成为社会主义现代化建设的可靠接班人。最后是教师具有政治信仰，思政课教师勤于学原著、重要论著、重要讲话，潜心研究，入脑入心，对马克思主义理论真谛极具感悟，在课堂上敢于用自己内心的政治信仰感染学生，思政教师成为具有政治导向性的真实力量源泉。

第二，高校思政课混合式教学模式具有主体性。思政课混合式教学克服传统教学忽视学习者个性培养和个体需求，忽视学习者自学能力和创造精神的培养，忽视学习者学习主动性的培养等方面的弊端。在思政课混合式教学过程中突出以学生为中心，既做到从学生的需要出发，尊重、爱护、理解、关心学生，又正确认识到学生在课堂上的地位，充分发挥学生的积极性、主动性和创造性。在思政课混合式教学中，教师扮演的是指导者、引导者、合作者、监督者和咨询者。指导学习者学会学习、引导学习者自主学习、合作学习，满足学习者的求知欲。借助混合式教学平台使得师生的交流容易展开，教师更容易倾听学生的诉求，从而满足学生的需求，形成了师生双向参与、双向沟通、平等互助的关系，实现对学生的尊重。高校思政课混合式教学坚持思想品德教育，以科学的理论武装人、以高尚的精神塑造人，从而丰富了大学生的精神世界，提高了思想品德。思政课混合式教学为大学生创设了丰富而自由的学习环境，提供了丰富的学习资源，拓展了学习的时空维度，为学习者的自主学习、合作学习、发现学习、探究学习提供了基础，方便学习者自我探索、自我发现和自我交流，有利于学习者全身心投入到创造性学习中。实现了以人为本的精神，达到了学习者自主学习、自我实现、自我评价的目的。

第三，高校思政课混合式教学模式具有综合性。高校思政课混合式教学模式不同于传统教学模式，不断掌握学生个性需求，更新混合式教学技术，深度挖掘教学资源，优化线上线下混合教学方法，开展混合式教学一体化评估，发挥混合式教学合力，更大程度地突出综合性。高校思想政治教育混合式教学课堂具有综合性，它融合传统的面授课堂、在线教学、合作实践教学和翻转课堂等。不仅课堂不是单一的，进行教学过程中也是考验综合能力的过程，以为教师不仅需要教学技能，而且需要整合计算机通信技术知识、信息传播知识、传媒编导艺术，等等。同时，高校思政课混合式教学使得学生获得综合能力。在教学过程中，学生不仅仅获得了知识，更加锻炼了网络素养、团结合作能力、沟通能力等。

第四，高校思政课混合式教学模式具有互动性。高校思政课混合式教学模式基于移动终端和新媒体技术，使得学生和老师互动沟通更加方便。一方面是加强课后思政课教师和学生的互动，传统的思政课师生互动大多发生在课堂，离开教学场所，师生互动交流时间少，机会少，几乎无法发生。而借助线上教学平台和电脑，手机等移动终端，使得师生的沟通交流变得更容易，师生不再拘束于时间和空间，交流互动延伸到课后，交流机会增加。另一方面是课堂上互动的覆盖面更广了。传统的思政课教学一般是教师讲授知识点，缺乏与学上之间的互动。加之现阶段大多高校思政课教学采用大班教学，班级人数多，互动难度大，课堂教学是"一对多"的形式，课堂时间有限，教师与之沟通交流的学生数量少。在运用智慧教学工具的教学课堂，有效解决了大班教学互动难以展开的弊端，不仅互动方式多样简捷，而且覆盖的学生广，打破了课堂"一对多"的限制。一分钟可以完成大班签到，短时间内可以收集了解学生对讨论话题的看法，传统课堂内需要花长时间完成的评测评阅，现在借助网络教学平台可以轻松完成，更有"选人""抢答"等互动功能激发学生的互动性，老师可以通过学习平台数据实时观察学生学习情况，为后面的教学查漏补缺。更有翻转课堂进一步搭建了师生互相了解的桥梁。

二、高校思想政治理论课线上线下混合式教学模式的现实意义

高校思政课混合式教学是在改革传统思政课教学模式的弊端和融合混合式教学的优势的基础上，塑造了思政课教学新生态，使得思政课进一步发挥学生的主体性、其载体获得创新性、其内容具有针对性和评价更具有效性。

（一）融合线上线下混合式教学的优势

在混合式教学应用过程中，显现出许多突出的优势，这些优势融合在思想课混合式教学中。思政课混合式教凭借着海量的优质资源、丰富的教学手段、个性化的学习和多元的评价方式等优势，进一步改变传统思政课给大学生带来的印象，激发学生学习兴趣。

1.海量的优质资源

混合式教学联通线上和线下，高校思政课为线上资源丰富。具体体现在：一方面，教材资源和拓展性资源相互补充。在建课和教学过程中，教师和学生能使用的资源不仅仅是教材和教辅资料，还可以借助网络资源帮助课程的教学。如，超星平台开发的"思政资源库"里面有很多优秀的教学案例、教学课件和示范课程，提供给教师参考使用，另外，思政图书、思政期刊、思政视频和时事热点等都可以作为学生的拓展教学的资源。因而，学生学习的过程中除了聚焦于教材，更多地通过网络获取更多学习资源，扩展视野，促进其更多关注时事热点。另一方面，校本资源和其他学校资源相互补充。在思政课混合式教学过程中，可以借用名校名师的课程或者是其他课程平台的课程，如，国家精品在线开放课程、中国大学MOOC平台、学银在线平台。其他平台的优质课程，在一定程度上弥补了本校师资力量短板等，使得学生获得更多更好的学习资源。

2. 丰富的教学方式

高校思政课混合式教学课堂借助智慧教学工具，教学方法有了许多可选性，让课堂活动更加活跃，学生更多地参与课堂。在思政课混合式教学过程中，除了可以采用传统的讲授的方法，教学的方法还有借助智慧教学工具的即时互动性教学，添加学习的趣味性。例如，超星平台开发的学习通，作为智慧教学工具，开发了"选人""投票""问卷"等互动功能，蓝墨云班课的"头脑风暴""抢答"等功能。这类互动活动往往能够覆盖班级所有同学，且反馈时间短，有效地应对现阶段思政课面临的大班教学，同时改变传统课堂教学沉闷的气氛，课堂活动参与度不高，让学生积极参与进来。高校思政课混合式教学经常使用小组讨论学习，在课堂中，以团队为单位，探求某一个问题。在协作式学习过程中，锻炼学生团结协作，独立思考的能力。除此之外，翻转课堂也是高校思政课混合式教学的青睐的一种教学方式。通过学生自己准备材料，自己表达讲解，从而锻炼了学生的动手能力和表达能力，让学生从实践中体会和验证理论知识，从而达到学生对思想政治理论真学、真懂、真信、真用。

3. 个性化的学习

高校思政课混合式教学关注的学生主体，以学生的学习为关注点，以学生的成长为目的。这样的理念贯穿思政课混合式教学的整个过程。第一，线上教师可以及时关注学生对知识点的学习掌握情况，包括学习课程的进度，每一章节学习的时间，知识点相关的巩固题的完成情况。通过大数据记录分析可以判断学生学习的难点、易错点，教师从而根据学生学习情况及时调整课堂的知识点教学，把教学重点放在学生没有掌握的地方。从而做到因材施教、因势利导。第二，线上交流互动实现"一对一"教学和问题解答。在高校思政课混合式教学过程中，学生遇到问题或者困惑，可以通过线上交流及时解决。在线下课程中，翻转课堂中小组交流、讨论、展示等都是学生作为主角在课堂上发挥作用，而教师或者助教成为辅助性或服务性的指导人员，在准备工作、收尾工作或一些关键问题和课堂进度中帮助学生把握。除此之外，课堂使用的智慧教学工具在互动过程中可以即时得到数据和结果，通过数据反馈给教师提供课堂教学的方向，从而打造指向"学生"的教学课堂，而不是传统思政课教学中，教师教学与学生实际脱轨。

4.多元的考核评价

混合式教学评价内容是多元的，关注过程性学习。在思政课混合式教学过程中，评价方式不仅仅是借助于一张试卷，而是从学生的过程来进行考核。通过互联网大数据，使得学生学习过程留痕，成为过程性学习考查成为现实。考查覆盖于课前预习、课中互动、课后作业等，形成诊断性评价、过程性评价和总结性评价。诊断性评价是在授课前或者授课时通过观察学生学习的大数据，对学生的学习情况、学习能力、学习习惯进行诊断。过程性评价是教师根据学生提供的学习成果做出评价，发掘学生的潜力，巩固学习成果。总结性评价是根据学生整个学习过程进行阶段总结，对一个学期对学生的学习能力、学习态度、知识掌握的总的评判。这样的评价方式不再是"唯分数"，对学生的进行较为准确的评判。

（二）重塑高校思想政治理论课教学生态

通过摒弃和改变传统思政课教学弊端，进一步融合和发挥混合式教学的优势，高校思政课混合式教学带来了较大的效果，重塑了思政课教学生态。

1.调动学生参与思想政治理论课的主体性

就传统的思政课堂教学而言，通常是以教师讲授为主的，因此，学生只是知识的机械接受者。该模式往往是以教师为核心的，优势在于可以充分体现教师在课堂上的主导作用，但是不能针对学生的不同特点进行个性化的一对一教学，因此，使得教学效率比较低。就网络学习而言，尽管是以学生为中心，学习地点和时间也比较灵活，然而其不能突出教师对学生的指导作用，因此，使得学生的学习效果会大打折扣。但在混合式教学下，教师和学生是一种对话和平等的关系，同时课堂也是师生共同学习、内化知识以及交流思想的场所。从本质上说，学生其实是学习的主体，而教师仅仅是其学习的促进者、引导者和帮助者，该模式能够把网络教学和传统的课堂教学有机整合，不但能够有效地体现学生学习的自主性与主体性，同时也能够体现教师教学的监控性和指导性，并且教师能够动态关注学生们的学习进度，对于不同的学生通过云课堂实现一对一实时回复并进行有针对性指导，实现因材施教，从而取得更佳的教学效果。

2. 提升高校思想政治理论课载体的创新性

与传统的思政课堂教学而言，高校思政课载体更具创新性。首先，思政课混合式教学创新了知识呈现载体。传统教材和教学资料只有固定的书本教材和资料，一般来说，知识量较小。在思政课混合式教学中，实现了载体的多样化，包括电子教材、授课计划、教学课件、教学案例，以及动画、图片、音频、微课视频等，呈现与思政课程相关的教学内容信息。相较于传统高校思政课教学以文字和语言为载体而言，更能将较为抽象、晦涩的知识直观化、具体化，使课堂教学内容形象、生动。进而有效吸引学生的注意力促进其对所学知识的理解，激发学生的学习兴趣，使课堂内容丰富起来。其次，思政课混合式教学创新了课堂教学的活动载体。关于呈现与课程相关的教学内容信息的活动载体，与传统的思政课教学而言，混合式教学中活动载体更加多种多样。在思政课混合式教学中翻转课堂、PBL 教学等教学活动，秉持着学生是课堂的参与者，给予学生在课堂上更多的参与感。

3. 增强高校思想政治理论课内容的针对性

在思政课混合式教学过程中教师能根据学生的实际情况和学生的个性特点有针对性地设计教学内容。混合式教学模式的学习可以实现线上线下的互补教学，通过不同的教学形式解决学生学习过程中的不同问题。根据学生的实际知识掌握情况，教师可以在线上设置前置学习内容，如，教学内容的基础性知识，或者是课前的思考问题。通过学生线上学习解决简单的问题，为课堂的学习打下基础。同时，教师可以在混合式教学平台查看学生的学习情况，分析学生学习可能遇到的难点。如，某段 MOOC 播放量较高，可能存在着学生反复播放，可能这个知识点对学生来说有难度。另外，关注与学生的互动，留意和解决学生个人在学习过程中的疑惑。通过多方面分析学生线上学习的难点，将多数学生的难点设计为课堂教学点的重点。在课堂学习通过了解学生的前置学习情况，设置教学重点难点，通过翻转课堂、讨论交流、创设情境、选择案例等方式，引导学生完成教学内容的学习。由此可见，在思政课混合式教学模式的下，教师能实现更有针对实施教学。具体表现在：首先，思政课混合式教学模式中线上教学具有针对性。教师在线上课程建设时，可以实现学生群体特征的调查。通过线上问卷调查和与班级同学互动交流，了解学生的专业背景和学科特点、学生的学习基础、学生的个人喜好，根据得到的数据选择出最适合学生的教学视频及资料，构建有针对性的线上课程。其次，思政课混合式教学模式中课堂教学具有针对性，课堂教学设计的依据是学生在线上前置学习的情况。教学内容重点在学生线上学习中反复学习、难以理解、难以掌握的知识点进行扩展教学，因而，课堂教学是依据学生的实际学习情况，具有极强的针对性。

4.达成高校思想政治理论课评价的有效性

在传统的思政课教学中，评价主体是较为单一的，评价方式也缺乏多样性，一般来说，是教师采用卷面考试来评价学生学习的成效。在这个过程中教师是权威的化身，学生考试的分数具有绝对性和片面性，学生被动地接受评价。单一评价主体和方法容易打击学生学习的积极性，对学生能力培养的效果也甚微，甚至养成学生轻视思政课教学，对思政课学习产生懈怠或者逆反心态。在思政课混合式教学过程中，基于互联网和大数据，实现教师主评、学生自评、同伴互评多主体评价，采取过程性评价和终结性评价等多种评价方法，不仅关心学生学习的最后结果，也关心学生在平时学习的状态和态度，对学生平常学习进行监督和指导，对学生在学习过程中的疑问进行解答。评价内容不仅包含学生的知识的掌握，更重要的是能力和情感态度的考察。在思政课混合式教学模式中，大数据实时记录学生的学习行为，保证了真实、客观地评价学生。通过严格的评价标准和丰富的评价内容提高课程的挑战度，发挥思政课评价的激励价值，使学生重视和积极参与思政课的学习，通过学生自评和同伴互评，使学生成为课程评价的一环，进一步凸显学生在学习过程的主体地位。高校思政课混合式教学突出对学生进行综合评价，增强评价的有效性。

三、高校思想政治理论课线上线下混合式教学模式构建要素

高校思政课混合教学模式构建要素是以教学模式要素为依据，结合国家一流本科课程认定要求，以求寻找更全面、更贴合的高校思政课混合教学模式构建要素。

（一）契合立德树人的教学目标

今天高校德育融入时代精神，包括思想品德教育、爱国主义教育、行为习惯教育、审美教育、心理健康教育等内容，与思想政治教育内容和方向相同，在一定程度上，德育与思想政治教育是统一的，相辅相成的。德育教育对高校的思想政治教育起着基础和辅助的作用，在德育教育的基础上开展思想政治教育是十分有效的途径和方法。在思想政治教育过程中更加强调德育，高校坚持并突出德育优先理念，在高校教育中秉承德育是教育的本真问题的理念，把提高学生的道德品质放在重要地位。思政课堂更加突出德育内容，思政教师更重视学生的道德品质培养和考查，从而实现发展德育的教学目标，提升学生的思想道德品质。

（二）选择与时俱进的教学内容

教学内容是回答思政课教什么的问题，其不是一成不变的，而是需要因时而进、因人而新。与时俱进是马克思主义理论品质之一，中国共产党在坚持马克思主义理论的同时，也在不断总结革命、建设和改革的经验，不断创新丰富马克思主义理论。马克思主义理论是思政课教学的重要内容，这要求思政课教学内容也需要不断地更新。时代在不断变化，大学生的思想观念也不断地发生变化，思政课需要针对大学生的实际情况，安排教学内容的侧重点。

思政课教学内容与时俱进表现在以下两方面，第一，思政课教学内容体现时代性。首先，将马克思主义理论的发展最新成果引入思政课教学。引导大学生学习、了解习近平系列讲话，使大学生更加深化对马克思理论的与时俱进的品质的了解，也进一步贴近现实，了解社会发展的指导思想，坚定大学生的政治立场。其次，将社会热点引入思政课教学内容。社会热点的引入有利于提升思政课的吸引力和鲜活力，增加其时代感。教师将社会热点和教学内容相结合，用教学内容的观点剖析社会热点，大学生通过观察、分析和批判，有利于对教学内容的理解和吸收，帮助其树立正确的三观和提高明

辨是非的能力。再者，要将批判国内外错误思想观念纳入教学内容。现在国际形势依旧复杂严峻，西方敌对势力试图从意识形态领域渗透，一些错误的思想观念纷纷冒头，大学生辨别能力弱，尚未建成成熟的三观，是容易被迷惑的。因此，思政课需要对错误的看法和论调进行澄清和正确分析，化解大学生的疑惑，坚定正确的立场。最后，教学内容要适应大学生学习需求。不同的教学对象接受水平不一样，因此，教学过程中要根据学生的实际情况选择教学的重点和难点，解决大学生在学习过程中的问题。第二，思政课教学内容传递方式具有创新性。随着社会的变迁，思政课教学内容的表现形式变得丰富，不仅仅可以通过教师的讲述和书本文字的传递，而且可以通过图片、音频和视频等方式表示。如，通过有教育意义的漫画，相关评书音频，或是解构知识体系的慕课视频，等等，这些都使得思政课教学内容的传递具有趣味性和吸引力。

（三）突出学生中心的教学组织

思想政治教育过程中，主体和客体是两个基本要素。在传统的思想政治教育中，一般认为教育者是主体，受教育者是客体。在思政课课堂，受教育者一直处于被动接受知识的状态，很少发挥自己的主观能动性。马克思认为，主体是人，客体是物。在思想政治教育过程中，受教育者也是人，具有主观能动性，那么在课堂上就不能剥夺学生的能动性，对学生进行单方面的知识灌输，使学生成为接受被动知识的"客体"。在新媒体时代，学生更具个性，更渴望表达和被倾听。思政课教学不能脱离教学对象的特征和教学环境特征。因此，思政课混合式教学必须明确课堂以学生为中心的理念，思政课教师也成为教学的组织者、引导者，强化学生能力，提升课堂效果。

教学组织过程中突出学生的中心地位，首先，在课堂教学中要给予学生空间实现主观能动性的发挥。学生参与到思政课堂，改变传统思政课堂"一言堂"的现象，尊重学生的话语权和自由的表达空间。思政课混合式教学解决了大班教学过程中学生数量给教学组织带来的挑战，如，一对多的交流，使教师无法准确及时地掌握学生的学习情况。利用智慧教学工具和大数据，全面迅速了解学生，根据实际情况对症下药，设计增加贴近学生能生活的互动环节，引导学生积极思考，勇于表达、主动表达，使得思政课教学更具有针对性和亲和力。其次，教学过程中多采用启发式教学，更注重能力的培养。

因而思政课混合式教学过程中，以学生为中心，不仅仅向他们灌输理论知识，通过课前线上提供教学材料、课堂上教师加以引导，根据教学实际提出问题，让学生思考问题、分析问题和解决问题，对所学知识内容进行构建，并产生情感认同。思政课混合式教学根据教学需要提供高效率、更全面的教学设计，如翻转课堂等，让学生成为信息加工的主体，主动构建认知结构。最后，注重课后交流反馈。在思政课教学过程，教师需要注重学生的课后反馈，不能离开了课堂，教师和学生成为没有联系的单独个体。一方面，可以利用混合式教学平台的大数据监测学习过程中，及时发现学生的学习状况；另一方面，受教育者通过混合式教学平台及时反馈意见，交流想法。

（四）实现科学可测的教学评价

教学评价是教育教学的重要组成部分，对教学有反馈、导向、纠偏等作用通过教学评价信息，检验自己的目标，从而在教学或者是学习过程有努力的方向。同时，通过教学评价的反馈信息，可以反馈教师教学效果和学生学习成效，并暴露自己的短板或者错误的地方，指导着教师改进教学和促进学生成长。评价教学质量的因素很多，因而教学评价也是多面的，从不同的侧面可以划分不同的教学评价因素。一般来说，关注较多的是学习情况的评价。评价作为一种评定的工具，以判断和鉴别学习者在知识和能力方面是否达到某种规定的水平和程度，可以说是教育评价最基础、最原始的功能，也是人类最早形成的有关教育评价的理念。一般来说，传统的思政课教学，学生学习情况是通过学生考试的分数来判断，这样将思政课的教学评价简单化，失去了其对教学的功能。在思政课混合教学中教学评价设置更加多元、合理和系统，不仅突出了课程教学评价的固有功能，并且结合思政课的价值导向功能，将学生发展因素和价值塑成效果加入教学评价因素中，并且将测评因素具体化，形成可测的评价系统。

首先，教学评价突出学生个性发展评价。传统的思政课教学评价，是以考试为手段，以分数为依据。过于注重知识性考查的评价方式存在片面性，不符合现代所对人才的要求，因此，思政课教学评价不仅需要培养其知识、还需要培养其能力，促进学生个性发展。因此，思政课混合式教学评价突出注重学生个性发展的评价导向，混合式教学为创新思政课教学评价创造了机遇和提供了技术支持，通过大数据精准分析学生的学习行为，评价学习状况。

其次，教学评价完善道德行为评价。思政课具有政治性和价值导向功能，其教学目的之一是培养学生道德品质，因而，道德评价是思政课教学评价继续加强的一环节，通过观察学生的道德认知、道德认同和道德行动等方面，通过混合式教学平台对比分析思想行动动态，对学生的道德品质形成可靠、科学的评价体系。最后，设计可测量的评价量表，使得思政课评价更有依据和可信度。根据评价内容拆分为一个个评价要素，再将评价指标用具体学习活动体现，使得其可以构建层层分解，可以具体测量的评价体现，更加科学地反映学生学习的效果。

第二节　高校思想政治理论课混合式教学模式构建原则与实践路径

一、高校思想政治理论课线上线下混合式教学模式构建原则

高校思政课混合式教学模式是具有思政课教学属性，同时又具备混合式教学的特点，高校思政课混合式教学模式构建原则在遵循一般课程的混合式教学模式的原则的同时，需要突出思政课教学的要求。

（一）坚持内容为王

随着高校思政课混合式教学模式的发展，其创新的形式，受到高校的青睐。但是，高校思政课混合式教学模式走得更加长远，不能走向重形式、轻内容的错误方向，必须坚持内容为王的原则。高校思政课混合式教学时其内容必须符合思政课课程属性和目标，实现内容的深耕细作。

1.坚守课程的属性

随着经济全球化、信息技术发展，意识形态的斗争依旧艰巨。大学生是国家的希望和未来，是社会主义建设的后备军。但现阶段大学生接受的信息广泛，意识价值观容易变动，可能受非主流的意识形态蛊惑，必须坚持意识形态教育。思想政治教育的主阵地、主渠道，办好思政课尤为重要。我们的高校是中国共产党领导下的高校，思政课党的政治建设在教育领域的具体化。因此，高校混合式教学必须坚守思政课的属性，必须坚持社会主义意识形态和自己的思想性，坚持政治导向和价值引领，实现培养一代又一代拥护中国共产党领导和我国社会主义制度、立志为中国特色社会主义事业奋斗终

生的有用人才。

实现思政课的属性表现在以下三方面。首先，用真理让学生信服。在对学生进行政治性的引导时，不是单纯的价值说教，不能简单化和片面化教学内容，也不能脱离思政课自身的学科属性和理论逻辑体系，思政课的论点、结论都要经得起学生的提问和质疑，体现出其真理的强大力量让学生信服，进一步认同。其次，明确教学方法创新的目的。思政课通过运用混合式教学模式，其目的是深入浅出地讲清楚讲明白马克思主义理论、党的方针政策等的内涵、逻辑和意义，以及贯穿其中的马克思主义立场观点方法等。最后，教师要有坚定马克思主义理想。思政教师对中国特色社会主义的有着崇高信念并加强对其研究，用真懂、真心、真情打动学生，不断增强其理论认同、思想认同、情感认同，更加拥护中国共产党领导和我国社会主义制度，成为可靠、可信的社会主义接班人。

2. 契合高阶性目标

思政课混合式教学内容是服务于课程目标，因此，通过思政课混合式教学内容契合和实现其教学目标。思政课混合式教学模式达到课程具有高阶性的目标，培养学生获得解决复杂问题的综合能力和高级思维，需要在内容上找准定位，通过教学内容符合高阶性，以完成思政课的知识目标、能力目标和情感素养目标。思政课混合式教学内容不仅包括书本上的思想政治理论相关知识，而是需要优于、高于课本，教学内容包括启发大学生的思维、培养学生思维能力、道德素养，培育大学生们树立正确的人生观、世界观和价值观。

思政课混合式教学，达到思政课的高阶性和课程目标，需要做到以下几点。一方面，教学内容具有针对性。在思政课教学过程中有不同的教学目标的实现，所以教学内容不能"眉毛胡子一把抓"，而是要根据不同的教学目标有针对性地设计教学内容。例如，教学内容不仅重视课本的知识点，达成知识目标的完成。同时，教学内容结合学生认知实际和社会时事，锻炼学生能力和辩证思维，让学生学以致用，提高解决复杂问题、生活问题和社会问题。更重要的是，将中国梦教育、社会主义核心价值观教育、中华优秀传统文化教育等有机融合到教学内容，培养学生爱国情怀等道德品质。另一方面，教学内容具有层次性。思政课教师应根据学生理论水平、认知规律和专业特色，在教学过程中循序渐进地设计教学内容难度，例如，在线上教学内容设置为较为基础的理论知识学习，学生在自学完成，而在课堂上通过问题启发学生，通过共情的内容获得学生的道德认同，锻炼学生的思维批判能力和培养学生道德情感，课后实践进一步巩固学生解决问题的能力。因而，进一步激发学生对思政课的学习兴趣，培养学生成为有知识、有综合能力和有道德品质的人才。

（二）坚持传播为道

思政课有效地向大学生传播马克思主义理论知识和社会主义价值观是高校思政课混合式教学模式构建的目的。思政课混合式教学目的是培养符合社会主义现代化发展需要的人才，即社会主义建设者和接班人。思政课必须做到传播马克思主义理论知识和社会主义情感。因此，思政课混合式教学模式构建必须坚持传播为道的原则，有效地向大学生传播马克思主义理论知识和社会主义价值观，需要坚持符合教学实际、思政课混合式教学模式各要素进行系统整合。

1.遵循教学实际

思政课混合式教学模式不能脱离实际，不要把原有的和他人的教学经验教条化，根据教学实际情况，因地制宜、因时制宜和因人而异。第一，思政课混合式教学模式需要与时俱进，不断地改革创新。现阶段大学生成长于新媒体发展时代，其认知方式和个性特点都发生变化，思政课混合式教学模式是符合新媒体时代特点，采用了学生喜爱的微课教学、交互互动等教学形式。但是，思政课混合式教学仍处于探索阶段，随着研究的深入和时代在进一步发展，未来可能出现更多的理论推动思政课混合式教学模式的发展，这要求思政课混合式教学模式准确把握未来发展变化的新趋势，进一步改革创新。因而，在思政课混合式教学的研究和实践中，把握变化、总结规律，进一步创新，更好地服务于课堂教学，更加有效地传播马克思主义理论知识和社会主义价值观。第二，思政课混合式教学模式需要本土化，突出学校特色。现在高校思政课混合式教学模式的研究处于各自探索和互相借鉴的阶段，在借鉴与探索的过程中不能把原有的和他人的教学经验教条化，需要融入学校的特色。不同高校都拥有属于自己的学情和独特的校本资源，思政课混合式教学模式思政课要因地制宜，充分利用学生熟悉的教学资源进行思政课教学，使教学更加贴近学生生活。第三，思政课混合式教学模式需要尊重课堂实际，适度使用。思政课混合式教学模式是新生的教学模式，其探索是短暂的，在探索过程中有些教师作出了错误的尝试。如，为保持课堂的吸引力或让学生参与课堂，盲目地使用智慧教学工具和混合式教学平台，教学内容地呈现缺乏组织性。盲目地使用智慧教学工具导致思政课堂更加突出工具价值，课堂交流通过学生—手机或电脑等电子设备—教师，课堂上人与人面对面交流减少，促进生生交流和师生交流地的功能减弱。课堂更为冰冷。

2. 整合教学要素

思政课混合式教学模式由多个要素构成，思政课做到向大学生有效地传播马克思主义理论知识和社会主义价值观，思政课混合式教学模式的各要素应该形成一个系统的整体，从而产生最大的作用。第一，线上教学与线下教学相统一，高校思政课混合式教学模式并不意味着线上教学＋课堂教学简单的叠加，成为互不联系的"两张皮"。而是需要在教学内容、教学资源等方面进行整体上的谋划，将线上教学与课堂教学紧密联系，形成较为完整和系统的教学模式。第二，课堂教学与日常教育相结合。思政课课堂教学传播的是具有理论性、系统化的思想政治观念，通过渗透在其他课程中来达到教学目的是不具有现实性的，必须采取正面教育方式，让学生系统学习从而打下坚实的理论基础。因此，需要理直气壮地讲好思政课。混合式教学借助信息技术实现了教学不受空间的限制，为思政课实现日常教学提供了可能。为实现思想政治理论课对大学生的持久深远影响，可以展开常规性的教学活动，如，教师每天在混合式教学平台不断上传相关具有思想性和启发性的文创视频，在长期鉴赏学习的过程中潜移默化地影响大学生的价值观。第三，教师的主导性和学生的主体性相统一。主导性是指在教学过程中，教师是教学的主导者，发挥着引领作用。这意味着传统思政课教师"一言堂"的时代一去不复返了，教师在教学过程中不再唱独角戏，而是教师引导着学生参与课堂，点拨和总结学生的思考问题，从而获得结论和结果。这样的课堂对教师来说是一种挑战，更加考验教师的教学能力。坚持学生的主体地位，需要了解大学生的需求和个性特征，遵循学生的认知规律，改变教学思维和教学方法，激发学生学习的积极性，将"要我学"思维转变为"我要学"，主动参与课堂，锻炼自己思维能力和实践能力等。因此，思政课教学应灵活地采用教学方法教学知识的表现方式，使得符合学生的需求，激发学生学习兴趣。如，案例教学、合作教学等教学方法，短视频或图片来生动体现知识。思政课坚持主导性和主体性相统一，促进教师与学生的良性互动，使其成为联系紧密的教学共同体。

（三）坚持效果为要

思政课教学对学生产生显著的效果是思政课混合式教学模式构建的落脚点，坚持以效果为要的原则，通过两个途径提升思政课混合式教学的效果。一方面是创新思政课混合式教学方法，使得大学生更加深刻地学习理论基础和产生深厚的情感；另一方面是完善对学生学习的考核评价，锻炼大学生的能力，给学生提供学习动力。同时，完善对学生的考核评价，在一定程度上反映思政课混合式教学的实际效果。

1. 创新教学方法

思政课混合式教学借助新媒体技术的支持，为思政课教学和创新提供了可能。因而，思政课混合式教学模式的构建中可以根据理论展开大胆的教学方法的创新，改革传统思政课教学，从而提升高校思政课教学效果。第一，采用启发式教学。马克思主义理论不会自发地在青年大学生中形成，需要大学生进行学习，获得更广阔的视野和更深厚的知识，使其树立正确的三观。但是在教学过程中不能忽视教学艺术，需要通过教学手段启发大学生积极思考，发现问题，并通过自己的思考和探索，独立应对各种困难和挑战，解决问题，从而做出正确结论，更加深刻地吸收知识，锻炼自己的辩证能力。如，思政课上通过案例启发，让学生在正反案例中思考问题，弄清楚知识原理。第二，融入实践教学。实践教学是指大学生参与实践活动中更加理解马克思主义理论，将其所学运用到实际中，提高其实践能力。教师要结合思政课教学内容，给学生提供更多自主研究、广泛实践、深度锻炼的机会，在实践中检验所学，使其更加信服马克思主义理论的真理性。如，思政课混合式教学中小组合作实践学习要求以小组为团队，根据教学内容选择实践学习的主体，经过一段时间的实践探索，形成实践报告或者是实践成果，从而在实践中深化了教学内容，并且深化大学生的能力。在思政课教学过程中，不仅要注重知识理论的教学，更需要让学生多参与实践活动，使学生将理论内化于心，外化于行。

2.完善考核评价

考核评价在一定程度上可以激发学生的学习动力，因而思政课混合式教学模式中考核评价合理设置一定的挑战度，从而获得更好的思政课教学效果。在教学过程中增加教学任务和教学考核的难度，好的考核结果需要学生跳一跳才够得着，促使学生走出舒适圈，避免出现学生忽视课程学习，通过考试前的死记硬背获得高分，达到学习要求，或者是因为教学考核难度较低，学生将失去学习动力，轻视课堂和课程，抱着"六十分万岁"的低要求，思政课也丧失了自己的作用。只有当课程具有相当的挑战性，才能让学生真正置身原有思维模式不能发挥作用的情境，摒弃原有为应付考试而死记硬背的浅层学习方式，对课程内容进行深入思考，开启深层学习，通过课程学习中的一系列深入探索、遭遇失败、接受反馈、不断尝试等环节，不断颠覆原有的认知模式，建立起新的认知和思维模式，实现学习和理解上质变。第一，转变评价目标。传统的思政课教学通过知识点考核、标准化考核和期末考核来评价学生，过于重视知识目标，使学生学习后只能达到认知记忆的浅层次学习。现阶段大学生应该培养思维判断、综合运用知识、解决实际能力、道德品质和树立正确的价值观，更高的教学目标意味着思政课混合式教学更具挑战性，使学生获得更高认知水平层次上的认知能力和高阶思维能力。因而，高校思政课混合式教学评价以其教学目标为导向，设置多元的评价要素和提高考核评价的难度，除了知识考核，添加能力考核、情感态度考核，等等，这意味着思政课的考核评价不是由一次考试决定，学生在整个学习过程中都有评价参考价值，这将对考核评价的技术和工具带来挑战，这要求混合式教学平台提高自身的技术。第二，科学合理设计评价体系。随着思政课混合式教学评价的元素增多且变得复杂，若不对其进行整合，无序的评价元素不能形成整体，其作用也会消散，因而，使思政课混合式教学评价要基于理论基础和教学实际形成合理、全面和科学的评价体系。其突出学生个性差异的差异化评价标准、包含学生、教师等多元化评价主体、利用网络实现评价方式的智能化、动态化评价过程等等。

二、高校思想政治理论课线上线下混合式教学模式构建的实践路径

（一）建立供需平衡的课程资源

在高校混合式教学模式中，课程资源建设是基础。高校思政课混合式

教学模式易于获得海量的资源，但是，课程资源的设置不是随意的，需要根据实际需要安排。精准把握大学生对课程资源的需求，优化课程资源的质量，有效整合线上线下课程资源，实现课程资源合理设置。

1. 精准课程资源的需求定位

混合式教学资源建设既是开展混合式教学模式的基础，也是实施混合式教学模式的重要组成部分和关键环节。课程资源建设尽最大可能发挥混合式教学模式应有功能和效果，需要多方面"把一把脉"，精准定位大学生和时代对资源的需求，增加课程资源对大学生的吸引力。首先，资源设置需要遵循新时代人才培养需求。新时代对人才提出了新要求，要培养大学生综合能力和高尚的道德品质。因而，思政课混合式教学资源设置要聚焦于综合能力和道德品质的培养。其次，把握大学生对资源的需求。在思政课混合式教学中，大学生是学习的主体，课程资源的设置需要充分了解学生的需求，适应大学生个性特点。最后，思政课混合式教学模式中课程资源的设置需要符合大学生的认知规律。总的来说，大学生的认知能力是从简单到复杂，从低级到高级。因此，思政课混合式教学模式中资源设置需要多层次性，从简单到复杂，而不能过于简单或者是复杂。

高校思政课混合式教学模式重新审视资源建设，精准课程资源的需求定位具体措施如下：第一，利用好课程大纲和教学目标准备课程资源。课程资源开发的过程中要服从和服务于思政课教学内容，要服从于思政课教学目标的需要，本着"有用、够用"的原则来开发课程资源。避免无效、低效资源的使用，或是提供过量的课程资源，导致资源供给大于需求。第二，利用混合式教学平台做好学生需求调查和课程资源建设满意度反馈。混合式教学平台有着沟通互动的优势和数据记录及收集的功能，这也为课程资源开发建设提供前置的需要调查，大致了解学生对课程资源的需求，为课程资源的建设提供参考和指导。课程资源使用的过程中，通过课程资源使用后的情况反馈，为课程资源提供调整依据。多角度对课程资源进行需求定位，使得课程资源得以有效利用。

2. 优化课程资源的供给质量

对课程资源建设进行改革，不仅需要把握多维度的需求，更需要优化资源的供给质量，通过供给引导需求。第一，坚持对思政课原有的资源进行创新加工，形成符合教学实际呈现逻辑，增强其实用性。线上资源引用教材内容和相关知识点之后，要善于补充相关的资源，如，理论来源、社会时事，扩大学生的知识面和见识。其次，精心设计有关知识点的相关任务和问题，不仅让学生了解认知，并且使学生学会知识迁移应用，锻炼其思考能力。第二，加强课程团队建设，提高线上教学资源的更新。思政课混合式教学线上资源建设的内容种类比较多、数量也比较大，只靠课程负责人是很难完成和做好资源的更新完善的。因此，应该建立混合式课程改革团队，加大人力投入，以确保资源更新频率和覆盖面。第三，建设思政课线上资源过程中，应该注重结合时事背景和学生实际。思政课的教材和教学知识点和教学大纲，一般变化小，但是相关资源不断更新，如，案例资源是根据学生实际和社会热点不断变化的，在不同的阶段要对其进行更新，避免出现同一个案例出现在不同年级、不同专业的学习中。根据教学对象的改变，不同阶段的教学对象有着不同的个性特征，学生的实际情况也是资源更新考虑的要素。第四，教学资源形式多样化，增强其趣味性。大学生喜爱多样化的资源。同质性资源大量使用往往会引起学生的学习疲劳，思政课教学资源大都是文字资料、图片和视频等资源，阅读观看之后便完成了学习任务，因而并不是很有难度。这些浅层的认知学习，会弱化学生的学习动力。因此，大学生希望思政课教学能展示多种多样的课程资源，不只是教材、拓展资料等文字资源，如，导学助学资源、活动资源或者是实物资源。第五，教学资源的呈现形式也需要多元化，除了常规的文字、图片、视频，还可以根据信息技术的发展，更新表现形式，如，利用 VR 技术呈现课程资源，增添学生的真实感受。

3. 促进课程资源的有效整合

混合式教学是由线上和线下两部分组成的，课程资源建设过程中需要有效整合线上资源和线下资源，并且两者之间不能断裂，从而达到 $1+1 > 2$ 的效果。第一，增强线上资源与课堂资源的关联性和层次性，一方面，避免课程资源在线上和课堂的重复。在思政课混合式教学资源过程出现将教材内容原封不动搬到线上，使得线上资源和课堂教学内容是重复的，导致学生进行无效学习，因而，思政课线上资源建设需要进行整体规划，对线上线下资源进行重构，增强线上线下资源的层次性和逻辑性，使得学生在学习过程中避免重复学习，提高学习更加有效率。另一方面，增强线上资源和课堂资源的关联性。有些思政课混合式教学的课程资源追求数量，但是忽视了质量，没有根据教学内容和教学目标的实际需要，随便在网上下载一些视频、动画等资源，放到课程资源平台上，没有将其与课堂教学内容、教学设计联系起来，资源表面丰富，关联性和针对性不强，对课堂教学实际作用不大。

第二，线上资源与实践资源有机融合。思政课教学需要理论结合实践，因而线上资源也需要提供实践资源，例如，通过线上平台建立实践项目，学生将实践的过程通过文字、图片和视频等形式展示，老师可以在学生实践的全过程中提供指导。此外，学生实践学习的成果可以在线上展示，在学生分享。再者，线上资源与社会资源相衔接。一方面，可以深入挖掘优秀校友事迹，在线上平台进行展示、传播，以榜样的力量感染学生、影响学生；另一方面要利用好红色旅游资源等，把和教学内容相关的红色旅游资源搬上线上平台，利用 VR 技术让学生亲身体验，增强学生对思政课和教学内容的认可和情感。另外，通过学校线上平台和社会机构线上平台联合，丰富线上资源，如学校线上平台和社区线上平台结合，为学生提供更多的实践机会，也方便社区工作者向学校、教师反馈情况，增加线上平台资源，促进学生、学校和社会的联系。

（二）实施深度学习的教学设计

高校思政课混合式教学模式应用实践时，要以思政课教学目标为导向进行设计。高校思政课教学不仅聚焦于知识目标，而且更关注情感目标和能力目标的实现。在高校思政课混合式教学模式中知识、情感和能力目标体现在教学的各个阶段，但是每个阶段的实施都有侧重的教学目标进行指导。在前端线上学习，侧重于基础知识目标；课堂学习，更注重情感目标的实现；课后学习，突出能力目标的达成。

1. 重视课前线上学习，自主完成知识目标

一般来说，线上学习是需要学生独立完成的，适合难度低的基础知识学习，为课堂学习做准备，可以展开理解和记忆等浅层认知学习。但是，线上学习难度低不代表着忽视对线上学习的组织，而是巧妙的设计使课程简明有逻辑，提高学生学习效率。一方面，精确提供线上学习任务单和导学说明。学习任务单或是导学说明是在线上学习过程让学生了解和明确学习内容、任务操作步骤等具有指导性的任务性文书。学生可以通过学习任务单或是导

学说明知道每一章节或是单元的知识清单学习任务，给学生树立学习目标，或者检测自己的学习完成进度。因此，学生在线上学习不会迷茫或者散漫。另一方面，精选MOOC资源。MOOC资源凭借着"短小精悍"，可以让学生利用碎片化的时间学习，一般在线上学习中占据着重要的位置。所以，思政课线上学习需要给学生提供最佳的MOOC资源，利用名校名师的优质MOOC，或者思政课教师在拍摄MOOC的时候，尽量保证MOOC质量，通过优质的MOOC提高学生对线上学习的认可，激发学生学习的自主性。再者，精巧设计线上课程知识框架。如果线上课程知识框架杂乱无章，或者是各类教学资源的堆砌，例如，在学习平台上传几个孤立的文档、视频或者问题，学生在学习之后也不知道有何用意，没有收获。因此，教师需要课程内容进行精巧地设计。教师要在课前做好学生学习情况的了解工作，根据教学内容选择或者拍摄MOOC，提供相关联的思考题，设计章节任务，布置作业，组织好在线答疑交流活动。通过把各个环节串联起来，不仅向学生介绍了相关的知识点，而且让学生能够消化知识点，进行知识应用和迁移，让学生有所学，有所获。

在线上学习过程中，主要是学生通过学习任务单和导学说明的指导自主完成学习MOOC、完成思考题、章节任务、作业等学习任务，基本认知教学基础知识，激发学生的学习自主性，锻炼自主学习能力。

2. 强化课中课堂学习，引导实现情感目标

课堂学习是学生和老师面对面交流，这阶段没有人机交互的冰冷，往往容易传递情感。因此课堂学习正是培养价值观，树立爱国情感等好机会。因而思政课课堂教学要关注价值观的引导，培养爱国情感。第一，在课堂教学过程中激发学生的参与感、价值感、存在感。情感态度价值观不是"教"出来的，作为内心体验与感受的缄默知识，教师不能像讲解知识要点一样，通过讲解的办法，把"教"给学生，而需要学生通过教学活动自己去感悟。因而，思政课课堂教学过程要突出学生主体性，更多地设置情境模拟，问题思考等，让学生更大可能地参与课堂，通过自我表达和自身实践解决问题，激发学生对课堂投入的情感和对课堂传达的价值观和情感的认可。第二，提高思政教师人格魅力。思政课教师的人格魅力对学生产生较大的影响。一方面，具有优秀人格魅力的教师能充分调动学生学习积极性和主动性，学生喜

欢教师也会认可思政课；另一方面，具有高尚人格魅力的教师具有强大的榜样示范作用，将成为学生崇拜和模仿的偶像，影响着学生的政治信仰、思想情操、道德品质、诚信观念影响，故有"亲其师，信其道"。因此，思政课教师要塑造自己的人格魅力，在课堂上散发自己的人格魅力来影响学生。思政课教师要热爱思政课教学。当教师投入自己的热爱，思政课课堂就更有感染力，学生更容易信服。教师要培养高尚师德。高尚的师德是思政课教师人格魅力的灵魂。因此，思政课教师严格要求自己的言行，有坚定的政治立场和正确的舆论导向，要有强烈的社会责任感和历史使命感，以执着的信念、宽阔的胸襟、坚强的意志汇成的人格魅力感化学生，给学生树立榜样。第三，善于倾听学生，和学生交流。学生存在着人格和个体差异，在课堂教学过程中要更多关注学生的想法，更多地和学生交流。特别是在混合式思政课堂上，通过智慧教学工具让教师更迅速、更全面地获得学生的想法。如，学习通的讨论功能，当教师发送的讨论话题获得学生回复后，可以立即浏览和回复反馈，还可以从学生的回答中提炼关键的词云图，更加快速地获得学生的想法进行交流。教师倾听学生并和学生交流，学生在教师获得的理解和宽容，更多获得课堂上的温暖，这样让学生学会宽容，促进学生成长。使学生懂得热爱祖国和人民、关爱他人等情感。

在课堂学习过程中，主要是利用智慧教学工具突出学生的主体地位，增加学生在课堂上的参与感、价值感、存在感，并且通过提高思政教师的人格魅力，发挥其榜样的力量，在润物细无声的过程中，完成思政课教学的情感目标，引导学生的价值观。

3. 提升课后实践学习，协作完成能力目标

根据思政课理论与实际相结合的原则，培养运用理论解决实际问题等的高阶能力是思政课混合式教学目标之一。因此，学生通过课后实践活动锻炼自己的能力分外重要，课后的平台的实践任务是学生能力提升的主要渠道之一，在这过程中要注重培养学生团队协作、勇于面对困难、积极探索创新、解决实际困难、自立自强等能力。第一，根据教学内容和学情做好课后实践项目的设计，激发学生参与的积极性。实践学习活动主题不是凭空得来，需要联系教学内容选择、设计和组织实践活动主题。其主题具有可实践性，为深化教学内容服务。实践活动的选题符合学生实际。一方面，实践任务展开

之前调查学生的兴趣爱好、专业和学校特色，实践项目选题能让学生产生兴趣，促使学生自主选择真实的任务；另一方面，根据学生的能力评估设置适宜的难度，使学生在实践过程中会遇见困难，但也有能力解决困难。学生实践活动形式多样，可供学生选择，如调查、访谈、科学实验，等等。

第二，注重学生实践活动的过程管理。思政课混合式教学实践过程中运用信息技术手段记录学生实践过程，为合理评价实践教学提供了直接的资料或证据，也有助于学生实践学习之后的反思。另外，通过教学平台监督指导学生实践。一方面，及时了解学生的实践活动的进度以及分工情况，避免学生懒散敷衍，或者实践活动中分工不明确，实践学习的任务由少数人完成；另一方面，在学生实践过程中教师积极与学生交流，善于发现存在的问题，提出适切性的指导或解决方案，从而使学生获得敢于面对实践活动困难的勇气，在挫折中不断修正和完善团队的实践方案，锻炼学生能力，促进实践活动项目顺利完成和可持续性发展。

第三，注重实践项目结果的展示，激励学生的再次创作创新。学生完成实践活动项目之后取得的成果不仅是学生获得相关学生成绩的凭据，也是思政课教学的教学资源，教师要善于利用，将优秀的实践作品进行展示或者给予奖励。优秀实践作品的展示可以树立榜样作用，促使学生反思自己的实践学习，并向优秀作品或同学学习，进一步促进学生学习和创作的热情。

在实践教学过程中，主要是利用混合式教学平台设计契合学生实际的实践活动，并实施管理。让学生在实践过程中，培养学生团队协作、勇于面对困难、积极探索创新、解决实际困难、自立自强等高阶能力。

（三）培养综合发展的教师队伍

高校思政混合式教学模式的发展离不开教师队伍的研究与实践，提高高校思政混合式教学模式的效果，需要进一步提高教师队伍的综合素质。一方面，要转变教师们的思想，以包容的态度对待混合式教学；另一方面，要提升教师应用混合式教学的能力，能够完成混合式教学过程中遇到的琐事和困难。

1.转变教师实施混合式教学的观念准备度

思政课混合式教学模式的效果与教师的观念准备息息相关，一般来说，教师对思政课混合式教学认识深刻，并对教学改革有着包容的心态、积极态度和坚定信念，教师也更愿意尝试将混合式教学应用于思政课日常教学，更为关注如何持续改进思政课混合式教学，更加投入思政课混合式教学模式的创新，从而提升思政课混合式教学效果。第一，思政课教师树立开放的教育理念，正确思政课混合式教学改革。教师要理念先行，树立开放意识，以科学的态度、方法对待科技发展对思政课教学的冲击，紧紧把握新媒体与教育融合且不断深化的趋势，认知到借助新媒体和大数据是提升思政课教学效果的途径之一。从而重新认识和定义思政课混合式教学，改变自身对思政课混合式教学观望的态度，进一步获得改革的力量，开展思政课混合式教学，推进思政课教学数字化和信息化创新。第二，思政教师转变教学理念，重新定位自己的角色。随着时代的变化，学生的人格和个性发展，思政课教师需要更具体教学的实际情况转变自己的教学方式，认识到传统思政课教学"满堂灌"教学方式已经不适应现代的课堂。思政课教师在课堂上是引导者，教学的重心从教转变为学，教师的地位从主体转变为主导。教师的核心角色从主演转变为导演，这一系列的变化都需要教师及时更新观念，顺应教学理念发展趋势，主动调整，积极适应新的角色定位。而借助新媒体和大数据是解决思政课教学大班教学学生数量多，课时少等问题的途径之一。第三，借助外力促进教师观念转变。学校从机构层面给出清晰的战略指导和支持政策，对于教师接纳和开展混合式教学至关重要。机构内部制定明确的混合式教学战略规划，有助于教师更清晰地认识到混合式教学的价值，激励教师更积极地采纳混合式教学，也更有助于混合式教学改革的成功开展。因此，学校需要从机构层面建立清晰的混合式教学战略规划，包括明确开展混合式教学的意义与价值；明确鼓励开展混合式教学；明确鼓励部分教师做率先尝试混合式教学改革的先行者，建立开展混合式教学改革的系列政策等。

2.建立配置合理的混合式教学的教师团队

高校思政课混合式教学模式建设过程中出现教师们任务量重、压力大、资源更新不及时和学生的交流互动不足的现象，最直接的原因都在于教师团队配置的不合理，权责不够明晰。高校思政课混合式模式建立和完善仅仅依靠专职的思政教师是不足够的，一方面是专职教师工作量增大，无法精细完成各项任务；另一方面混合式教学模式建立过程中需要依靠具有专业信息技术人员。因此，需要建立一支配置合理，分工明确的教师团队来改革发展思政课混合式教学模式，包括专职思政课教师、助教、平台课程教师等。第一，扩大能胜任思政课混合式教学模式的教师队伍。随着信息技术与思政课教学的融合产生混合式教学模式，因而，在培养思政教师队伍时，需要注重其混合式教学胜任力。当思政教学人才培养结束，走向教学岗位之后，能够立即担任思政课混合式教学的重任，成为思政课混合式教学模式的创新者，扩大了思政混合式教学队伍，减轻现有的思政课混合式教学教师的工作量和工作压力。第二，建立一支配置合理的思政课混合式教学的教师队伍。在高校思政课混合式教学模式改革发展过程中专职老师是中坚力量，但不是唯一力量，需要助教、平台技术人员共同努力，通过明确不同的分工职责，设置不同的职位，如，课程负责人总体规划课程，把握课程的建设进度等；专题教师负责线下面授课堂、线上交流、课程的评价等；助教负责线上课程的资源更新、课程的维护等；平台技术人员负责完成突发的技术问题或者是平台的技术漏洞。

3. 提升教师实施混合式教学的实践胜任力

优秀的师资队伍是保障课程质量的关键。在教学信息化的背景下，打破了传统教学环境，提高了教学难度，更加考验思政教师的综合素养。因此，高校思政课教师需要顺应新的形势，不仅需要更加扎实自己的专业素养，更需要进一步提升自己的信息技能，提升自己的教学能力以适应新的教学模式。第一，丰富自身的理论知识，巩固专业素养。在思政课混合式教学中，思政课教师不仅要巩固马克思主义理论知识，还需要掌握现代信息技术知识。掌握马克思主义理论，用丰富的知识装备自己，讲课才会深入浅出，出神入化，才能在课堂上旁征博引，赢得学生的尊重和信服。此外，掌握教学教育能力，思政课教师站在讲台上，需要深厚的教学教育理论知识，更好地结合教学实际展开知识的传授，促进学生的个性发展。同时，需要掌握信息技术知识，为更好地展开混合式教学提供理论知识，指导混合式教学实践。

第二，提升思政课教师信息技术技能。思政课教师信息技术技能的掌握决定着对混合式平台使用和管理的熟练程度。因而，思政课教师需要提升信息技术技能，包括整合和开发线上线下资源能力、信息化教学手段的应用能力、信息平台管理运用能力等。首先，思政课教师加强关于混合式教学的学习和交流。思政课教师多观摩和学习其他课程的混合式教学模式的建设，吸取经验，或是邀请国内成功开展高校思政课混合式教学的团队到校进行学习交流，开展座谈会，实时地进行沟通。在自身的混合式教学模式建设的过程中与教研室或者团队多交流，分享在实施混合式教学过程中遇到的困难和解决方案，以及实施混合式教学的心得。其次，加强混合式教学的实践。思政课教师的混合式教学能力是在实践中磨练和提升的。因而，思政课教师需要克服对新事物的畏惧，积极投身于混合式教学的实践中，在实践中提升自己的能力。最后，学校完善思政课教学混合式教学能力培养方案，加强教师的混合式教学技能培训。学校根据教师参与混合式教学改革实际中，要从思政课教师参与混合式教学过程中暴露的弱点入手，制定合适的混合式教学能力培养方案。建立教师信息技术培养平台，为解决思政课教师在混合式教学实践中的具体疑难问题提供咨询与指导，满足教师个性化发展需求。此外，学校为思政课教师提供技能培训的平台和机会，学校加大投入，完善展开混合式教学必要的信息技术条件和设备。

第三节 高校思想政治理论课混合式教学对策选择

一、高校思政课教师加强混合式教学的对策

高校要开好思想政治理论课，而办好思政课的关键在于教师。混合式教学模式下，高校思政课教师需要在教育信息化时代与时俱进，全面提升自我。从转变教育教学理念，转变"师生"观点，加强思政理论学习，提高信息教学能力入手，积极探索适应高校思政课混合式教学的有效举措。

（一）转变教育教学理念

在混合式教学模式下，思想政治理论教育主客体关系的交互性进一步突显。高校思政课教学的对象是大学生，教学理念和方式是否适应大学生的认知规律、学习方式和接受特点决定了教育质量。这就要求思政课教师要坚持"以人为本"，坚持以"学生为中心"的教学理念，充分尊重学生在教育教学过程中的主体地位，在探讨"如何教"的同时，更要思考学生的"如何学"，让学生在学习心理上从"要我学"转变为"我要学"，不能以自我为中心，要尊重学生的主体地位和注重自我主导作用的发挥。具体而言，需要从以下几方面来努力。

首先，高校思政课教师要树立积极主动的心态，重新定位自己的角色。思政课教师要因时而进，在充分认识和把握思政课混合式教学发展趋势的基础上，及时转变教育教学理念，坚持以学生为本。充分发挥学生学习的主体性作用，实现教学重心由"教"向"学"的转变，不断探索混合式教学模式下思政课教育教学规律，主动应对信息化时代思政教育面临的机遇和挑战。其次，全面了解学生的需求和特点，做到因材施教。因此，思政课教师在开展教学活动之前，要深入学生之中，尤其关注学生面临的现实问题和心理变化，在掌握学生需求和身心特征的基础上设计合理的教学内容和采取有效的教学形式。具体来说，就是思政课教师需在课前做好充分准备和调研，着眼于大学生的实际情况，充分考虑学生的专业特性和个人特点，使之与思政课程特点紧密结合，从而为大学生量身定做合适的教学活动和相关环节。只有深入了解学生在想什么、想要什么、要做什么，摸清其思想脉络和精神需求，才能有效激发他们学习思政课的兴趣。最后，增加师生线上线下交流互动。高校思政课要突破传统的"老师讲、学生听"的教学模式，摒弃单一主体的传统教学理念。高校思政课混合式教学能够借助新媒体技术能够增加师生的互动水平，线下课堂更是提供更多时间实现师生、生生深入互动，思政课教师要从理念认知和教学实践入手，充分尊重学生在思政课学习中的主体地位，帮助学生养成自觉参与、主动思考的习惯，不断提高思想政治教育的实效性，自觉做好学生成长路上的领路人和裁判员。

（二）转变"师生"观点

我国传统师生观点的主要表现是"师道尊严"。教师具有绝对的权威地位，由此衍生出了教师"专制主义"的人格特征，对学生的态度通常采取一种"显形控制"的方式。尤其针对高校思政课堂而言，教师更是主宰课堂始终，学生只能服从跟进。然而，随着新课程标准改革的深入发展，师生民主平等的观点被摆上台面，深刻地展现在了师生面前。高校思政课的新课程标准强调"实现突出师生之间双向良好互动"和"突出学生的主体参与"。也就是说，新时代的思政课师生关系已然不能以传统师生观点来制约，新时代要突出思政课的教学质量，强化育人功能，以培养大学生确立远大理想和坚定信念，使大学生树立正确的世界观、人生观和价值观，提高他们的思想道德素质和法律意识，进而把他们培养成为德智体美全面发展的社会主义建设者和接班人。

高校思政课混合式教学为促进师生平等、交互、共同发展提供了机遇，"师生"观点要实现与时俱进迫在眉睫。遵循平等对话、精心设计、恰当引导的原则，实现师生共同发展。首先，平等对话。思政课堂应该是师生"心灵对话"的舞台，这就意味着思政课教师要从绝对的权威者、统治者转变为课堂的组织者、指导者和促进者，成为一个"平等参与的首席"。思政课教师要实现自我素养的提升，以民主的精神、平等的作风、真挚的爱心对待每一个学生个体，实现与学生的"平等对话"。其次，精心设计。思政课教师不能仅仅考虑自己怎么教得方便、教得出彩，而应该是把学习者作为焦点，以教导学、化教为学，以学生的需要和发展为出发点，精心构建师生互动课堂，设计思政教学内容。最后，恰当引导。思政课的学习是一个知情意行相统一的过程，思政课教师要运用多种教学渠道，采用多样化的教学方式，积极引导学生参与课堂互动、组织学生开展相关实践活动，引导学生深入思考学习，实现学生对知识的主动建构。师生观点只有坚持与时俱进，才能充分适应时代的发展和要求，在混合式教学的模式下推进人才培养的工作。

（三）加强思政理论学习

理论源于实践，并指导实践。思政课教师是否具有理论深度，将直接影响着教学实践效果的好坏。思政课教师要想保障在实际教学过程中的教学效果，就必须不断加强思政理论学习。思政课教师只有对马克思主义真学、真懂、真信、真用，才能使自己在教学实际中更加明确思政课的教学目标，从整体上合理选择和分配线上线下教学内容，并采取有效的教学手段和方法开展教学前、中、后的思政教育教学活动。混合式教学对思政课教师的整体素质要求更高，思政课教师要从主动研读马克思主义经典著作、学习研究专业知识和时事政治、积极参与思政课教学竞赛等几方面不断加强思政理论学习、加深对思政理论认识，从而进一步发挥高校思政课混合式教学助推立德树人的重要作用。

首先，思政课教师要主动研读马克思主义经典著作。马克思主义经典著作凝聚了马克思主义理论最为深刻的历史经验和最有价值的理论成果，是思政理论的根本来源。研读马克思主义经典著作有助于思政课教师坚定马克思主义理想信念、夯实马克思主义理论功底、透彻理解中国特色社会主义理论。思政课教师要坚持理论性和实践性相统一，埋头刻苦地学习和研究马克思主义经典著作，真正掌握马克思主义基本理论，以透彻的学理分析回应学生，以彻底的思想理论说服学生，用真理的强大力量引导学生。只有这样，思政课教师才能教有所效，学生才能学有所得。其次，思政课教师要学习研究专业知识和时事政治。理论联系实际是思政课的价值所在，思政课教师要学懂、搞懂自身的专业理论知识，进而深入剖析社会热点问题，把当下的时事热点问题与思政课教材结合起来，夯实教学内容。充分了解学生之喜爱，时时关注时代发展、关注大政方针、关注社会问题，不断丰富自身见识，拓宽理论视野。最后，思政课教师要积极参与相关教学竞赛。只有在教学竞赛中思政课教师才能尽情展示风采，获得更多的学科自信，从而更好地投入到思政课教学中。另外，只有参与相关教学竞赛才能发现自身的不足之处，从而获得与优秀的思政课教师分享交流经验的机会，通过与一线教师进行学术上的交流和精神上的碰撞，以此提升自身的思政理论水平和教学水平。思政课教师要不断夯实自身理论水平，提高教学水准，以好的精神状态和精湛的教学技术主动适应思政课混合式教学节奏，为新时代培养更多高素质人才。

（四）提高信息教学能力

要运用好高校思政课混合式教学，思政课教师需要熟悉混合式教学理念和流程，并且具备较高的信息技术素养，将新媒体新技术灵活运用于思政课教育教学中，提高学生学习思政课的热情和兴趣。因此，教育部门和高校要着眼于对思政课教师展开混合式教学理论和信息技术方面的培训。邀请混合式教学专家、优秀的思政课混合式教学教师代表，以及专业的教育信息技术人员对一线教师进行培训，通过实操练习、考核评价等方式提高思政课教师的现代化教学能力。

首先，开展混合式教学理论的培训。加强对教师混合式教学理论的培训是基础。专家讲解混合式教学的由来、发展及其内涵和特征，再结合教育信息化的时代背景明确混合式教学中新媒体新技术运用的必要性及其重要作用，帮助教师从认知上明白新媒体新技术的创新运用，一方面能够帮助自己更好地掌控思政课堂和组织开展相关教学活动；另一方面也能够极大增强思政课堂教学的吸引力，使学生主动积极地参与到课堂教学活动中，对提高教师的教学效果和学生的学习效果都具有重要意义。其次，开展信息技术素养的培训。加强对思政课教师信息技术素养的培训是重点。在混合式教学中，教育信息技术素养的直接体现就是教学平台的运用和教学工具的利用。适用、好用的教学平台、教学工具、微视频录制平台、慕课平台、视频下载平台和视频剪辑加工等平台都是实施混合式教学需要用到的重要平台。这些教学平台和教学工具和运用和维护都需要具备一定的专业知识，因此，需要专业的教育信息技术者的参与。并通过讲解、示范和练习等方式使思政课教师掌握教学平台、教学工具的功能和实践操作。组织教师观看优秀思政课混合式教学教师代表的视频，学习借鉴其运用新媒体新技术的方式方法。此外，通过组织思政课教师讨论自身在混合式教学过程中新媒体新技术运用时遇到的各种问题，以彼此分享感悟和经验等方式，不断提高自身的信息技术素养。通过培训、学习和借鉴思政课混合式教学中新媒体新技术运用的相关经验，提高思政课教师的现代化教学能力，从而最大限度地克服思政课教师固化课堂教学方式的劣势和规避教师传统教授线上化制约的挑战。

二、混合式教学模式下促进学生学习的对策

混合式教学模式下的思想政治理论课教学，苛求教学的双向性，即教师"教"的投入和学生"学"的主动，以保证教学实效。因此，在高校思政课混合式教学中发挥学生学习的主动性尤为关键。要不断提高学生学习动力，增强学生学习自觉，加强学生信息甄别和帮助学生融入课堂，使学生在思政课混合式教学中能够游刃有余，实现有效学习。

（一）激发学生学习动力

学习动力指的是学习上的一种心理倾向和态度，大学生思政课混合式学习动力强调的是大学生主体围绕着思政课混合式学习这个对象而表出现的驱使力与作用力，包括其对思政课混合式学习的动机、兴趣、情感与意志等因素。当前，一些大学生把思政课视为无关紧要的课程，不愿投入过多的学习时间和精力，对思政课采取简单而直接的排斥态度，对混合式教学下的思政课学习缺乏动力。从学生角度归其原因主要是学生对思政课学科的认识存在偏差和对混合式学习缺乏了解。学生只有正确认识到思政课的重要性并对混合式学习给予正解，才能从内心深处接受思政课，从而激发学生思政课混合式学习动力。

首先，推动大学生正确认识思政课。大学生要明确高校思政课作为我国社会主义高校思想政治教育的关键课程，直接影响着自己正确的世界观、人生观和价值观的确立；要明确学好思政课是学会运用马克思主义立场、观点和方法观察和分析遇到的现实问题，帮助自己正确识别、抵制各种错误思潮，进而弘扬正能量的一门课程。要明确专业课关键在于"育才"，思政课在于"育人"。思政课的根本目的是让自己加强思想道德修养，养成高尚人格，不断完善自身，最终成为一个德才兼备，德、智、体、美、劳全面发展的社会主义合格建设者和可靠接班人；要明确思政课是一门帮助自己坚定理想信念，指导自己正确实现人生价值，并对自身行为起着指导作用的一门课程。大学生要正确认识思政课，要明确思政课同专业课一样，是帮助自己成长成才的重要课程，要从内心去接受它；认同它。其次，帮助大学生了解混合式教学是学好思政课的重要途径和手段。混合式教学作为一种教学理念和模式，是符合大学生身心发展规律，能够促进大学生深度学习的重要保障。大学生要从情感上去接受它、在行为中去适应它，把它当作学好思政课的必要手段。思政课教师也要在混合式教学过程中有意引导学生，合理安排教学内容、优化教学形式，提高大学生思政课学习兴趣，进一步激发大学生思政课混合式学习动力。

（二）增强学生学习自觉

在高校思政课混合式教学模式中，线上线下教学环节都需要学生的积极参与，尤其是线上学生自主学习环节，由于缺乏有效监管，再加之学生的自律和自控能力较差，因此，学生便不会自觉投入到思政课的学习中去。当前大学生自律和自控能力较差的突出问题，成了阻碍高校思政课混合式教学效果有效发挥的一大挑战。大学生是未来社会建设的主力军，更应具备自律和自控的能力，学会自觉学习。通过教师引导、方法传授和亲身示范等方式，逐步培养学生的自律和自控能力，引导他们转变学习方式，从而使其自觉投入到思政课混合式学习中去。

首先，教师引导。思政课教师要引导学生学会调整自己学习的思维方式和行为习惯，在教学设计中线上教学要精简教学内容和布置适当的学习任务，避免学生产生畏难情绪。思政课教师要从学生角度出发，了解学生学习需求，为学生提供丰富多彩、有吸引力和感染力的教学资源。在线下课堂教学中要融入时事热点和生活案例，组织学生开展小组活动，让学生体验到学习方式的变化并在新的学习方式中更能体验到获取知识、自主建构知识的乐趣和成就感。思政课教师要引导学生学会自我规划、自我监控与自我管理，引导并帮助学生制定学习计划表，加强学习的任务意识，强化学生时间的管理意识。其次，方法传授。古语云："授人以鱼，不如授人以渔。"随着教育体制由应试教育向素质教育的转变，教师教给学生自主学习的方法更为重要，从思政课教学角度来说，也是使学生从"要我学"转变为"我要学"的重要途径。思政课教师要教给学生一些自控和自律的具体方法，如，学生在线上学习过程中控制不住想玩手机的时候使用转移注意力或关闭手机等方法；强化学习目标和任务意识，加强心理暗示法等；卸掉无关的娱乐软件，限制自己的不明智行为；此外，成立互助小组，加强同学之间的互相监督等。最后，亲身示范，学生具有向师性的特点，通常老师的行为作风会在潜移默化的过程中影响学生的成长，并且部分学生还会模仿老师的行为。因此思政课教师自身要有较强的自律和自控能力，为学生做好表率。在生活中严格要求自己，时刻注意自己的行为举止，做到"严于律己"。在工作中认真负责，备课充分，讲课要充满激情，给学生做好榜样。思政课教师还可以经常向学生分享有关自律和自控的名言警句和优秀人物事例，潜移默化地影响学生。此外，鼓励优秀的同学向大家分享经验，教授方法，不断发挥朋辈效应的重要作用。通过对学生自律和自控的培养，不断增强学生的学习自觉。

（三）加强学生信息甄别

网络时代，大学生的学习、生活无不被来自四面八方的各种信息所包围。网络中丰富的资源给大学生的学习带来了便利，学习中不懂的问题可以随时咨询网络，网络能够帮助大学了解更多从未接触过的新知识，为他们提供最新的学习案例，帮助大学生增长见识。但同时，网络也是一口大染缸，黑的白的尽数遍布其中。因此，信息的真伪、优劣都需要靠自己去辨别。思政课混合式教学为大学生提供了自主学习的平台，但却难以监控大学生自主学习的状态。所谓尽信书不如无书，网络也是一样。如果大学生在获取信息的过程中不加甄别，不尽筛选，那么只会使自己成为信息的奴隶，不但不能从网络中寻求真知，反而会被各种虚假的信息蒙蔽双眼，影响三观，导致自己缺乏对事物正确判断。大学生要提高自身媒介素养和对网络信息的处理能力，使自己"立"于网络，而非"沉"于网络。首先，提高大学生媒介素养。大学生要在日常学习生活中选择正确渠道以获取媒介信息并判断其价值的知识结构。增强自身对是非、正恶、美丑的判断能力，培养对网络信息的选择与辨别能力，掌握从正确渠道获取健康、有效的信息，使自己成为网络媒介的主导者，而非被动接受者。其次，提高大学生对网络信息的处理能力。帮助大学生要学会把获取到的信息进行有效整合。特别是在使用"两微一端"等新媒体平台的时候要做到不信谣、不传谣，不传播未经验证的信息，也不要制作损害他人利益或危害社会稳定的各种信息。对他人发布的信息要有明确的辩证意识，尤其针对一些"键盘侠"对各种网络热点的评论要做到不围观，更不要盲目参与。当然，大学生在网络社会也要承担起一定的社会责任，除了本身不参与类似与盲目围观类似的消息以外，当在网络上发现有同学或其他人发表可能影响国家安全和社会稳定的相关言论时，应该积极主动与对方沟通或向媒体平台进行反馈，帮助消除网络上的不良信息。学校要发挥思政教育的主阵地作用，通过聘请相关专家做讲座的形式及时对大学生所关注的热点问题或群体事件做好正确引导。在日常学习生活中，高校思政课教师和辅导员要运用好网络载体，主动和大学生保持沟通联系，及时了解大学生的思想脉络和诉求，随时为其答疑释惑、纠正错误思想并给予正确的思想引导，从源头上阻止不良信息对大学生带来的影响，帮助大学生加强对网络信息的辨别能力。

（四）帮助学生融入课堂

高校思想政治理论课混合式教学明确大学生在学习过程中是学习的主体，提倡大学生主动探求知识，在课堂上发挥主要作用，变"被动学习"为"主动学习"。因此，大学生要对自己的学习状态和学习效果负责，成为学习过程中的自我教育者和自我管理者，从提高学生大主体意识和加强自我管理能力入手，主动帮助其融入思政课混合式课堂。

首先，提高大学生主体意识，转变传统学习理念。高校思政教育的过程不是教师、家长逼迫学生学习的活动，也不是为了某项具体技能的获得，而是学生为了实现自由而全面发展主动获取知识的活动，教师只是其中的助推者，学生才是真正意义上的主体。混合式教学模式下思政课的学习者要认清自己的主体地位，提高主体意识，认识到自身不是"被动的客体、知识的容器"，在混合式课堂中要充分发挥自己的主观能动性。当学生遇到自己无法解决的问题时，要有主动学习的精神，在课堂中积极与教师、同学沟通交流，不断寻求解决问题的根本之道，不要因为自身性格等因素而拒绝参与，只有自己亲身融入其中，才能体验到优质的教育资源、丰富的教学活动等带给自己的独特感受。其次，帮助大学生认识到自我管理的重要性。大学生步入高等教育，便没有了升学的压力和动力，同时也摆脱了家长、教师的监督，但是，要想大学四年过得充实而有意义，一定要做好自我管理。大学生要有一定的规划，为未来成为综合发展型的人才付出努力。在学习方面，遵守学校课程安排，认真对待每一门课程。思想政治理论课是帮助学生树立正确世界观、人生观和价值观的关键课程，尤其在混合式教学中的课下教学环节是帮助学生知识内化的过程，因此，大学生更应该主动融入教学活动，获得好的学习效果。在融入教学活动的过程中，一是要主动适应教学内容的变化，与之前的学习不同，大学阶段思政课的学习开放性特征更为明显，除了教材要求的学习内容以外，教师可能会进行扩展，甚至就算是教材的内容，与之前的学习相比较深度和广度都有变化，因此，学生要主动适应教材内容的变化，课前多预习，课后多复习，提升自己的知识储备以保证自己能跟上学习的进度。二是学习意识和行为上要积极主动，与之前高中阶段的学习有父母与老师的监督不同，高校思政课教师面对的学生较多，无法时刻关注到每个学生知识的掌握情况，因此要改变之前由教师通过考试检查自己学习情况的学习方式，在课后积极反思，对知识点进行梳理与消化，变被动为主动，有效提升学习效率。大学生还要学会约束自己，严禁在学习过程中糊弄、作弊，把规矩意识提到自我管理中来。

第六章 基于慕课的混合式教学

第一节 从教育学的视角观察慕课混合式教学

一、慕课时代的教学与学习理念

传统教学仍旧是以教师为主，教室讲台、黑板、投影、桌椅一成不变，校际间、师生间、同学间互动缺乏交流，学生学习积极性不高。传统封闭的、大一统的教学模式无法满足学生个性化的学习需求。传统的考试方式，忽略了对学习过程的评价，不利于学生探究能力、协作学习、创造能力的培养。传统教育中，不同地区和学校间教育资源发展不均衡，学费昂贵。因此，在互联网快速普及的背景下，各种新媒体学习模式应运而生。

（一）开放教育资源 OER 运动的兴起

开放教育资源（OER）理念认为分享知识是大学的首要使命，利用新媒体等新技术手段，高等教育将为更广泛的群体服务，而不只是面向少数成绩优异的学生。将世界上最优质的教育资源传播到地球最偏远的角落。

随着开放教育资源 OER 的兴起和深入，互联网＋教育、视频公开课、MOOC、SPOC、TED 演讲视频、微课、收费的在线课程等开放学习资源扑面而来，"淘课"一族兴起，高校学习生态发现变化。不用点名，不用占座，没有考试，没有学分，想上就上的国外名校课程让中国的高校大学生、白领阶层趋之若鹜，以前爱逃课，现在爱"淘"课。

（二）基于 TED 的学习

TED（即技术、娱乐、设计）是美国的一家私有非营利机构。自 2001 年起，克里斯·安德森接管 TED，并运营 TED 大会。每年 3 月，TED 大会在北美召集众多科学、设计、文学、音乐等领域的杰出人物，分享他们关于技术、社会、人的思考和探索。TED 是社会各界精英交流的盛会，它鼓励各种创新思想的展示、碰撞。每一个 TED 演讲的时间通常都是 18 分钟以内，由于演讲者对于自己所从事的事业有一种深深的热爱，他们的演讲也往往最能打动听者的心，并引起人们思考与进一步探索。TED 演讲不论对在校学生，或是成年人的终身学习，都是不可多得的学习资料。TED 演讲的教育作用归纳为以下三种类型。

1. 教育理念与学习模式：教育、鼓励与发展

有的演讲者研究学习模式，还有的演讲者则投身于教育公益事业。这些演讲者的经历，以及他们分享的思考，值得教育工作者们借鉴和学习。

2. 人格形塑与自我探索：才智、能量与胆识

对于学习个体来说，TED 则提供了更多的精彩演讲。可以说，每天看一个 TED 演讲，相当于阅读一本人物传记。

3. 多元思考与创造灵感：思考、启发与发现

看 TED 演讲不是单纯为了 18 分钟的精神快餐，而是一种很好的获取灵感、开拓思路、培养多元思考能力的好办法，舍此就不是真正意义上的TED 了。

二、MOOC 混合式教学相关的教育学理论

（一）个性化学习理论

个性化学习是指以反映学生个性差异为基础，以促进学生个性发展为目标的学习范式。传统课堂教学的教学过程则主要是通过教师课堂讲授完成的，这种"满堂灌"、注入式的教学模式很难实施个别化教学，难以顾及学生的个体差异，难以对学生进行因材施教，难以取得理想的教学效果。个性化是一个人区别于另一个人的重要标志，当今的教育强调进行个性化教育。个性化学习理论强调学生的个性差异，关注学生的个性发展及其自我实现，指出学习过程要根据学生的特点采取对应的教学策略和教学方法。个性化学习，是通过对特定学习者的全方位评价发现和解决学习者所存在的学习问题，为学习者量身定制不同于别人的学习策略和学习方法，让其进行有效的学习。学生由于生理、心理、成长环境等的差异，具有不同的学习能力和学习风格。通过个性化的学习，每一位学习者都能得到发展，体会成功的喜悦。由于每一位学习者都是一个独特的个体，初始能力、学习风格、智力水平等

都存在一定的差异，因此，进行个性化学习将促进每一位学习者的个体发展。

基于MOOC的混合式教学模式旨在为学生提供一个多元化的学习环境。其"线上"学习的过程就是学生自主选择观看视频的时间、地点以及速度，从而完成单元测试的学习过程；"线下"课堂教学主要是通过小组协作完成团队实验的学习过程，在"线下"课堂教学的教学过程中，教师则把该班学生按不同专业分为多个小组，使其在完成团队实验以及团队项目时，每位同学都能够充分发挥自己的专业优势，从而使每位同学的特长得以充分发挥，进而培养文理交叉的复合型人才，培养跨学科的团队协作意识。

（二）泛在学习理论

随着信息技术的飞速发展以及素质教育的普及，传统的课堂教学模式已然不能适应新时代发展的需要，为适应新课改的培养目标，弥补传统教育的缺陷和不足，泛在学习模式应运而生。顾名思义，泛在学习（U-Learning）就是指学习者可以随时随地进行学习的一种学习方式。泛在学习倡导学习者合理利用日常生活中的零碎时间（如，等地铁、等公交的时间）进行碎片化学习，这种学习模式对于提高传统教育的教学效率有着潜移默化的影响。而想要真正让学习者实现泛在学习，离不开客观物质资源的支持。基于MOOC的混合式学习的"线上"学习活动实际就是学习者利用零碎时间随时随地学习，从而完成学习任务的学习过程。在这种环境下，学习者可以根据自己的需求进行学习，当然，学习者的学习方式也是多样化的，学习者不会受到任何环境、时间的限制。作为数字学习的延伸，它在很大程度上弥补了数字学习所存在的一些问题，学习者可以通过学习内容以及对象，选择自己所需学习的内容。同时，泛在学习也是学习者对知识的获得、储存、创造等的一种表现，它将会提高人们的创造性和解决问题的能力。

（三）终身学习理论

人们日常所说的"活到老学到老"和"学无止境"等就是终身学习理念的合理运用。终身学习是贯穿于人的一生的持续的学习过程。终身学习理念要求教师在教学过程中以培养学习者主动学习为教学目标，着重培养学习者的自主学习能力，从而使学习者在学习的过程中养成主动学习、不断探索的学习习惯，基于MOOC的混合式教学的最终目的就是要培养学习者的自主学习能力，并使学习者在学习的过程中养成主动学习的学习习惯、认识和接受 MOOC 的学习理念，使学习者在今后的学习过程中能够持续利用 MOOC 平台提供的资源进行终身学习。

（四）非正式学习理论

非正式学习是相对于正式学习而言的，正式学习主要是指学校的学历教育或工作后进行的继续教育，比如，上课、听讲座、参加培训班等。非正式学习是指在非正式的学习时间、非正式的学习场所发生的，以及非正式的人与人之间交流时发生的学习，形式多样，不固定。它由学习者自主发起、自我调控，不论何时何地都能发生，具有自主性、社会性等特点。

非正式学习理论是移动学习的理论基础，移动学习使得学习者利用移动设备进行学习，并且不受时间和空间的限制。学习过程不再局限于传统的课堂教学中，极大地延伸了学习的场所。学习者通过慕课平台，可以进行自主学习，与教师交流遇到的疑难问题，这可以说是传统课堂的一种延伸，而学习者学习的时间和场所是不固定的，具有更大的灵活性。学生在利用慕课平台进行非正式学习时，可以自我调控学习过程，自行决定学习的时间，获得更大的自由空间。

（五）教师专业发展理论

教师专业发展主要是从事教师这个专门职业的教师个体在适应和符合不断变化的教育教学要求中，持续不断地学习和更新知识，不断提高从事教育教学所需的各种能力与水平，这是一个持续不断的发展过程。教师作为教育的领军人物，是为国家培养创新型人才的主力，因此，作为一名教师，更要时刻提升自己的专业化水平，积极面对新的挑战。在教育信息化背景下，通过教师信息技术能力培训模式帮助教师更新教育观念，学习符合信息技术发展的知识与技能，并且教师可以利用 MOOC 理念拓宽知识面，认识学习伙伴，通过知识的交流与分享，实现终身学习，满足教师的发展和需求，最终实现教师的专业化发展。

（六）碎片化学习理论

课堂教学不能达到理想效果往往在于其教学内容的广泛性和系统性，每个学生掌握学习的能力不尽相同，想要跟上他人的学习步伐，后期的努力必不可少。后期有针对性地学习可以通过碎片化学习来实现。所谓碎片化学习，指的是通过对学习内容或者学习时间进行分割，使学习者对学习内容进行碎片化学习的学习方式。使学生在接受课堂集体教学之后，能够根据个人情况自主安排自己的学习时间和学习内容，进行自主复习。

（七）BYOD 理念

BYOD（Bring Your Own Device）即自带设备，最初在企业中指员工能够利用自己的办公设备进行办公，这些设备包括个人电脑、手机、平板等（而更多的情况指手机或平板）。员工只需在自己的设备上安装很多公司的相关软件，就能够在任何地方登录到公司邮箱、在线办公系统，不会受到时间、地点、设备、人员、网络环境的限制。作为一种新型的信息服务方式，学校也将允许学生把自己的移动终端设备带入学校，带入课堂，允许学生使用自己的终端设备进行学习，这不仅能推动我国教育信息化的进程，同时也能实现学习方式的变革，也能培养学生在信息化环境下的学习能力。

三、基于 MOOC（慕课）的 SPOC 教学改革的目的和意义

为了进一步推进 MOOC 资源在普通高校的有效运用，基于 MOOC（慕课）的 SPOC 教学改革，利用 SPOC 和翻转课堂的优势将 MOOC 的优质课程资源与传统高校课堂进行对接，针对高校在利用 MOOC 资源进行教学方面缺乏的系统化实施策略，在已有的 SPOC 教学模式上根据校本学情进行基于 SPOC 教学模式设计，并进行实践验证，综合分析影响教学实施过程的影响因素，得出适合高校 SPOC 教学实施的系统化策略。探讨如何将 MOOC 与传统课堂教学相融合；西部高校如何借鉴 MOOC 教学资源来弥补学校师资及教学资源的不足，从而推动高校从传统教学方式向现代化教学方式转变；同时，分析混合式教学在教学实践中存在的问题，发现问题出处，提出解决策略。探讨如何借助跨学校、跨区域、跨国界、跨文化的教育教学，培养更多专业能力和创造力较强、具有国际视野的高水平人才，探索中国式 MOOC 的发展道路。

基于 MOOC（慕课）的 SPOC 教学改革并不是以开放的网络教学取代传统教学，而是以 MOOC 为手段，与传统教学模式优势互补，以混合学习的方式，寻求最优化教学方式，深入了解基于 MOOC 的混合式教学的实践过程、实施步骤、教学模式，为混合式教学的推广和实施提供参考依据；调查学生对混合式教学评价和教学效果的分析，为高校开展混合式教学提供参考经验。

第二节 基于慕课的混合式教学设计

一、混合式教学的教学目标分析

由于慕课混合式教学的背景是新媒体时代的网络化学习，因此混合式教学蕴含的深层内涵和要义是打破传统教学的时空限制；也就是说，新媒体环境中的学习者的所有学习和探究行为都是在网络联通的前提下进行，在整个学习和解决问题的过程中都可以随时进行互联网搜索以及与网友沟通交流，因此，整个学习过程与传统课堂教学在限定的时间、限定的场合要求学生在信息来源渠道相对单一的条件下相对独立地完成学习过程相比有着巨大改变。随着这种教学模式的变化，课程的教学目标也应进行相应的调整。

总体来说，慕课混合式教学的教学目标与该课程使用传统教学模式的教学目的大致相同，但在教学目标的侧重点上应该有相应的调整以适应信息时代对学习者新的要求。具体而言，慕课混合式教学的教学目标应该侧重于学习者对课程内容的分析、运用和创新能力的培养，因为在当前云计算、大数据、人工智能等信息技术发展的时代，计算机在信息的存储和数据的运算方面已经全面超越了人类，因此在信息时代，对人类而言主要应该培养的不再是记忆能力和运算能力，而应该是"迁移学习"能力。所谓"迁移学习"就是指人类思维可以将以前学到的知识应用于解决新问题，更快地解决问题或取得更好的效果。迁移学习被赋予这样一个任务：从以前的任务当中去学习知识或经验，并应用于新的任务当中。换句话说，迁移学习的目的是从一个或多个源任务中抽取知识、经验，然后应用于一个目标领域当中去，因此，迁移学习的核心就是我国传统教育思想中一直强调的"举一反三"的能力。虽然目前人工智能研究领域试图使计算机也具备迁移学习的能力，但总体来看，迁移学习仍然是人类思维区别于计算机人工智能最显著的一个特征，也是新媒体时代的青少年学生应该重点培养的能力，同样也是新媒体时代课程教学最重要的教学目标。

慕课混合式教学目标的侧重点是在提高学生在新媒体背景下的探究性学习能力，避免死记硬背地识记和运算，帮助学生摆脱应试教育中学习是在限定时间和孤立空间内完成的个人行为的思维，培养学生能够在网络空间的弹性时间内通过共享的知识库和社交网络自律地进行自主学习，从而提高分析能力、问题导向思维能力、批判性思维能力、迁移学习能力、团队协作能力等。

二、混合式教学的学习者特征分析

由于慕课混合式教学的一个重要意义是增加教学过程中的差异化教学和个性化教学的比重，在慕课混合式教学系统设计中，对学习者特征进行分析是需要重点分析研究的方面。特别是由于很多高校将慕课混合式教学率先应用于通识教育的素质选修课教学中，而高校全校性通识教育素选课最大的特点就是没有学院和专业的限制，同一门课程的选课学生来自文科、理科、工科等不同的学院和专业，因此如何有效地进行学习者特征分析，采集并分析学生的相关数据，根据学生情况进行合理分类，设计适当的团队分组原则，是慕课混合式教学学习者特征分析的主要目标和意义。

（一）专业背景

专业背景是学生所在的学院专业的客观信息，一定程度上可以反映学生的知识结构，而且在慕课混合式教学中为了提高教学效率，所有的客观数据都应该从教务系统中自动同步。

（二）知识结构

学生的知识结构可以参考其专业背景来分析，但是需要注意的是，当前学生的知识结构越来越多元化，因此，不能机械地用专业背景来推断学生的知识结构，可以通过问卷调查和小测验的形式收集并分析学生的知识结构。

（三）兴趣爱好

兴趣爱好往往对学生的学习动机和积极性产生较大的影响，特别是在面向差异化教学和个性化教学的教学设计中，根据学生的兴趣爱好有针对性地组织教学内容并引导学生进行探究性的学习是教学设计的主要目标。兴趣爱好可以通过问卷调查的形式收集数据。

（四）自评

自评的含义是要求学生在正式开始课程学习之前，通过填写教师设计好的问卷，对自己当前的知识结构和能力水平进行自我鉴定与评估，帮助学生正视自己的现状，分析自己的特长和短板，以便在学习过程中有针对性地弥补自身存在的知识短板。

（五）认识同学

慕课混合式教学的一个重要特点就是强调新媒体环境中的团队协作式学习，避免出现很多教育专家担忧的慕课让学生学习过程更加孤僻的问题。团队协作的前提是认识和了解同学和可能的队友，因此，学生的专业背景、知识结构、兴趣爱好、自评数据等信息应面向全班学生公开，让学生在充分认识自己的基础上充分认识同学，引导学生思考如何在团队学习过程中充分发挥自己的特长，并且能够积极与团队成员进行合作，最终通过课程学习提高学生的沟通交流能力和团队协作能力。

（六）痛点分析

与教师对混合式教学设计的痛点分析的目的类似，学生在开始课程学习之前也应该对自己学习该课程的痛点进行分析，从而让教师能够进一步掌握学生的特征，帮助学生在学习过程中重点解决痛点。以高校一门与信息技术相关的通识教育课程为例，通过问卷调查分析可以看出，文科学生的学习痛点是担心课程内容太难、学不会，而理科和软件相关专业的学生担心课程内容太浅，会浪费时间，所以，在教学设计中如何满足不同专业背景和知识结构的学生的学习需求就是教学设计重点要解决的问题。

（七）性格特征

除了显性的专业背景和知识结构等信息之外，学习者的性格特征往往难以被察觉，在传统教学中对学生性格的分析往往也会被忽视。但是，在强调团队协作的混合式教学中，学生的性格特征是非常关键的因素，有可能会影响学习团队内部的合作和协调，因此了解学生的性格特征是教师对学生进行有效的沟通、交流和辅导，以及合理制定团队分组策略的重要依据。需要特别注意的是，由于人的自我防御机制，直接的问卷往往难以获取被测者真实的数据，因此，可以使用专业的心理性格测试问卷对学生进行性格特征分析。

（八）学习者特征分析的技术要求

传统的教育研究往往基于大量的问卷调查，在当今云计算、大数据、移动应用技术全面普及的时代，如果仍然沿用纸质问卷＋人工整理，或是网络问卷＋人工整理的形式，都会显得非常不合时宜，使教师和助教完全没有从机械的手工劳动中解脱出来，教学效率不但难以提高，反而会因为对学习者特征分析的细化而进一步增加工作量。因此，在慕课混合式教学系统中，基于移动 App 前端界面和自动处理数据并生成数据可视化报表的后台数据处理系统是进行学习者特征分析的先决条件。具体的形式和操作流程是，教师通过教学 App 发布问卷，学生用手机就能完成填写和提交，提交后的数据自动生成可视化报表，教师可以通过后台管理平台进行进一步分析，学生可以直接在手机中查看与自己有关的报表（如，个人和同学的兴趣与能力雷达图）。具体的技术实现，有条件的学校和教师可以自主设计并开发 Web App，也可以使用一些慕课平台内置的问卷和数据统计功能；没有条件的学校和教师可以充分利用互联网中的在线问卷网站服务来完成。

三、混合式教学的教学模式和策略设计

慕课混合式教学的核心策略就是在教师的引导下让学生进行基于新媒体的探究式学习，充分利用搜索引擎、文献数据库、学科专业数据库进行知识建构，利用网上的学科讨论社区和类似"知乎"的知识讨论社区进行深入的思考和研究，并注重培养辨识能力和批判性，能够分辨各种观点的合理性和局限性，能够从良莠不齐的网上信息中分辨主流和科学的观点，从而培养学生的独立思考能力和自主学习能力。

混合式教学系统设计的原则包括：

一是发展性原则。

当今社会需要的是具有创新精神和创新能力的人，为使学习者适应社会的发展，深入实施以培养创新精神和实践能力为重点的素质教育，学校应以培养学习者的全面发展为目标。这就要求教师在教学的过程中，不仅要让学习者掌握一定的专业知识和技能，还应着重培养学习者的自主学习能力和创新能力，并使学习者具备一定的信息素养。为把教育办成培养全面发展人才的摇篮，在基于 MOOC 的混合式教学的构建过程中应遵循发展性原则。与此同时，教师在组织开展基于 MOOC 的混合式教学的教学过程中，应以培养学习者的自主学习能力、创新能力为主，使学习者以终身学习的理念为目标，从而真正实现对学习者全面发展的培养目标，真正实现教育从知识本位向综合素质本位的转化。

"线上"教学是学习者通过慕课平台进行在线观看教学视频，完成每一单元的在线测试的学习过程。与此同时，教师利用班级 QQ 群在网上开展

线上交流辅导讨论，使学习者在与老师异地异步的情况下，可以随时向老师和同伴交流自己学习过程中的问题和困惑，从而使学习者的问题和困惑能得到及时有效的解决。"线下"课堂教学中，教师团队进行重难点和实验教学讲解，指导学生完成实验项目。同时，在教师团队的指导下建立基于项目的研究性学习小组，选择研究课题，开展基于项目的研究性学习。

整个"线上"教学过程注重培养学习者的自主学习能力，"线下"教学过程注重实践和小组探究式的课堂教学，培养学习者的动手操作能力和团队协作精神，基于项目的研究性学习则在培养学习者之间协作学习能力的同时，也很好地培养了学习者的探究学习能力，真正使学习者实现全面发展。故基于 MOOC 的混合式教学的教学过程是以学习者的发展性原则为参考依据的。

二是教学目标导向原则。

教学目标是开展一切教学活动的前提。从教师的角度来说，教师只有在明确教学目标的基础上，才能更好地组织和开展教学活动，从而使教学效果达到最优化；从学生的角度来说，学生只有在明确教学目标后，才能明确自己通过学习应该达到什么样的教学效果，

教师的"教"最终主要通过学生的"学"体现。学生最终的学习效果如何，则要依据评价系统进行反馈。在传统的教学过程中，通常以学生的考试成绩（总结性评价）来评价学生对知识的掌握情况，这种"重结果轻过程"的单一评价方式，不利于学习者的自主学习能力、探索能力、创新能力等的培养，更不利于学习者的全面发展。

与传统的评价方式不同，为更好地培养学习者的自主学习能力、创新能力和参与意识，使学习者树立终身学习的理念。基于 MOOC 的混合式教学将依据形成性评价和总结性评价相结合的原则对学习者的学习进行评价。即教师在整个教学过程中，不仅应关注学习者的最终考试成绩，还应关注学习者学习的全过程，从而真正培养学习者的自主学习能力、创新能力和参与意识，使学习者真正成长为全面发展的人。

慕课混合式教学系统设计的目的是解决传统课堂教学模式以及纯网络在线学习模式各自的弊端，使教学效果最优化，培养出符合新课改标准和素质教育要求的创新型人才，培养学习者的自主学习能力和终身学习理念，使

学习者今后能够持续利用慕课平台提供的学习资源进行终身学习。教学系统设计需要解决的主要问题有：

第一，分析慕课混合式教学的教学过程中"线上""线下"各个元素的适当比重。

第二，从前端分析、学习活动设计和学习评价设计三方面设计一套基于慕课的混合式学习的教学模版，并详细梳理教学流程，形成可复用、可推广的教学模式。

第三，对基于慕课的混合式教学的实施效果进行调查研究，并对相关数据进行详细分析，作为教学设计替代的依据。

第四，设计并开发慕课教学 App，供教师和学生使用，串联混合式学习中的线上学习活动和线下学习活动，作为 MOOC 教学混合式的物质载体。

混合式教学中各个教学元素的比重是混合式教学设计的核心问题之一，如果比重设置不当，将会造成一系列副作用，因此混合式教学的比重问题实质是一个微妙的平衡问题。

如果线上教学占比过大，则会出现以下几种情况。

第一，学习资源碎片化。由于线上学习活动主要是由学习者根据教师发布的学习任务进行自主学习的过程，根据教学实践，如果线上学习大于70%，此时由于缺少教师面对面的课堂教学，学习者很容易迷失在知识的海洋里，不利于学习者合理利用线上学习资源，从而导致获取学习资源碎片化。

第二，学习兴趣降低。由于线上学习活动是教师和学生在异地异步的学习环境下展开的，这种情况下，特别是一些不善和教师沟通的学习者，教师将很难第一时间了解学习者在线学习的困惑，同样，学习者也很难在第一时间得到教师的反馈。根据教学实践，如果线上学习活动大于70%，由于教师和学习者之间不能及时沟通、交流，学生的学习兴趣在一定程度上会大幅降低。

第三，学习效率低。与传统课堂相比，线上学习活动是缺乏教师监督和督促的学习过程，根据教学实践，线上学习活动如果大于70%，对于一些自控能力较差的学习者来说，很难按照教师发布的教学任务完成教学活动，从而造成学习效率不高。

如果线下教学占比过大，则会出现以下几种情况。

第一，自主学习能力得不到提高。线下学习活动是基于小组协作的方式展开的课堂教学，通过教学实践，如果线下教学大于70%，虽然有利于培养学习者的团队协作能力，但对学习者的自主学习能力的培养没有起到应有的促进作用。

第二，缺席率高。线下课堂教学虽将不同专业的学生分为同一个小组，使其在进行团队实验以及完成团队项目时，每个学习者都能充分发挥自身的优势。通过教学实践，如果线下教学大于70%，对于一些动手能力、参与意识较差的学习者来说，久而久之会失去学习兴趣，从而缺席线下教学。

如果线上占比小于30%，学生可能会抱着"应付"的心态敷衍了事，草率地完成在线视频的观看以及在线测试，这种情况下，学生将不能充分利用优质的在线教学资源；如果线下占比小于30%，教师将不能及时有效地解答学生在线学习的困惑，久而久之，学生积累的问题就会比较多，从而得过且过，以至于达不到预期的教学效果。故线上占比过大或者线下占比过大，对基于慕课的混合式学习模式都存在着一定的弊端。

因此，一般而言，在整个教学过程中采取"线上"学习活动占65%；"线下"教学活动占35%的教学方式适合于大多数课程的慕课混合式教学。

四、混合式教学的学习环境设计

慕课混合式教学打破并重构了传统校园课堂教学的时空结构，导致学习环境与传统教学相比更加多元、更加复杂，因此混合式教学的学习环境设计必须有全局性和系统性的考虑，在建设和完善校园教学环境的基础上，充分利用社会资源和新媒体资源，将各种资源合理有效地整合，形成基于新媒体的混合式学习环境，共同为达到教学目标服务。

打造支持新型教学模式的信息化生态环境，构建智慧教学环境已经成为高校信息化建设的主要目标，各高校应该推进智慧校园建设，不断完善无线校园网覆盖，建设智慧教室，开发慕课课程，构建全方位的教育云，综合利用新媒体、大数据、人工智能和虚拟现实技术探索未来教育教学新模式。在智慧教室的设计中遵循"以人为本"的理念，高度关注用户的环境体验、活动体验、情感体验、思考体验和关联体验，以创新人才的培养为目标和核心，构建创新型智慧教学环境，为师生提供轻松舒适的学习环境和全媒体的信息获取渠道，打破教学沟通的壁垒，通过发挥教师的主导作用，实现学生的主体地位，促进以教师为中心的课堂教学模式向"以学生为中心，以教师为主导"的智慧型教学模式转变，从而实现学习者在学习过程中的地位由被动向主动转变，学习过程由以记忆为主的知识掌握向以发现为主的知识建构转变，知识的习得由个人的、机械的记忆向为社会的、互动的、体验的过程转变。高校在教学信息化建设过程中应注重秉承以教学为中心，深入教学内容，紧密结合教学过程，创新教学模式的理念，全力推动信息技术与教育教学深度融合。在基于慕课的教学改革过程中将注重线上与线下相结合，通过"翻转课堂"改变教学方式，并改变学生的学习习惯和学习模式，使知识传递形式更多样化、可视化、立体化。从教师"教"的角度，加速信息类聚、整合理解、迁移运用、批判思维和知识构建，等等，促进学生"深度学习"；从学生"学"的角度，逐步从"要我学"转变为"我要学"，最终有效缓解教育需求差异化、个性化问题。高校在推动慕课和"翻转课堂"等信息化教学模式的过程中还要同步提高教师的信息化教学应用能力，构建校本教学资源库，促进传统课堂教学模式向线上与线下混合的"翻转课堂"教学模式转型，从而进一步提高学校的人才培养质量与水平。

（一）网络环境

慕课混合式教学所需的网络环境包括校园网络和外部互联网，并且特别强调无线网络和手机移动网络的接入，需要从多个方面进行整体的网络环境构建和优化。首先，学校应该积极构建层次分明的校园教学网络，校园网的意义和价值不应该是简单的校园内接入互联网的接口，重点不应该是提供通用的互联网接入服务，而是应该将主要的带宽和资源用于保证教学相关的需求，并且合理划分网络层次，能够根据教学需要随时限制或断开与教学无关网络访问。校园内的教学环境包括教室、实验室、图书馆。应该积极建设校园无线网络，确保学生能够在混合式教学中充分使用个人笔记本电脑和手机等 BYOD（自带设备）终端实现实时的信息检索，并通过移动教学 App 与教师和同学进行交互，校园无线网同样需要对非教学流量进行限制，通过限流保通的机制保证大量学生并发接入时都能够正常访问教学资源。除了学校自建的以教学应用为导向的校园网之外，在当今智能手机全面普及和移动网络资费不断下降的背景下，学校应该加强与手机通讯运营商的合作，引入运营商为学生提供适合学生网络化学习的流量资费套餐，让学生能够随时随地访问教学资源。

（二）学习社区

学习社区包含课程的分组团队和新媒体中的虚拟学习社群，教师对课程学习社区的营造和管理是慕课混合式教学的核心教学形式之一。教师在通过即时通信软件建立基于 QQ 群、微信群聊的网上学习社区后，要注重经常保持在线与学生进行交流沟通，营造良好的网上学习氛围，具体的注意事项包括：

第一，教师应该尽可能地保持在线，实时反馈学生的问题，因为慕课混合式学习的特点是学生往往会在晚间和周末等没有课堂教学的时间进行慕课的学习和思考，因此，教师在这些非传统的工作时间段与学生的交流就显得非常重要。

第二，需要特别注意的是，要求教师保持在线并不是要延长教师的工作时间和增加教师的工作量，只需要教师保持一种与学生真诚沟通的心态即可，因为现代人对手机的使用黏度越来越高，很多人平时都加入各种好友、兴趣、社区、同事等群聊，并且对自己关心的群聊都能随时保持关注和参与，因此在混合式教学的学习群中，教师只要能够像对待自己的个人兴趣群一样对待课程的交流群即可。

第三，教师在课程交流群中的主持、调动、引导作用远比传统意义上的答疑作用要重要，在慕课混合式教学实施过程中，不同学生的问题往往比较雷同，在回答一次之后就可以将该问题汇总发布到网上的 FAQ（常见问题与解答）之中，今后再有学生提出类似的问题就可以让学生自己查询，经过一轮教学过程后，FAQ 的内容越来越完整，教师的工作量会逐渐减少。但需要注意的是，即使简单地回复学生去查 FAQ，这种实时的回复也非常重要，因为实时反馈可以有效体现教师对学生的人文关怀，消除学生对教师的心理隔阂，能够有效培养学生的学习积极性和自主探究学习能力。因此，教师参与网上学习社区特别要避免采用定时答疑形式，以免给学生产生例行公事的印象，从而减弱学生参与学习社区交流的积极性。

第四，在慕课混合式教学中教师可以观察并挑选学习积极性高、学习理解能力强的学生作为团队分组的组长，在网上学习社区中培养骨干学生，通过骨干学生在学习小组中传达教师的教学要求并协助教师进行答疑，通过生生交互进一步提高混合式教学效率，并培养和锻炼学生的协作学习能力。

（三）混合式教学实验室和智慧教室

慕课混合式教学除了线上的慕课资源外，还需要有线下的学习环境，根据慕课混合式教学的教学目标，传统的多媒体教室已经不再适合团队分组教学和探究式学习的需要，因此，学校有必要根据自己的课程特点设计并建设满足慕课混合式线下教学所需要的实验室和适应团队分组讨论的智慧教室。混合式教学实验室主要的作用是开展教学内容线上无法完成的实验操作，除传统的实体实验室外，学校还可以考虑建设基于虚拟现实和增加现实技术的数字化实验室。

能够满足分组讨论、智能手机和终端接入、网络远程交互的智慧教室是今后各高校实施慕课混合式教学需要重点建设的教学环境。目前高校的教学环境还是以讲授式的课堂为主，虽然大部分教室已经配备了多媒体教学设备和网络接入，但总体来看，教学模式仍然是传统的课堂讲授，投影机等多媒体教学设备的作用更多是"黑板粉笔搬家"，学生在课堂内的信息来源渠道单一、参与度不高，更多是对教师讲授知识的被动接受，大学生从基础教育阶段延续而来的应试学习思维普遍存在。因此，需要通过基于智慧课堂的教学引导学生积极改变知识接受者的角色，紧密围绕创新创造能力培养这一主线，进一步深化，进而内化自己的知识，将其转化为自身的创新创造能力，从而实现"知、行、创"的统一。

（四）社会实践环境

慕课混合式教学中除了实验实训以外，绝大多数内容都可以通过网络在线开展，因此教师应该认真斟酌线下教学活动的设计和组织，如果设计不当，很有可能会把完全可以在线上完成的内容又搬回线下，最终演变为"为了线下教学而线下教学"或"为了混合而混合"，导致混合式教学沦为一种新的僵化的教学形式，从而失去混合式教学的价值和意义。因此，在目前大学生普遍缺乏社会实践经验，国家大力倡导大学生创新创业能力培养的背景下，慕课混合式教学的线下教学走出校园，深入社会，让学生在社会实践中深化对课程教学内容的理解，应该是各高校混合式教学设计的方向。

第三节 混合式教学中的任务驱动式教学

一、娱教技术与任务驱动式教学

慕课混合式教学中的任务驱动式教学，不能简单理解为把教学内容和要求简单分解为一些任务让学生在观看慕课视频后完成，否则就与传统教学中的课后作业无异，并不能真正吸引学生主动参与，因此混合式教学中任务设计需要结合"娱教技术"的原理，总结影响学习者学习动机的心理因素进行设计，促使学生由被动学习向主动学习转变。

西方教育界娱教技术称为"Edutainment"，在维基百科中，对Edutainment的解释有如下几种。

① Edutainment式的教育是一种娱乐的形式。

②认为Edutainment是既有教育性质又充满了娱乐色彩的，为儿童尤其年龄较小的儿童所设计的类似我国少儿频道的动画城、大风车等儿童类节目，小孩子看了以后不仅觉得很有意思，并且能从中潜移默化地学习到一些小知识。

③ Edutainment是具有混合性的，需要以强烈的视觉刺激或者是听觉感知的学习方法。

④ Edutainment是一种与传统学习系统有很大不同点的学习模式，是一种可以在学生不经意间让学生学习到知识的娱乐学习活动。

在我国的传统教育理念中，人们很早就认识到了"寓教于乐"的重要性，这正是娱教技术的核心理念，也就是在教学活动的过程中，以教育教学的规律以及学生所处年龄阶段的心理发展规律为根本，将信息技术与之相结合，设计出适合于学习者的娱乐化的学习内容，真正做到"寓教于乐"，达到预期的教学效果。娱教技术，就是以尊重学习者当前的生命价值为基础，通过创建、使用与管理恰当的过程和资源以促进学习者的生活体验和乐趣与教育目的及手段相融合的理论和实践，是实现娱乐与教育结合的一套工具和方法论。言下之意就是，学生在生活中获得的经验，并且能从中感悟与体验到生命的价值的一切，均能归类为娱教技术。娱教技术的构建思想是让学习者通过身临其境的感受并从中找到所蕴含的乐趣来达到预定的学习目标，将学习者在进行游戏的过程中产生的满足感（对游戏带来的刺激和成就所产生的心理以及神经上的一种满足的状态）转化为一种健康的、具有知识性和趣味性的学习刺激与感受，从心理层面上达到一种学习感受迁移的效果，把学生对手机、网络、游戏的成瘾性心理迁移到学习中来，以此促进学生学习。

教育的过程应该是一个不论教育者还是被教育者都应该感到身心得到满足感、愉悦感的过程，只有身心的体验得到满足，才能够刺激学习者的求知欲望。但是，在传统的教学方式中，教学给学习者的感受往往如同填鸭，并使其产生一定的抵触心理。因为传统教学多是遵循着刻板的教学目标和道德标准以及固定的教学程序来进行的，这种程序化的教学模式虽然具有它的系统性和科学性，但并没有充分考虑到学生的接受程度，特别在应试教育的大环境下，社会对教学模式存在的弊端并没有进行充分的反思。以学生为中心，围绕学生的学习内容，将学生平时生活中的经验和体验与教学内容相结合，设计场景化教学，尊重学生的体验感受，让学生能够主动地参与到所创设的情境中，并投入学习，真正达到体验学习乐趣的目的，并从中学到新的知识，使学生的学习过程与日常生活更好地结合起来。

娱教技术通过把"学习目的和手段"渗透在与生命价值相关的"学习者获得愉悦生活体验"的过程，使学习者积极参与到情境中，以愉悦的心情进行体验学习。在进行这些情景设计的过程中，我们不仅可以利用网络游戏或者是影视动画制作等技术来进行，还可以根据学生年龄程度以及接受能力等设计，如，利用 Cosplay、情境模拟等方式让学生更好地参与到情境中来，让整个学习的过程变得生动有趣，而不再是乏味枯燥，真正地将学生学习的积极性调动起来，这种由"乏"向"玩"的转变，是有助于激发学生学习热情的。娱教技术中的"娱乐"是为了"教育"的更好实现而存在的，使用娱乐化的方法来不断改进教育，使教育得到优化。几千年来的教育中，以教师和课本为中心的教学思想根深蒂固，学习者始终处于被动地位，被动地接受知识，被动地学会某些技能。娱教技术的应用以及各种娱教产品的出现，使学生被动学习的情况慢慢获得缓解，教育教学的模式也变得不断向多元化方向发展。在教学设计中将游戏的思想加入到教学系统中，让学生在学习的过程中主动参与到求知的竞赛中，让学生有一种由被动到主动的角色转变的真切感受，真正成为我们教学的中心，所以，在对娱教技术相关方面进行研究后，我们认为，娱教技术可作为强化教育功能的手段更好地促进教学效果的优化。

在慕课混合式教学设计中采用娱教技术，并不是要在教学过程中采用"游戏化教学"的形式进行"真人游戏"，也不是开发一个包含教学内容的电子游戏软件，更不是把教学内容套上科幻／玄幻／魔幻的故事背景，而是要把电子游戏、网络游戏、社交网络中吸引青少年"沉迷"的要素提炼出来，融入教学设计之中，让学生在学习课程的过程中体验到如同玩电子游戏一般的沉浸感和满足感，将青少年学生对网络游戏中虚拟世界的"沉迷"迁移到真实世界对学习的"沉迷"中来，从而通过增强学生的学习自主性来提升教学效果。

二、基于娱教技术要素的教学系统设计

要使课程教学能够对青少年学生产生吸引力、代入感以及所谓的"心流"，需要在教学系统设计中结合课程内容融入以下设计要素。

"故事场景"：就是类似网络游戏的故事背景，为教学系统设定的一个虚拟的故事场景，目的是为了让参与者一开始就有代入感。但故事背景在教学设计中并不是必需的，比较适合在面向低年龄段学生的教学设计中采用，而对于大学生而言，其在当前社会中面临的机遇和挑战就是最现实的故事场景。

"角色扮演"：角色扮演游戏也可以简称为 RPG 游戏。角色扮演游戏的要求就是在游戏所提供的情节背景和条件中，玩家可以扮演一个或者多个角色，在所提供的环境和条件中来使故事情节得以展开。玩家选择的角色具有不同的故事主线和技能特长，角色的选定决定了玩家在游戏过程中的策略和发展方向。角色扮演对于青少年甚至成年人来说都是一种普遍存在的心理需求，因为人们从幼年时期开始就会幻想自己从事不同的职业或是达到某种社会地位，特别是自己在现实生活中不可能从事的职业或社会角色，会产生更加强烈的期待感和新鲜感。

"团队协作"：自从互联网普及之后，电子游戏就立即从传统的单机游戏全面转向海量玩家共同参与的网络游戏，这是源于人类的社会意识和社会心理，与他人合作完成任务达到目标，并在此过程中与团队成员进行社交，

其乐趣和吸引力远远超过个人独立完成。另外，团队分工还是角色扮演的前提。在教学系统设计中突出团队分工合作，有助于改变青少年学生从基础教育阶段形成的"一分压倒千百人"的应试教育竞争思维，在大学阶段培养团队合作意识和能力，以便今后能够更好地适应社会。

"竞争"：竞争一直是电子游戏设计的主线，在单机游戏中玩家只能与计算机程序，也就是所谓的 AI 进行竞争，由于 AI 的机械性，随着时间的推移，玩家往往会感到枯燥乏味。而网络游戏中的竞争则是玩家所在的团队与其他团队的竞争，正所谓"与人斗其乐无穷"，这极大地增加了游戏对玩家的吸引力。在某些网游中，玩家不但要与其他玩家竞争，同时也要与 AI 竞争。在教学系统设计中，学生除了进行团队分组完成团队的任务达到团队目标外，还可以设计团队间互相竞争的环节，让学生体验到"在合作中竞争"的社会活动常态，从而更加激发学生的学习兴趣，锻炼学生的实践能力。

"经验值"：在现实生活中，人的经验积累是一个抽象的概念，可以从个人掌握的工作技能、社会对个人的认可、学历、证书、履历、考试成绩、工作业绩、代表作品等方面间接表现出来。而在电子游戏的世界中，经验值被直观量化了，这是游戏世界区别于现实世界最关键的一个要素，也是促使玩家产生心流的关键因素，其具体特征如下：

第一，游戏世界中的经验值是一个随时显示在游戏界面的数值。

第二，游戏世界中的经验值是在实时增长的，对于玩家而言，这种增长是一个即时的反馈，玩家只要在游戏过程中完成了一个哪怕最初级、最基本、最无聊的操作，都会被游戏程序折算为相应的经验值并实时显示出来。这种实时反馈与现实生活中春种秋收、产品销售、课程学习、工作考核、学历教育等活动过程漫长的反馈周期相比，更加能够满足参与者的希望并被及时承认的心理需求，从而使玩家在游戏中进入心流状态。

第三，玩家在游戏中耗费的每分每秒都会折算为经验值并实时累计。

第四，经验值体现了人对确定性回馈的心理需求，与回报大但风险高的活动相比，很多人更倾向于选择回报小但可持续的活动。例如，现实生活中的很多人宁愿将积蓄存到银行获取低利率的定期利息，也不愿从事高风险、高回报的投资；有的人宁愿每天按部就班地上班获取微薄的工资，也不愿从事高风险的创业。因为与现实世界相比，游戏世界中的游戏规则更加透明，计算机程序就是游戏世界中所有自然规则和社会规则的执行者和裁决者，就是一个机械执行游戏设计者和程序员创造的虚拟世界规则的上帝，这种相对的透明性和公平性吸引了很多在现实生活中遇到挫折的玩家沉迷在网络游戏的虚拟世界之中。

"升级"：玩家的经验值积累到一定数量级，游戏系统会将玩家自动升到更高的等级，达到更高等级后玩家可以参与更多的活动，能力属性也相应提高，因此，吸引玩家不断地"刷段练级"。与现实世界社会各行业对人的人为评定不同，游戏中的升级完全由程序自动实时判定。

"成就"：与经验值和升级相比，成就是游戏对玩家更高层次的认可和奖励，当经验值累积到一定程度，或是达到一定级别；抑或是完成特定的任务之后，玩家都会获得相应的成就。

"领袖"：人作为社会性动物，在社会活动中必然存在领袖角色。领袖的作用在网络游戏中也一样重要，作为领袖的玩家肩负管理游戏中的社团和帮会的职责。对于初级玩家而言，往往需要加入帮会，在领袖的带领下参与任务才能快速上手，而对于高级玩家往往都希望担任帮会领袖以在游戏中发挥更大的作用，很多在现实生活中无法担任领袖角色的玩家在游戏中获得了心理满足。在我们的教学系统进行团队小组分配以后，也会让小组同学自荐或者推荐一名同学担任组长，主要是协调团队项目的运作，每个人选择这门课程的目的不一定相同，对待课程的态度也不会相同，当大家被分在各自的小组开展学习活动，尤其做团队项目的时候，每一个人都会有自己不同的观点，这时候就需要有一个人出来对大家的看法进行汇总，以领导者的角色，来带领大家做这个团队项目。就像我们之前提到的，每个人对待课程的态度不一样，而组长很多时候付出的要比其他人多很多，所以，愿意来担当组长的人还是需要一定奉献精神的，对于这样的同学，我们也应该给予额外的奖励。

"社交"：网络化的社交是网络游戏吸引青少年的一个重要因素，从小玩电脑和手机长大的年轻一代，已经习惯了网络化的社交方式，对现实世界中面对面的社交反而经常无法适应。网络游戏中的社交基于文字聊天和实时的语音对话，都拥有基于 BBS 的讨论社区。当前的青少年学生从小已经习惯了网络化的社交和沟通方式，并且形成了一套网络语言，如果教师不能关注和理解这些沟通方式，势必将与学生产生代沟，这种代沟在传统的课堂教学模式中对教学的影响不算太大，但在慕课混合式教学过程中就是非常大的问题。在我们的课程进行过程中，我们利用组建 QQ 群的方式来方便学生与学生、学生与老师之间的交流沟通。尤其跨专业同学之间的交流，很多时候会为最终的团队项目擦出不一样的火花。

"老鸟"：老鸟在网络游戏中指的是经验丰富、等级较高的玩家，这些玩家已经在游戏中获得了各种成就，游戏本身对其的吸引力已经减退，但他们很乐意在游戏中带新手，并在此过程中获得额外的成就感。在教学系统中，我们可以尝试让经验值和等级高的学生带低等级的学生完成任务，在使学生获得特有的成就感的同时，促进学生之间互相学习。

在游戏成瘾心理的迁移过程中，"心流"的利用是最重要的，但也是最难做到的，需要的是环境的搭建，我们通过对游戏中常见的要素进行提取，并在我们的教学系统中找到相应的要素点，为学生搭建一个模拟的平台进行学习。

三、任务驱动式的教学设计

任务驱动就是在教学过程中教师根据教学内容的需要，设计一个或者多个与教学实际相符合的教学任务，让学生在教师的帮助下，以一个或者多个教学任务为中心，通过对现有学习资源的利用，由学生进行自主探索和小组团队协作学习，完成规定的任务，并且从完成任务的过程中完成学习内容的教学。

任务驱动的本质就是通过"任务"来诱发、加强和维持学习者的成就动机。任务驱动式教学法是以建构主义教学理论为基础而发展起来的教学法，在任务驱动教学法中的任务必须结合教学目标和教学情境来进行创建，使学生把学习内容当作真实的任务在解决实际问题的过程之中不断探索学习。在这个任务完成的过程中，学生还会从完成任务的这一举动中不断地获得成就感，可以不断地激发学生的求知欲，在一个不断的心理正强化的刺激下逐渐形成一个感知心智活动的良性循环。

任务驱动式教学法的核心是基于互联网的探究式学习和团队协作式学习，每个学生运用与团队成员共同学习到的知识以及自己在学习过程中不断累积的经验提出解决方案，并尝试解决问题。任务驱动式教学法为学生的学习提供了一个可以体验实践和感悟问题的情境，在围绕教师设计的教学任务问题所展开的学习中，不断地改变着学生的学习状态。

混合式教学中的任务驱动式教学设计可以参照网络游戏的系统架构进行设计和构建，其包括以下系统模块和设计要求：

一是规则设计。

确定教学活动的基本要求和原则，包括课程的评价标准、学生在学习过程中的行为准则等基础规则。

二是角色设计。

确定团队分组教学中一个团队需要的成员角色以及各种分工职责，供学生按自己的能力和性格特征进行选择。

三是任务和关卡设计。

设计学生达到教学目标需要完成的任务和步骤，若干小任务可以组成一个关卡，通过一个关卡标志着学生完成了一个阶段性的学习目标。

任务设计中需要特别注意的问题有：

第一，任务的形式应该多元化，不能把任务等同于传统教学中的习题和作业，而是应该注重记录并体现学生在学习中的探究过程和行为，培养学生的探究式学习能力和自主学习能力。

第二，任务的粒度应该尽量细化，只有细粒度的任务才能实现实时的回馈，才能吸引学生持续性地参与并不断完成；也就是说，只有细粒度的任务和反馈才能使学生达到"心流"的状态。

四是经验值和积分系统设计。

学生在学习过程中完成的所有任务和耗费的时间都应该折算为经验值，学习时间的记录可以通过对接慕课平台中的课程观看时间数据来实现。而对任务完成的记录和评定需要设计与开发混合式教学 App 来实现，App 的功能和作用是提供任务界面，让学生清楚任务的内容要求、时间要求、完成任务将获得的经验值等信息，在学生完成任务后通过 App 上传照片、视频、文档等证明材料，App 将立即给予学生实时的、自动的经验值反馈，之后在教师或助教评阅学生的上传材料后再给予反映完成效果的奖励经验值。

五是成就设计。

学生在完成一系列任务后将获得相应的成就评定，具体形式可以是混合式教学 App 中显示的成就勋章，每个成都将折算为学生的期末总评成绩。

教学系统设计是教学中的一个重要环节，也是一项复杂的教学技术，其意义在于有利于将教学理论和教学实践相结合。教学系统设计不是单纯地将娱教技术的主要因素和任务驱动式教学法进行学术性研究，也不是单纯地开发一个辅助教学的 App，教育技术需要做到的是将理论与技术相结合，从中找到能激发学生学习动力的平衡点，从而完成完整的教学系统设计。

第四节 高校思想政治理论课慕课教学模式改进的对策

一、打造思想政治理论课精品慕课课程

（一）探索慕课课程规律

想要构建更高品质的思想政治慕课课程体系，高校应当寻找到慕课教学和高校思想政治课程教学规律的契合性，应当进一步对慕课教学的规律性加以研究，通过长期的实践确保高校思想政治教学中能够更好地应用慕课，使慕课的作用能够充分发挥出来。另外，对于高校教师而言，同样应当掌握慕课教学的规律性，对思想政治理论课加以重审，应当确保由以往的教材体系逐渐向着教学体系而转变。对于教师而言，应当结合慕课在内容方面短小精悍这一规律性，针对思想政治理论课的教材加以重新拆分与构建，不仅应当保证思想政治慕课课程内容的系统性与完整性，同时还应当防止"新瓶装老酒"的问题发生。现阶段，我国一些高校在开展思想政治慕课教学过程中，通过"线上＋线下"这种混合教学的模式，在实践中收到了较好的效果，不过，在这一过程中依旧有一些问题存在，这要求我们应当持续的针对思想政治慕课教学内容以及线上与线下教学的时间比加以调整以及优化处理，确保高校思想政治课程教学工作能够和慕课教学实现无缝对接的目标。

（二）优化慕课课程内容

在高校思想政治慕课教学过程中，所制作的课程内容质量如何，将会在很大程度上对慕课教学的质量以及学生学习慕课课程的积极性造成影响。

在慕课制作的过程中，应当对思想政治课程所使用的教材进行合理处理。现阶段，我国各个高校中所采用的教材内容基本都一样，不过，在开展教学工作的过程中，教师应当结合实际的教学情况以及慕课教学的特征与规

律性，对思想政治理论课教材中所包含的经典理论深入挖掘以及重组，通过采取更易理解以及更易被学生接受的方法将思想政治理论课教学内容呈现到学生面前，把所要讲解的知识点全部讲解清楚，确保思想政治理论课相关理论知识能够对学生产生更大的吸引力。

同时，教师在进行思想政治慕课课程内容制作过程中，还应当紧密结合当下学生比较关心的社会实例，在实例讲解的过程中将思想政治理论课所包含的理论知识讲解出来，通过"讲故事"的方式对社会中的现象进行分析，让学生能够在不知不觉中接受思想政治教育。

另外，教师还要利用好讨论课的作用，通过线下讨论课确保学生学习思想政治慕课课程的积极性进一步提升。在线下讨论课课程内容设置时，要求所选择的主题以及具体的素材等不仅应当具有科学性，同时还应当具有一定的趣味性，不仅要能够让学生产生共鸣；同时，还应当达到思想教育课程的教育作用，确保学生能够更加广泛与真正地参与到课堂讨论中，这样才能确保线下讨论课程具有更大的意义。在进行答疑课程安排与设置的过程中，要保证课程的有效性，进行答疑之前，要求教师应当在慕课平台上广泛的收集学生所提出的疑问，并且结合学生所提出的疑问，事先做好充分的准备工作，确保在课堂上答疑效率能够进一步提升。

（三）创新慕课课程设计

应当对慕课视频中的知识点进行准确与严格的划分。在高校思想政治慕课教学工作中，慕课视频是开展思想政治教学工作的重要载体，要想确保思想政治慕课教学能够更好地由教材体系逐渐地向着教学体系进行转变，便应当确保慕课视频内容的设计更加科学与合理，要确保对教材中的内容加以合理的拆分，然后再对拆分后的内容进行科学重组，将慕课视频划分为不同的知识点，在进行内容设计过程中，除了做到科学性与系统性之外，同时还应当做到趣味性以及新颖性，只有做好了此项工作，才能够确保思想政治慕课教学工作的质量与效果得以进一步提升。

要确保思想政治慕课课程线下教学工作能够和线上视频形成紧密的衔接。应当确保线下课程所包含的内容和慕课视频讲解的内容一致，确保二者之间能够形成连贯整体，二者之间能够达到相互启发的目的。并且，线下课程的安排在结合学生学习情况的基础上，还应当进一步地对慕课视频内容加以拓展与延伸，在满足学生好奇心的基础上，采取创新的教学形式达到教学育人的目标。

二、提高思想政治理论课"慕课"的师资力量

（一）加强思想政治理论课师资队伍建设

师资队伍的建设是决定着思想政治理论课发展与进步的重要因素，加强思想政治理论课师资队伍建设是提高教师教学质量和数量的前提，加强师资队伍建设是高校教育发展的需要。

要加强思想政治教师的师资队伍建设需要从以下几方面进行。

1. 加强教师的科研水平

科研水平是教师教学能力的重要组成部分，高校思想政治教师的科研水平直接关系到教师的教学水平与教学内容，科研水平不高的教师，对课程内容没有创新，没有自己的学术成果，不论是在思想政治理论课课堂教学中还是在"慕课"平台上，学生都较少会选择科研基础薄弱的教师。没有较高的科研水平和科研成果，就没有思想政治教育教学的高水平，无法实现思想理论课教学的理想效果，因此，提高教师的科研水平是加强思想政治理论课师资队伍建设的前提保障。思想政治教师应该加强学术研究，增强科研能力，在课余时间刻苦钻研，勇于探索新问题，加大思想政治理论科研的投入。高校应该为教师提供更好的条件进行科学研究，适量减少教师的教课压力，定期组织学术讲座，加强教师之间的学术交流，而达到教学与科研的平衡发展。

2. 加强教师对教学方式的创新

优质的师资队伍对教学方式需要有自己的创新之处，传统的课堂教学以教师单一授课为主，课程内容比较枯燥，学生参与课堂积极性不高。因此，改进传统教学理念、革新教学方法，关系到高校思想政治理论课的实效性，"慕课"是对传统课堂式教学的一大创新，提高教师的创新教学方式有助于提高学生参与课堂的积极性；同时也是加强师资队伍建设中的一个重要环节，培养教师创新的教学方法，不断加强教师队伍建设，完善教师教学方式。在学习上，教师可以根据学生的兴趣进行不同的教学方式创新，理论与实践相结合，将课堂内容更多的与实践相结合，充分运用"慕课"平台中的微视频教学、趣味问答、课堂测试环节，充分发挥学生学习的积极性与创造性。

3.创造师资队伍建设的良好氛围

高校应该为思想政治教师的师资队伍建设创造良好的氛围。教师队伍建设环节中需要相应法律法规的保障，学校在师资队伍建设方面要起到一定的作用，应该合理规划教师教学安排、课程结构、课程人数安排，为教师教学做好保障，使教师能够在合理的工作安排中不断提高自身的科研能力。为思想政治理论课的师资队伍建设营造良好的氛围，不断整合师资队伍，加强师资队伍建设，提高教学水平，完善教学内容。将"慕课"运用到高校思想政治理论课教学中，使学生观看到更多优质的教师授课，集中整合全国优秀的教师资源，实现教师资源的最优化，从而实现资源共享。

（二）增强教师运用"慕课"平台的能力

"慕课"的出现打破了传统课堂式教学的教师单一授课方式，"慕课"是基于网络背景下的大规模开放性网络课程教学，高校可以通过对教师的集中培训来增强教师运用"慕课"的能力。

首先，应加强教师对"慕课"的应用，不同年龄的教师对新兴事物的接受能力不同，对其应用的熟悉程度也不同，为了教师更好地运用"慕课"系统，高校应在"慕课"加入思想政治理论课前期对教师进行培训，使每一个教师能够熟练应用"慕课"，将"慕课"与教学实践相结合，使课堂教学更加生动，进一步完善教学内容。

其次，在教师对"慕课"的运用达到一定熟知度的基础上，进一步增强教师运用"慕课"平台的能力。"慕课"时代的到来，打破了传统课堂教学的灌输式教学模式，出现了"翻转课堂"；所谓"翻转课堂"，是相对于传统的课堂上讲授知识、课后完成作业的教学模式而言的。它是指学生在课前观看教师事先录好的或网上下载的教学微视频以及拓展学习资料，而课堂时间则用来解答学生问题、订正学生作业，帮助学生进一步掌握和运用所学知识。"翻转课堂"是基于"慕课"平台出现的，教师要加强运用"慕课"平台的能力，"翻转课堂"实现的前提是学生根据教师提供的优质教学视频，对知识点进行自主学习，将自己所学知识点中存在的问题在课堂上与教师进行互动交流，增强教师运用"慕课"平台的能力，促进教师合理运用"翻转课堂"的学习方式。

最后，增强教师运用"慕课"平台来加强与学生之间的互动。"慕课"

平台下学习者可以进行交流互动，教师可以利用"慕课"这一特点，加强与学生的交流互动，学生可以在提前观看教师录制好的视频时，与"慕课"平台上的学习者进行讨论，教师也可以在课前通过"慕课"平台与其他高校的教师进行交流互动，在课堂上，对学生在"慕课"视频学习之后存在的问题进行解答，课堂上与学生进行讨论，共同解决问题。学生在"慕课"平台上进行交流互动的基础上，在课堂上与同学进行深度交流，这既有助于加强学生对问题的理解程度，又能合理分配课堂时间。因此，教师要增强运用"慕课"平台的能力，将"慕课"平台的优势运用到教学中，合理运用"慕课"平台带来的教学方式的变革、教学内容的创新、沟通机制的完善。

三、加强学生自身建设

（一）提高学生主体意识

1. 引导学生认识自我

在高校开展思想政治慕课教学工作的过程中，学生的学习过程与基础教育阶段受到家长以及教师严格的监督情况存在显著差异，其属于一种主动接受知识的学习过程，而学生通过思想政治慕课的学习，其最终目标并非是为了获取相应的技能，其最终的目的是确保学生能够得到更加全面的发展，而在这一过程中教师仅仅是指导者，学生才是整个学习过程的主体。在思想政治慕课教学时，作为学生而言，应当能够充分地认识到自己在学习过程中的主体地位，只有在学习时充分发挥自身能动作用，才能够确保取得更好的学习效果，才能确保思想政治慕课教学工作更加顺利地开展。所以，对于教师而言，应当积极对学生进行引导，要让学生能够更加正确地认识自我，在学习过程中更具备主动意识，能够更加主动与积极地和教师以及同学开展交流活动，可以参与到慕课课程学习的过程中，在进行沟通时有效的解决自己学习中所遇到的各种问题。

2. 锻炼学生自主探究的能力

对于学生而言，要想更好地适应思想政治慕课教学新模式，便应当进一步提升自身的自主研究能力，要能够了解学习活动中的各种技巧。在开展思想政治课程学习过程中，通过慕课的形式和之前课堂教学的形式之间存在相对大的差异性，一些学生往往会因为一时的不适应而出现了较强的抵触心理。究其原因，主要还是因为学生自主学习与探究的能力不强，在学校慕课课程的过程中无法掌握有效的方法，而且不能主动地开展学习活动。所以，便要求学生通过积极参与线上以及线下讨论与交流，发现问题要能够主动地解决，要能够主动地提出问题，从而进一步提升自身自主探究能力，以保障学习思想政治慕课课程的效果能够有效改善。

（二）加强自我管理能力

学生应当能够更加充分地认识到开展自我管理工作的重要性。学生在学习思想政治慕课课程时，已不再面对升学的压力，而且也没有了家长以及教师的监督，如果想要在大学期间能够掌握更多的知识，可以确保自身能够得以全面发展与提升，便应当做好自我管理工作。对于高校学生而言，他们的心理以及智力都已经逐渐发展成熟，同时也已经完全拥有了自我管理的能力以及条件。所以，学生应当认识到，进行自我管理对于未来自身的成长与成才是非常重要的。在高校学生的日常学习活动中，学生不可以仅仅按照自己的喜好而草率地决定选修哪一门课程，要求学生应当能够做到自我管控，在遵守学校合理安排的前提下，结合自身发展的实际需求，对于每一门课程都能够认真地看待。思想政治慕课课程主要的目标是确保学生能够建立起更加正确与科学的人生观、价值观以及世界观，因此，对于学生而言，更要确保能够安排更多时间进行思想政治慕课课程学习，这样才能够确保取得更好的学习效果。

要进一步强化学生的规则意识以及理念。"没有规矩便不成方圆"，这是流传了几千年的道理，就高校学生而言，规则意识同样是尤为重要的。现在，一些学生在学习思想政治慕课课程时依旧存在着糊弄、作弊等一些与高校规定，以及社会道德存在严重背离的行为，对于此类行为要求高校应当做出惩罚。开展思想政治慕课课程教学工作时，教师应当构建更为健全以及公平的考核与评价制度，应当针对学生开展全面且客观的考核与评价工作，不仅对学生的学习效果进行评价与检查，同时还应当对学生的学习过程加以监督，培养学生树立起较强的规则意识。另外，对学生而言，同样应当很好地约束自我，要能够充分认识到遵守规则与制度的重要性。

四、采取师生双向互动的教学模式

传统思想政治理论课课堂教学中，主要以教师授课为主，学生只是单一的接受教师讲授的课程，因此课堂的积极性不高，教师与学生之间的互动也很难实现，学生对知识的掌握程度不够深入，要想打破传统课堂式教学的局限性，就要加强教师与学生之间的互动。现代思想政治教育只有加强教育者与受教育者之间的互动，才能充分调动学生的积极性，具有吸引力，才能防止形式主义，取得实效。在教学过程中，学生对课程的积极性最为重要，教师应该不断改善课堂教学方式，充分利用"慕课"的优势，积极探索各种具有针对性的课堂教学方案，促进师生双向互动的教学机制。

在教师和学生双向参与教学中，促成教师的"教法"与学生的"学法"相辅相成，可以借鉴以"微课程"为教学单元的路径，从教师课内教学，学生课外学习两个互补层面开展教学活动。教师和学生共同完成"慕课"制作、学习，共同学习名师的授课视频。学生在课前自主观看视频之后，会对问题产生不同角度、不同层面的认识，课堂讨论有利于促进师生的双向互动，在课堂交流中，教师根据学生在观看"慕课"视频之后产生的问题进行解答，学生也可以就自己在观看过程中存在的疑点与教师交流，学生与教师之间针对问题进行讨论，由学生被动接受知识到课堂主动参与谈论，发挥了学生的主体能动性，更好地提高了学生的积极性，从而实现教师与学生双向互动。

基于"慕课"平台，在课堂上教师对学习者提出的问题集中答疑，以一对多形式进行互动；授课教师还提供每周两小时左右的论坛在线时间与学生开展交流，课后测试通过客观题与学习者进行一对一形式的实时互动交流。课堂提问也有助于促进师生双向互动，在这一环节上，教师主要起到引导作用，引导学生主动思考，参与到教学中，更好地促进师生之间的双向互动与交流，从而优化思想政治理论课"慕课"的教学模式。

参 考 文 献

[1]李军.线上线下混合式教学:军队院校混合式教学经验分享[M].西安:陕西人民出版社,2021.

[2]刘紫玉.个性化视角下大学混合式教学模式研究[M].北京:知识产权出版社有限责任公司,2021.

[3]吴九占,郭宇.马克思主义研究文库思想政治理论课线上线下混合式教学案例[M].北京:光明日报出版社,2021.

[4]孙永鲁.新媒体时代思想政治教育传播学创新研究[M].北京:新华出版社,2021.

[5]刘琳琳.新媒体时代高校思想政治教育研究[M].长春:吉林大学出版社有限责任公司,2021.

[6]王英姿,周达疆.新媒体时代下高校思想政治教育研究[M].北京:九州出版社,2021.

[7]李学昌.高校大学生思想政治教育理论与实践创新路径研究[M].长春:吉林出版集团股份有限公司,2021.

[8]徐玉钦.新媒体时代高校思想政治教学模式研究[M].长春:北方妇女儿童出版社有限责任公司,2021.

[9]高丽英,郝端勇.新媒体视域下思想政治教育探析[M].北京:中国华侨出版社,2021.

[10]神彦飞.新媒体时代高校思想政治教育范式转换与实践[M].济南:山东大学出版社有限公司,2021.

[11]王秋.高职英语课堂混合式教学研究[M].长春:吉林人民出版社,2020.

[12]隋姗姗.课程质量与网络教学:三亚学院混合式一体化教学实践[M].

上海：上海交通大学出版社，2020.

[13] 曹殿波，党子奇.混合式教学设计与实践 [M].北京：高等教育出版社，2020.

[14] 冯志刚.上下求索：线上线下混合式教学初探 [M].上海：上海教育出版社，2020.

[15] 严莹.新媒体时代高校思想政治教育研究 [M].上海：上海交通大学出版社，2020.

[16] 朱金山.新媒体与大学生思想政治教育研究 [M].长春：吉林出版集团股份有限公司，2020.

[17] 李书华，石丽萍.新媒体环境下大学生思想政治教育接受机制研究 [M].北京：知识产权出版社，2020.

[18] 陈莉.新时代高校思想政治教育教学改革与实践研究 [M].西安：西北大学出版社，2020.

[19] 吉爱明.新时代大学生思想政治教育发展探索 [M].北京：北京工业大学出版社，2020.

[20] 常涛.高职院校混合式教学模式改革实践 [M].北京：中国纺织出版社有限公司，2019.

[21] 于洪涛，高颖.基于"一平三端"的高校混合式教学实践探索 [M].长春：吉林大学出版社，2019.

[22] 王志和.基于网络环境高校课程混合式教学模式的研究与实践 [M].延吉：延边大学出版社，2019.

[23] 李娟.职业院校混合式教学探索与研究 [M].北京：民主与建设出版社，2019.

[24] 何玉初，张明辉.思想政治教育与教学研究 [M].北京：研究出版社，2019.

[25] 刘利峰.思想政治教育与创新研究 [M].北京：北京理工大学出版社，2019.

[26] 尹婷婷，张静，杨素祯.新媒体时代高校思想政治教育创新探究 [M].北京：研究出版社，2019.

[27] 康小兵.新媒体环境下大学生思想政治教育研究 [M].北京：研究出

版社，2019.

[28] 杨学玉 . 新媒体背景下大学生思想政治教育研究 [M]. 北京：北京理工大学出版社，2019.

[29] 王耀峰，黄骊，刘召用 . 新媒体环境下高校思想政治教育研究 [M]. 延吉：延边大学出版社，2019.

[30] 肖国香 . 新媒体时代高校思想政治教育十论 [M]. 长春：吉林文史出版社，2019.

[31] 刘远志，张九波，乔慧 . 新媒体时代大学生思想政治教育探索 [M]. 北京：中国商务出版社，2019.